A MONSIEVR MONSIEVR

Poirier Sievr dv Teil et d'Anfreville, Conseiller du Roy en ses Conseils privé d'Estat, President en sa Cour de Parlement de Rouen.

MONSIEVR, Puisque nous sommes tenus (suiuant le conseil de ce grand Orateur Romain) d'aymer ceux que nous iugeons seulement auoir quelque apparence de vertu : estant comme vn aymant qui nous attire à honorer & cherir nos ennemis mesmes, & admirer ceux que n'auons iamais veus. De là pouuons nous croire qu'elle a de grands & indicibles effects, pour nous porter à l'amour de ceux où nous cognoissons qu'elle a choisi sa demeure : & principalement lors qu'ils possedent les charges & degrez plus honorables d'vne Republique. Car tout ainsi qu'vn riche diamant enchassé en pur & fin or, a plus de grace & de lustre qu'aucun autre metal : Aussi la vertu s'estant vne fois logée dans les ames des Magistrats & Seigneurs establis pour regir & pollicer le peuple, est beaucoup plus recommandable qu'au peuple mesme. C'est pourquoy (Monsieur) toute la France vous recognoissant en ceste qualité pour vn des plus parfaictement vertueux & accomplis: Ne trouuez (s'il vous plaist) estrange, si, estant François de nom & d'origine, i'ay pris l'asseurance de vous dedier ceste petite creature de mes veilles, vous reclamant pour son Patron & Dieu Tutelaire. Afin que portant sur son front l'autorité de voſtre nom illuſtre, elle ſoit d'auantage renommée & que marchant en campagne voſtre vertu luy ſerue de phare, ou pluſtoſt d'vn lumineux Soleil pour diſsiper les vents & orages de l'enuie & meſdiſance, dont elle pourroit eſtre agitée. Si l'œuure n'eſt digne de vos merites, vous meriterez d'auantage en l'acceptant. Et ſi ceſt heur m'arriue qu'il ſoit auſsi gracieuſement receu de voſtre part, qu'il vous eſt denotieuſement offert de la mienne, ce me ſera vn ſubiect d'entreprendre à l'aduenir quelque vœu plus digne de voſtre grandeur : Afin que par ce moyen ie puiſſe auoir l'honneur de me qualifier:

MONSIEVR,

Voſtre tres-humble & treſ-obeïſſant ſeruiteur
FRAN. DES-RVES.

A LVY MESME SVR SON ANAGRAMME.
Sonnet.

IACQVES POIRIER.
I'AQVERS ICI REPOS.

Faire droict & iustice à tous sans passion,
Estre en ses faicts & dicts à soy mesme semblable,
Aux pauures oppressez se monstrer secourable,
N'estre iamais subiect à la corruption.
Exerce son deuoir, & sans presomption,
Se rendre aux gens de bien gratieux & traictable,
Se monstrer aux meschants graue & espouuentable,
N'auoir seur son prochain aucune ambition:
Bref, garder en tout lieu, auec bonne droicture
Les Loix que selon Dieu demande la nature,
Ce sont des qualitez qui meritent grands los:
Ainsi son maintenus les grands & le vulgaire,
En amour et en paix sans s'en distraire,
Voila comme à chacun l'AQVERS ICI REPOS.

AD EVNDEM ANAGRAMMATISMVS.

Iacobus Poirier.
Copia iuris orbe.

Cvm iustus viduis sua semper iura rependas,
C sinque inues miseros aurea secla nouans.
Cùm nec Aristidi concedas, neque Bianti
Iustitia, statuens reddere cuique suum:
Dum vitæ celeres vertent tibi stamina Parca,
Astreæ riues gloria prima Deæ:
Donec eris Preses, presens & COPIA IVRIS
ORBE erit, ut fœlix nominis omen habet.

Fr. Desruës.

QVATRAIN SVR L'ANAGRAME DV NOM DE L'AVTHEVR.

Au Lecteur.

Sans travailler tu vois les raretez de France,
Des Villes, des Citez des Prouinces des Bourgs
Ce tableau racourcy t'en donne cognoissance:
Dont par tout l'Vniuers tu EN FERAS DISCOVRS.

F. du Pr. y. premier Conseiller du Roy, & Lieutenant
Criminel au Siege Presidial de Constances.

A FR. DES-RVES SVR SES ANTIQVI-
tez, Fondations, & Singularitez des Villles, &c.

DES RVES faisant voir tes singularitez,
Le plan & la structure & les antiquitez,
Des plus notables lieux du Royaume de France,
Tu fais d'vn mesme aspect cognoistre la grandeur
De ton diuin esprit, prodiguant son labeur
A chasser loin d'icy la Barbare ignorance.

R. le Comte, Lieut. gen. Ci. & Crim. en la Vicon d'Auran.

A MONSIEVR DES-RVES AVTHEVR
de cest œuure, Sonnet sur son Anagrame.

FRANCOIS DES-RVES.
NOVS DESCRIS FRANSE.

Comme tes arts sont diuers en effects
Diuers subiects ta muse sçait escrire,
Dignes de foy, puis que l'on voit reluire
La verité dans les antiques traicts.

Tes discours sont en leur subiet parfaicts,
Et ton subiect are en eux se peut dire:
Car rien l'esprit tant doucement attire,
Que faict l'histoire vtile en tous ses faicts.

Ces preux François, que l'antique ignorance
Tenoit cachez és limbes d'oubliance,
Tu nous remets en vie & liberté,
Nous sommes donc tenus à ta science,
Aussi le ciel en disant verité
Te donne un nom, qui dict: NOVS DECRIS FRANSE.

O. Du Mont-Sacré.

A MONSIEVR DES-RVES.

Pour le don qui me fut fait de son liure, par l'Imprimeur d'iceluy.

SONNET.

Sans bourse deslier pour payer ce beau liure
DES RVES tu me fais la France voyager,
Par Villes, Bourgs, Chasteaux, sans chercher à loger,
Ny de plus m'enquerir quel chemin il faut suiure.
    Sans barques ny basteaux, n'y auoir soing de viure,
Ses fleuues, lacs, estangs, tu m'aides à nager,
Passer bois, monts, forests, sans craindre le danger:
Bref tu me rends content & de tout soin deliure.
    Plus encor tu m'apprens de ces peuples les mœurs,
Des Prouinces, maisons, & races des Seigneurs
Tant guerriers que sçauants, & leur vie honorable,
    Ses bastiments antiques en discours abregé:
Dont chacun, comme moy ie t'estime obligé,
Puis que ton œuure est tant vtile & agreable.

R. L. R.

A LA FRANCE, SONNET ACROSTICH SVR L'ANAGRAMME DE L'AVtheur de cest œuure.

FRANCOIS DES-RVES.
FRANCE VOS DESIRS.

FRance, les nourrissons que produisez feconde,
Remplissent l'Vniuers de leur diuin sçauoir,
Ainsi qu'on voit Phœbus de sa clarté pouuoir
Nous r'amener le iour esclairant tout le monde.
Cestuy seul dont l'esprit en tout sçauoir abonde,
Ornant vostre excellence, à peu nous faire voir
Icy ce que pouuiez de plus parfaict auoir,
Sequestrant vostre honneur d'oubliance profonde.
Depuis vn long cours d'ans vous cherchiez, mais en vain,
En ce bas element quelque gentille main,
Subtille pour descrire à droict vostre puissance,
Receuez maintenant en ce poinct tous plaisirs,
Voicy celuy lequel en donnant cognoissance,
Est digne d'estre dit (ô FRANCE VOS DESIRS.

A. G A.
Discen lo senesco.

AVX MESDISANTS ET ENVIEVX DE L'AVTHEVR DE cest œuure.

SIXAIN.

PRophane mesdisant, ton ame Satyrique
En vain s'efforcera d'offencer cest autheur:
Les plus braues esprits admirent son labeur,
Apprends donc à garder la loy Pythagorique,
Tu t'acquerras honneur de tenir ton secret,
Comme il fait pour traicter d'vn si rare subiet.

M. Abraham.

IN DESCRIPTIONEM GALLI-
cam F. Des rues.

Qvid tibi pro tantis meritis nunc Gallia pandet
    Quæ devincta tuo est iam nimis ingenio?
Si...... cùm Galliæ memores memoranda libello
    Non posset magnus quæ memorare liber.
I. RICERIVS, A.
Hicornaris in Iesu.

DOMINO RVTANO HVIVS OPERIS
authori dignissimo, anagrammatismus.

FRANCISCVS RVTANVS,
TV SVCCVRRAS FRANCIS.

IN tua centenas dulcimodè præconia voces
    Aptent Francicolæ præmia digna tui:
Francia nam quod habet rari clarissima pandis
    Hic, claras vrbes, oppida, templa, domos,
SVC CVRRAS FRANCIS sic semper rara docendo,
    Inde tuum nomen fama sub astra feret.

Iac. Lemonius Perticensis.

AD FRANCISCVM RVTANVM IN
suam Galliæ descriptionem.

Qvod rarum atque vetus nunc Gallia continet in sa,
    Quodcumque & variis scribitur historiis,
Docte RVTANE, breui complecteris omne libello,
    Iam miratur opus Gallia tota tuum.
Scriptores varii complura volumina quondam
    Scripserunt, vnus continet ista liber.
Multa quidam multis complecti gloria magna est,
    Paucis multa tamen scribere, maior erit.

P. Luerius, Andinus P.F.

CATHALOGVE DES LIVRES ET
Autheurs desquels a esté colligé cest œuure.

Annales de Normandie.
Annales de France du Sieur du Haillan.
Annales d'Aquitaine par I. Bouchet.
Antiquitez de la ville de Roüen par N. Taillepied.
Anthoine du Verdier en ses diuerses leçons.
Belleforest, au 1. Tome de sa Cosmographie.
Bernard de Girad Sieur du Haillan en son liure de l'estat & couronne de la maison de France.
Chronique de I. Charion.
Chronologie de P. D. Gaillard.
Cœnalis en ses liures de la Gaule.

Corrozet { en son Thresor des Histoires de France.
En son recueil des erections des villes de France.
En ses antiquitez de Paris.

Estienne Pasquier en ses recherches de la France.
Histoire Iournaliere de nostre temps.
Histoires prodigieuses.
Iean le Maire en ses illustrations de Gaule.
Inuentaire de l'histoire de France par I. de Serres.
Inuentaire des Finances.
Sebastien Munster en sa Cosmographie.
Villamont en sa description de France.

DESCRIPTION
CONTENANT LES ANTI-
QVITEZ, FONDATIONS ET SIN-
gularitez des plus celebres Villes, Chasteaux,
Forteresses, Eglises, Temples, Abbayes & places
remarquables du Royaume de France, auec les
choses plus memorables aduenues en iceluy.

*De l'excellence de la France, & des victoi-
res des François.*

ENTRE toutes les nations du monde, il n'y en a iamais eu aucune qui se puisse vanter d'auoir esté plus florissante, mieux accompagnée de vertu, plus fauorisée de la fortune, qui aye eu des choses plus admirables, des succez plus signalez, & qui aye esté mieux vnie, & mieux fondée que celle de France. Car combien que les Monarchies des Assyriens, des Perses, des Medes, & des Romains, ayent esté de plus grande estenduë que celle des François: si est-il vray qu'il ne s'est iamais veu Empire plus florissant, mieux vny, mieux fondé & de plus longue durée, plus illustre en beauté & bonté de terre, situation de pays, richesse de peuples & gentillesse d'esprit, soit pour la paix ou pour la guer-

A

ré, qu'à esté la Monarchie des François.

Quant aux personnes illustres qui sont comme la loy viue, & comme l'ame de l'Estat, il n'y a nation quelconque, qui puisse mettre en auant vn si grand nombre d'exellents personnages, comme la France. Pour le faict de la guerre, celuy qui voudra considerer toutes les choses qui ont esté faictes, les conquestes, les batailles, les voyages outre mer, pour la Religion Chrestienne : & comme d'vn petit commencement ce Royaume est deuenu si grand, qu'il s'est rendu redoutable à toute l'Europe, & à l'Asie : que toutes les nations estrangeres, tant de l'vne que de l'autre partie de la terre, ont senty ses armes : il verra qu'elle à esté sa grandeur & sa force.

Les Romains furent chassez par les premiers François : les Huns, qui soubz la conduicte d'Attila, estoyent entrez en Gaule iusques au nombre de cinq cents milles combattans furent repoussez, les Bourguignons debellez, les anciens Allemans subiuguez, les Sarrazins desconficts, les Arrians descendus d'Affrique exterminez, les Gotz Ostrogotz, Visigotz, Alans, Huns, & Sueues deffaicts l'orgueil des Ducs de Bretaigne r'abatu : les Saxons domtez, les Anglois r'encoignez delà l'Ocean, hors de nos limites. Bref il n'y a nation si Barbare, ne peuple si cruel qui n'ait esté vaincu & surmonté par la vaillantise des François. De l'origine desquels pour ceste cause il ne sera point hors de propos toucher briefuement quelque chose.

DE L'ORIGINE DES
François.

LES Autheurs modernes & mieux approuuez, qui ont curieusement escript les Histoires de France, & comme allembiqué les diuerses opinions de ceux qui en ont traicté au passé, tiennent que c'est chercher la verité dans la vanité, & suiure vne commune erreur, d'imaginer l'origine des François aux masures & cendres de Troye; nous faisans descendre de ie sçay quel Francus fils d'Hector, d'autant qu'aux plus anciennes histoires des Troyens, ne se lict vn seul mot de ce Francus, ou Francion fils d'Hector: Car cestuy n'eust iamais qu'vn fils nommé Astyanax, lequel en l'aage de deux ans fut precipité par les Grecs du haut d'vne tour, apres la mort de tous les enfans & heritiers de Priam. Ce qui fut fait afin d'exterminer du tout la race de ceux qui à l'aduenir se pourroient ressentir des iniures à eux faictes par les Grecs.

Et asseurent les mesmes autheurs modernes que nous ne pouuons seurement trouuer l'origine des François qu'en la basse Allemagne, au pays dict Franconie, lequel porte encor le nom, de ses anciens habitans, & les marques de leur ancienne possession. D'où Meroüée Roy de ces peuples, nommez Francons, ou Francs passa le Rhin & les mena en Gaule, enuiron l'an quatre cents quarante neuf (neantmoins que ses predecesseurs y eussent au parauant faict plusieurs courses) & changea

A ij

le nom de Gaule en France, faisant des deux peuples, Gaulois & François, vn seul peuple. Or de vouloir rechercher, ou disputer s'ils estoyent originaires du pays, ou venus d'ailleurs; la recherche en est du tout innutille estant impossible. Il y a quelques graues historiens, qui ont voulu dire que les François s'appelloient ainsi du mot franc ou franchise, par ce que iceux ayans refusé le tribut aux Romains s'affranchirent : & par apres porterent le nom de Francs, comme gens hardis & courageux : ne voulans estre subiects à la domination des Princes estrangers : Et que de là seroit venuë la coustume que les Rois François portent en leurs anciens titres escrits en latin, *Rex Francorum*, comme qui diroit Roy des Francs, *& non Rex Franciæ*: veu que les autres Roys & Empereurs se disent Seigneurs des terres, & cestuy Roy des hommes, & iceux francs & libres.

Or d'autant que les peuples estrangers ont tousiours mieux recognu le lieu & domicile des François sous le premier & ancien nom de Gaule, que sous celuy de France : ie mettray en auant les opinions que i'ay recueillies touchant l'origine du mot de Gaule.

D'OV EST VENV LE NOM de Gaule.

PLusieurs trouuent que le nom de Gaule vient du mot Grec *Gala*, qui signifie laict ou blancheur: à cause de la blācheur naturelle des habitans d'icelle.

Le seigneur G. Postel, grand rechercheur de l'antiquité, ne veut receuoir ceste Ethymologie, ains dict qu'elle s'appelle *Gallus*, du mot Hebrieu *Galah*, qui signifie pluye: comme voulant dire que les Gaulois sont yssus des pluyes du deluge: c'est à dire qu'ils tirent leur origine des ce temps-là. Et confirme encor son opinion de ce que le mot *Glau*, en vieil langage Breton, signifie pluye, & que les Hebrieux nommoyent la Gaule *Saraph*, c'est à dire repurgée, comme repurgée des eaux du deluge.

Les autres la disent Gaule, du nom d'vn des fils d'*Italus*, nommé *Gallates*. Ce qui demonstre encor l'antiquité des Gaulois, pour ce que, selon plusieurs *Italus* fut l'vn des enfans de Noé.

Les autres tiennent qu'elle s'appelle ainsi à cause de Gallatée, amoureuse de Hercule, ou bien de Gallathe, fils d'iceluy Hercule. Du commencement la Gaule s'appella Gomeric du nom, de Gomer, fils aisné de Iaphet & le premier Roy des Gaules fut Samothés surnommé dis quatriesme fils de Iaphet, qui edifia la ville de Sens en Bourgoigne: les successeurs duquel furent Magus fondateur de Rouen, & Sarrhon, qui edifia la ville d'Angers Namne, qui feist bastir la ville de Nantes, Driiudes, ou Driius, qui donna le nom, bastit, & le premier pollice à la ville de Dreux, iadis fort renommée. Apres ceux-cy regna Barduc, & puis Longo, duquel sont yssus ceux de Langres, qui sont encor dicts en latin *Lingones*, Et de ces deux Roys derniers les Lombards, peuples de la Gaule de là les Alpes, se nomment *Longobardi*. Par apres fut Celte, qui donna le nom aux Celtes, combien que quelques-vns tiennent que ce

A iii

nom de Celte vient du mot Allemand *Gelten*, qui signifie valoir beaucoup, & *Gelt*, signifie argent, ou monnoye, & de la *Geltes*, qui en langage Allemand signifie Gaulois, vaut autant comme qui diroit excellent, de grand prix, robuste & puissant. Ce qui conferme ceste opinion est que les Gallates (peuples ausquels escriuoit Sainct Paul) sont issus des Gaulois, & se disoient Gaulois. Et plusieurs doctes Allemans tournent en leur langue ces mots, *Ad Gallatas.* Eun Geltern.

LA CARTE VNIVERSELLE, OV
Description de toute la Gaule, appellée France.

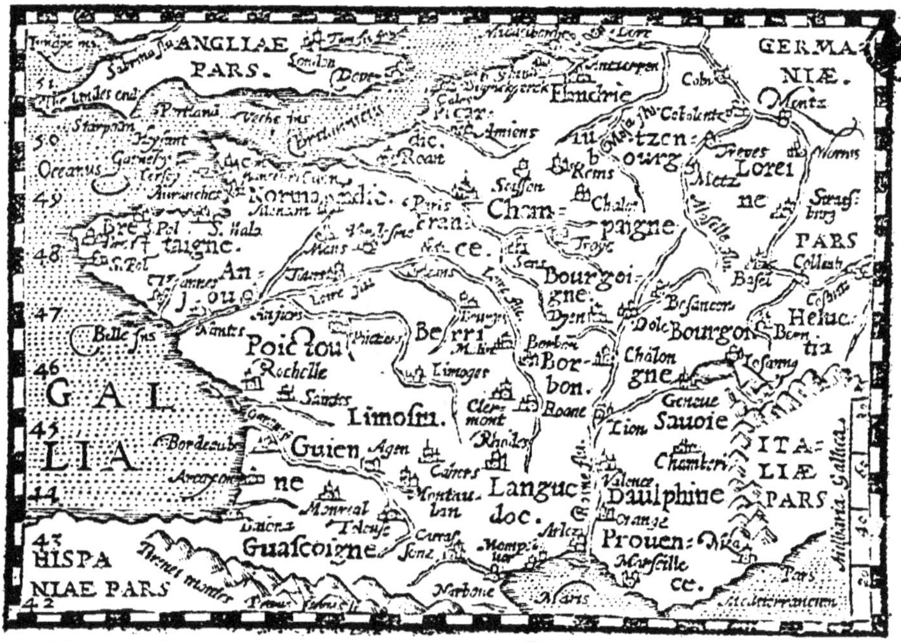
ANGLIAE PARS.
GERMANIÆ.
London
Flandrie
Picardie.
Amiens
Oceanus
Normandie.
Bretaigne.
Paris
France.
Champaigne.
Rems
Troye
Loreine
Metz
Mentz
Treves
Strasburg
Anjou
Nantes
Poictou
Rochelle
Berri
Bourgoigne.
Dyon
Besancon
Dole
Bourgongne
Helucia
Basel
Limosin.
Limoges
Clermont
Borbon.
Roane
Lion
Sauoie
Geneue
GALLIA
Bordeaux
Guienne
Agen
Montauban
Languedoc.
Tolouse
Dauphine
Valence
Orange
Prouence.
Marseille
Narbone
Guascoigne
HISPANIAE PARS
ITALIÆ PARS
Mare Mediterraneum

BRIEF DISCOVRS DES CONFINS
& limites des Gaules, & en quoy consiste principalement l'Estat du Royaume de France, recueilly de divers Autheurs.

LEs anciens confins & limites des Gaules, & de tout ce qui est compris sous ce nom de Gaulois, s'estendoient du Soleil leuant au couchant depuis le fleuue du Rhin, iusques aux monts Pyrenees vers Bearn & Nauarre, où il y a plus de deux cens cinquante bonnes lieux de droit chemin : du Septentrion au Midy, depuis Calais iusques à Perpignan, & aux Montages d'Arragon, presque autant; & de la basse Bretaigne iusques à Rauenne plus de trois cens cinquante lieux : Qui sont les trois plus longs trauers de toute ceste grande estenduë de terre, au dedans de laquelle sont comprins, outre ce qui est sous l'obeissance & domination des Roys tres-Chrestiens, les pays bas ; les peuples & nations qui habitent le long du Rhin, depuis Basle iusques en Hollande, tout le pays de Suisse & des Grisons; la Sauoye & le Piedmont; & toute la Lombardie tant deçà, que delà le Pau, en remontant en çà depuis Rauenne vers Bologne la Grasse, & delà à la riuiere de Genes iusques en Prouence. Auprès d'Arimini, le petit fleuue de Rubicon faisoit anciennement la separation de la Gaule Cisalpine & de l'Italie. Mais pour venir à vne plus particuliere description de la Gaule, il faut sçauoir qu'en premier lieu elle se diuise en deux parties, à sçauoir la Cisalpine & Transalpine, qui sont deux mots latins, qu'il faut prendre quant à nous tout au rebours, attendu la situation où nous sommes : Car Cesar & autres autheurs latins en parlent comme estans à Rome ; au moyen dequoy la Cisalpine ou citerieure, qui est à dire celle de deçà les monts est à Cesar la Lombardie ; & la Transapine, celle de delà les monts, est la France : Là où au contraire à nous autres qui parlons d'icy la Cisalpine seroit la France, & la Transalpine celle de delà les Alpes. La Gaule Cisalpine, appellee aussi des Romains Togata, à cause de la robe longue que le peuple y portoit à la mode de Rome, est aussi diuisée en deux ; la Cispadane & Transpadane, où semblablement les Latins comme estans à Rome, ont obserué la mesme consideratiõ, laquelle il nous faut prendre au contraire, car ce qui est Cispadane à eux, c'est à dire deçà le Pau, est Transpadane à nous ; & au rebours la Cispadane pour nostre regard est toute ceste Region outre les monts, qui est au delà du Pau, depuis Montcallier & encores plus hault, en deualant contre bas entre la mer Ligustique & la riuiere du Pau, par Alexandrie, le Montferrat, Plaisance, Parme, Rhege, Modene, Bologne, Imola, Forly, Faïence, Cesenne iusques à Ancone, & autres Villes maritimes en tirant à Arimini & Rauenne. La transpadane est à nous, ceste partie de deçà le Pau, depuis Salusses iusques à Thurin & Versel: puis toute la Duché de Milan, & les terres des Venitiés : le Mantoüan, & le Ferrarois, qui est entre deux bras du Pau, lequel fourche vn peu au deffoubs de la bouche du Mince, qui paſſe par Mantouë, en vn lieu appellé la Stellata ; & de là, l'vn des rameaux s'en va raſer les murailles de Ferrare, deſcendant vers Rauenne, l'autre prend la main gauche vers Francolin, & s'en va finablement perdre dans des marais prochains de la mer, à dix ou douze lieuës de Veniſe: Tant de pouuoir à eu la crainte & le reſpect que les Romains ont eu du nom Gaulois, que lors meſmes qu'ils eſtoient abſolument Seigneurs de la terre, & des mers, il n'a pas pour cela peu eſtre aboly ny effacé d'vne ſi grande contrée de pays toute prochaine d'eux. La Gaule Tranſalpine, & pour noſtre regard, celle de deçà les monts, eſtoit auſſi diuiſée en deux parties, l'vne appellée Brachata, à cauſe d'vne ſorte de brayes ou de hault de chauſſes que le peuple y portoit, ou autrement Narbonnoiſe, maintenant le Languedoc, & la Prouence, qui s'eſtendoit iuſques à la riuiere du Var pres Sauonne, dicte Prouence, de Prouincia, pource que ce fut la premiere contrée des Gaules que les Romains reduiſirent en forme de Prouince, à eux ſubiecte & tributaire, comme ils ſouloient faire des Royaumes, & des pays par eux ſubiuguez, & l'autre Comata, ou Cheuelue, à cauſe des longs cheueux que portoient les peuples d'icelle : & elle eſt diuiſée en trois, à ſçauoir la Belgique, qui parle partie Flamand, partie Vualon ou Rouman, qui eſt du François corrompu : la Celtique, qui eſt le cœur de toute la France : & l'Aquitanique ou Guyenne, là où l'on parle Gaſcon. Les peuples habitans le long du Rhin participent des Belges, ou des Celtes. Cefar parlant de ces trois parties de la Gaule, qui ont leurs couſtumes & langages chacune à part ſoy, veut entendre le parler Alleman, François, & Gafcon. Parmy les François ſont compris les Bretons Bretonnans en la baſſe Bretagne, & entre les Gafcõs les Baſques, tous deux auſſi differés de noſtre langage, qu'eſt l'Alleman ou le Polonois.

Les Gaules ayans eſté peu à peu ſubiuguees & reduites ſoubz la domination des Romains, ſecouerent peu à peu ce ioug, & ſe reſtablirent finablement en leurs premieres immunitez & droictures ſoubz vne Monarchie hereditaire la plus floriſſante de toutes autres, comme celle qui ſans aucune interruption par vne ſuite de ſoixante trois Roys depuis Pharamond iuſques à preſent, ſ'eſt maintenue en ſon entier l'eſpace preſque de douze cens ans, à quoy peu d'humaines principautez ſont paruenues, & encores en vn vray & pur Chriſtianiſme, ſans ſ'eſtre iamais laiſſée en ſon principal infecter d'aucune opinion erronee, ains touſiours monſtree Catholique, perſiſtant en ſainte doctrine & creance, dont elle ſ'eſt acquis le premier lieu de dignité & de preſeance par deuant tous les Potentats de la Chreſtienté, pour eſtre meſmement venue la premiere à la lumiere Euangelique, & auoir auſſi touſiours mieux merité du S. Siege Apoſtolique Romain, & de ſes ſouuerains Pontifes, c'eſt pourquoy nos Roys ſont appellez tref-Chreſtiens, & fils aiſnez de l'Egliſe, & ont ceſte miraculeuſe puiſſance & vertu de guarir par le ſeul attouchement ceux qui ſont malades des eſcroüelles, dont la preuue eſt oculaire & notoire à vn chacun.

L'ESTAT de ce Royaume consiste principalemēt en l'ordre, establissement, conduicte, reglement & administration de la Iustice & police, qui se peut commodément rapporter à la Iurisdiction generalement entendue pour toute charge, pouuoir & domination du superieur seruāt d'exercice, execution & practique d'apliquer la sciēce du droict à l'vsage.

La Iurisdiction reçoit plusieurs diuisiōs desquelles ne sera parlé en ce lieu, qui n'est capable de long discours, ains sera seulement faict mention de la Iurisdiction tēporelle, & de la spirituelle, dōt on peut appeller l'vne seculiere, & l'autre Ecclesiastique.

La temporelle ou seculiere Iurisdiction est diuisee en Royale & Seigneuriale, & la Royale est absolue ou dependante.

L'absolue & parfaicte Iurisdiction est de Maiesté souueraine, singuliere, infinie, sans moyen, & qui ne depēd d'autruy, ne recognoissant que Dieu: Elle est de supréme commandement & appartient proprement, plainement & naturellement au Roy & Monarque, comme estant le chef, la source, & le fondement de toute la Iustice & gouuernemēt: ou en l'absence, empeschemēt legitime, ou minorité du Roy, ou durant l'interregne, elle appartient au Regent ou Regente, comme iadis estoient les Maires du Palais, & maintenāt le peuuent estre le Dauphin, & autres enfans de France, l'vn des freres du Roy, ou sa mere, ou sa femme, ou l'vn des Princes du sang.

Au Roy, ou au Regent ou Regente seuls priuatiuement à tous, il est loisible entre autres choses moyennant bon & legitime cōseil, creer, eriger, establir, instituer, ordonner, auctoriser, confirmer, infirmer & supprimer indifferamment tous Estats, honneurs, dignitez & offices: Pouruoir aux benefices de collation ou nomination Royale, ou quand il y a ouuerture de Regale, suiuant les concordats: auoir droict de Court, train & suite, droict d'entrees des villes, de triomphes, obseques & funerailles dignes de la Maiesté Royale: conuoquer assébler, tenir & arrester Estats, Parlements, Conseils, Grands-Iours, Conciles & Synodes: faire, ordonner, declarer, & interpreter Loix, Edicts, Ordonnances, Pragmatiques, Mandements, lettres Patentes, statuts & priuileges: Enioindre & permettre d'imposer, asseoir & leuer deniers sur le peuple, comme tailles, aydes, subsides, ottroys, decimes, emprunts, & autres impots, tributs & peages: Ottroyer de propre mouuement, ou par deliberation de Conseil, lettres de graces, remissions, pardons, abolitions, euocations, exemptions, immunitez, foires, marchez, lettres d'assiette, de marque ou represaille, de mestiers, maistrises, annoblissemens, admortissemens, de garde gardienne & autres: faire forger monnoyes, & leur donner cours par cry ou des-cry: Enuoyer & entretenir Ambassadeurs & Agens, & plaider, & proceder par Procureur general.

La Iurisdiction dependante faisant part de l'absolue & souueraine & participante aucunement d'icelle, est pour la disposition & execution des affaires de l'Estat & d'importance, ou des affaires communes & vulgaires.

Les affaires d'Estat pour le Roy ou pour le Royaume se proposent, consultent, deliberent, concluent

& arreſtent en commun & conioinctement pour le bien public, par l'aduis des Eſtats, ou du conſeil du Roy.

Les Eſtats ſont Generaux ou Prouinciaux. Les Generaux ſont compoſez du Clergé, de la Nobleſſe, des gens de Iuſtice & du commun peuple, qu'on appelle le tiers Eſtat: Et ſont aſſemblez de toutes parts de Prouinces & Baillages de toutes ſortes de perſonnes deputees & deleguees aux iours & lieux aſſignez, & y ſont traictees choſes de tres-grande conſequence, comme de Regence, Gouuernement & Reformation vniuerſelle, où preſide le Roy, Regent ou Regente, ou quelque Prince du ſang par l'organe du Chancelier, en preſence & en la compagnie des Princes & Officiers de la Couronne, ou maiſon de France, des principaux Officiers du Roy, & autres grands Seigneurs, comme Ducs, Marquis, Comtes, Barons, &c.

Les Eſtats Prouinciaux & particuliers ſont aſſemblez pour ce qui touche toute vne Prouince, cõduicts & gouuernez par le Gouuerneur du pays, accompagné des deputez de chaſque ordre, & ſe font par la permiſſion & congé du Roy, ou Regent.

Le Conſeil du Roy eſt ordinaire ou extraordinaire: l'ordinaire eſt priué eſt eſtably pour cas reſeruez qui importent tant au public, qu'aux particuliers: l'extraordinaire & eſtroict eſt aſſemblé pour les affaires du Roy & du Royaume les plus ſecrets, & plus ſoudains.

L'vn & l'autre Conſeil priué & d'Eſtat eſt baſty & compoſé des plus notables & ſignalez perſonnages du Royaume, ſpecialement des Princes & infines Officiers de la Couronne, & grand Seigneurs, els que Cardinaux, & Prelats, Conneſtable, Chancelier, Secretaires d'Eſtat, Admiral, Mareſchaux de France, Preſidens, Conſeillers, & gens du Roy des Cours ſouueraines, Cheualiers de l'Ordre du Roy, Maiſtres des Requeſtes, Treſoriers generaux, & autres, qui y ſont admis par le Roy.

Les affaires d'Eſtat & d'importance ſe traictent & executent à part & ſéparement en matiere & fait, ou de gouuernement, protection & defenſe ordinaire & pour ſa main forte: ou d'armes de guerre & le camp, ou d'œconomie, Cour, & ſuite de la maiſon Royale: ou de la grande Chancellerie: ou des finances & deniers Royaux tant ordinaires que extraordinaires.

Pour le gouuernement & defence ordinaire, il y a quatorze Gouuerneurs comme Prouinciaux, departis & ordonnez pour autant de Prouince, pays & gouuernemens tant en paix qu'en guerres, ſoubs leſquels il y a des Lieutenans generaux & particuliers, Capitaines de villes & places fortes, & ſpecialement és lieux limitrophes & de frontiere: Plus là, & aux principales villes du Royaume, il y a Cheualiers, Capitaines, & Lieutenans du Guet. Il y a auſſi les Baillages, Seneſchauſſées, Gouuernances, & Gouuernemens particuliers & ſpeciaux tant pour le ban & arriere-ban, que pour l'ayde, conforte main, ou main forte & entretien de la Iuſtice, qui ſont gouuernez par Baillifs, Seneſchaux, & Gouuerneurs.

Pour le faict des armes, & de guerre, il y a vn chef de guerre ou Lieutenant general du Roy, ou vn Conneſtable, qui eſt le conducteur de l'armée ou gendarmerie, apres lequel sont les Mareschaux d France, qui n'estoient anciennement que quatre, l'Admiral, le Colonnel de l'Infanterie, des Legionnaires, ou regimens, & côpagnies de gens de cheual ou de pied, Grand maistre de l'Artillerie, general des Galeres, auec les chefs, Capitaines, & Lieutenants, Grands Maistres & Mareschaux de camp, & de logis, & leurs Fourriers, les Heraux d'armes, Capitaines, Lieutenans, Enseignes, Guidons, Sergens de Bāde, Caporaux, Maistres & Capitaines du Charroy, Commissaires des guerres, Canonniers, Munitionnaires, &c. Tous lesquels respectiuemēt & chacun pour son regard & selon sa charge, ont commandement sur autres gens-d'armes, qui sont hommes de cheual, ou d'armes & d'ordōnances, ou leurs Archers, les soldats, pietons, pionniers, &c.

La Cour & suite de la maison Royale est composee du Daulphin fils aisné du Roy viuant, des enfans de France, qui ont ordinairemēt les plus grāds degrez & honneurs, du Doyen & premier Prince des Pairs de France, qui ne surpassoient anciennement le nombre de douze, des Chancelier, Greffier, Bostonnier & Huissier des Chevaliers de l'Ordre du Roy. Outre ces dignitez generales, il y a les charges & offices du Grand maistre iadis Comte du Palais, du grand Chambellan ou Chambrier, ou premier Gentil-homme de la Chambre, du grand Sommelier du corps, du grand Panetier, du grand Eschanson ou Bouteiller, du grand Escuyer, du grand Maistre Enquesteur & general reformateur des eaux & forests de France, du grand Veneur, du grand Fauconnier, du grand Maistre de la garderobe, du
premier

premier Escuyer tranchant, du premier Gentilhomme seruant, du grand Aumosnier, du Confesseur & Predicateur du Roy, du premier Escuyer d'Escuyrie, du maistre des Ceremonies, du grand Mareschal des Logis & du corps de garde, du grand Preuost, des Capitaines des cent Gentils-hommes, & des Gardes & Archers, des premiers Medecin, Chirurgien, Barbier, Apothicaire, Armurier, des Maistres de l'Oratoire & Chappelle du Roy, du Thresorier des Chartres, du maistre & garde de la Bibliotheque, des Maistres d'Ostel, du Contrerolleur general des Postes, du Contrerolleur de la maison, du maistre Queux ou premier Escuyer de Cuisine, des maistres & côducteurs des Pages, des Clercs d'office, &c. La plus-part desquels domestiques sont muables & temporels.

Les Roynes & les Princes & Princesses ont aussi leurs Cheualiers d'honneur, leurs Chancelliers, Secretaires, premiers Maistres d'hostel, & Gentils-hommes, outre le reste du train, qui font partie de la Cour & maison Royale.

Pour le faict de la grande Chancellerie, il y a le Chancellier & en son absence, ou durant sa suspension le Garde des Seaux, qui depesche lettres d'Estat à l'ayde des Secretaires, tant des Commandemés & d'Estat, que des finances, & en celles de Iustice par les Secretaires ordinaires de Chancellerie, assistant audit Chācellier, le grand Referendaire ou rapporteur, & le grand Audiencier, les Maistres des Requestes, contrerolleurs, chauffecires, Seelleurs, &c.

Le faict des Finances & deniers Royaux tant ordinaires que extraordinaires se traicte cumulatiuement, concurremment & subsidiairement par les Cours de Parlement, par les Chambres des Comptes, & par les generaux des Aydes és causes generales d'alienation, reunion, incorporation, & conseruation du Domaine, & par la chambre du Tresor pour ce qui est plus d'execution & manutention du fisque, & separément & à part pour ce qui est d'aduis, recherche, dressement ou reglement d'Estats, par surintendans & intendans, & autres du Conseil: & plus particulierement pour les departemens, asignations, attaches, rescriptions, mandemens, reception, & distribution des Finances par le Tresorier de l'espargne, Tresoriers de France, Tresorier des parties Casuelles, Receueur, & Contrerolleur du Domaine, generaux des Finances chacun en sa charge, Receueurs & Contrerolleurs generaux des Finances, Receueurs des tailles & autres particuliers, Tresorier & Contrerolleur general de la maison du Roy, Tresorier des menus, Maistre aux deniers, Contrerolleur & Tresorier de l'ordinaire & extraordinaire des guerres, & de la gendarmerie, Tresoriers & Contrerolleur de l'Artillerie, de la Marine, de cent Gentils-hommes de l'Escurie, des Gardes, des reparations, des bastimens, de l'argenterie, receueurs & payeurs des amendes & gages des Cours, receueur general des decimes, souz lesquels passét les Receueurs particuliers, les Clercs, Commis, Payeurs, &c. Voila ce qu'on peut dire briefuement des affaires d'Estat & d'importance.

Quant aux affaires communes & vulgaires pour le bien du peuple en particulier, elles consistent en l'expedition des lettres de la petite Chancellerie, ou en l'administration & distribution de la Iustice & Police.

Les lettres de la petite Chancellerie & du petit Seau qui est en chacun Parlement, s'expedient quãd elles sont de Iustice & de droict, par le Doyen ou plus ancien des Maistres des Requestes, assisté de ses Collegues, ensemble des Audienciers, Controrolleurs, Secrettaires, Referendaires, Chauffecires, &c.

La distribution & administration de la Iustice & olice se faict par Magistrats, Iuges & Officiers poïtiques & ordinaires chacun selon son degré de superiorité ou inferiorité & occurrence des cas, comme par le Chancelier, les Maistres des Requestes, Presidens & Conseillers des Cours souueraines, par les Lieutenans des Baillifs & Seneschaux, Preuosts, Maires, Escheuins, Pairs, Commissaires, & tous autres Officiers en ce que touche les examens, receptions, institutions, installations, destitutions, reuocations, priuations, & suspensions, verification & publication de lettres, homologation de statuts, coustumes, contracts & concordats, audition, examen & closture de comptes, apposition de seel, & en matiere de reformation, reglement, remonstrance, visitation & ordonnance de Iuge, confection d'inuentaire, dation de tutelle, & bref en tout ce qui est d'acte legitime, & de pure & simple function, deuoir & office noble de iuge, sans forme ne figure de procez, y comprenant le faict de la Police.

Entre les Magistrats, il y en a trois sortes, sçauoir ceux qui ont puissance souueraine, d'autres qui ont puissance moyenne, & les autres qui ont puissance

B ii

moindre, subalterne, & qui cognoissent des causes en premiere instance.

Les Magistrats de puissance souueraine, suprém dominante & tres-grande peuuent iuger d'equité, souuerainement & par arrest, & cognoissent des causes par appel, ou par renuoy.

Par appel, reformation, retention & main souueraine, comme sont les Cours de Parlements & Senats qui sont huict, dont le premier plus venerable, excellent, ancien & vrayement souuerain est celuy de Paris, tant pour estre la Cour de Paris de France, que pour le grand nombre des Presidens, Conseillers, & Chambres, que pour les indults & priuileges qui leur sont attribuez, & qualitez des causes qui y sont traictees & decidees, apres vient le Parlement de Tholose, & consequemment ceux de Grenoble, Rouen, Diion, Bourdeaux, Aix & Rennes en Bretaigne. Le grand conseil ambulatoire a aussi ceste puissance souueraine pour les differents des Parlemens, grandes matieres beneficiales comme d'Eueschez, Abbayes, & Prelatures, & pour ceux de la suite de la Cour. Aussi ont ceste puissance souueraine les deputez desdits Parlements tenans les Grands-Iours extraordinairement en quelque Prouince du Royaume par le commandement du Roy, pour le soulagement de ses subiects. Ceste puissance appartient aussi aux Cours des generaux des Aydes qui sont quatre, sçauoir à Paris, à Rouen, à Montferrant, & à Montpellier en Languedoc.

Les Magistrats souuerains cognoissent aussi des causes par renuoy, euocation & attribution en premiere instance, ainsi que iuge souuent le Parlemēt de Paris pour les Princes & Pairs de France & autres, soit par la recusation des autres parlemens, soit par euocation. Le priué conseil du Roy iuge aussi souuerainement & en premiere instance des affaires d'Estat & d'importance, où apres & auprés les enfans de France & Princes du sang preside le Chancelier comme chef & moderateur de la Iustice & des conseillers dudit Conseil.

Les chambres des comptes cognoissét aussi souuerainement de debtes & lignes de compte des cóptables, des foy & hommage, adueuz & denombremens deuz au Roy, verifications des dons, des lettres d'aubaine, de bastardise, d'indemnité, & autres, & y a plusieurs chambres des comptes en ce Royaume, entre lesquelles la principalle est celle de Paris, où il y a plusieurs Presidens, maistres des comptes, correcteurs & auditeurs, &c. appellez rationaux en Languedoc.

Souz ce nom de Magistrats souuerains & de puissance supréme, sont compris les Presidens & conseillers des chambres de l'Edict establies en faueur de ceux de la religion pretenduë reformee, de la chambre Royale pour la recherche de la maluersation des financiers: Item les Iuges deputez & ordōnez pour iuger en dernier ressort & sans appel en la chambre des eaux & forests, ce qui est de la reformation & reglement des forests au siege de la table de marbre à Paris: Plus les commissaires des francs fiefs & nouueaux acquests en la chambre du Tresor, & ceux qui estoient deputez en la chambre de la defuncte Roine mere Catherine pour la recherche & poursuitte des droicts seigneuriaux & domaniaux

B iij

Et les deputez du Clergé sur le faict des decimes, alienation & rachat des biens Ecclesiastiques, & autres semblables.

Les Magistrats de puissance moyenne & mediocre sont les Iuges Presidiaux & Preuosts des Mareschaux, lesquels iugent par iugement dernier en certains cas de l'ordonnance, & sans appel, lesquels ressortissent neantmoins és Cours de Parlements quand ils ont excedé les termes de l'Edict, & en plusieurs lieux sont ioincts à l'ordinaire, où le Lieutenant du Bailly ou Seneschal exerce l'office de President, comme au Chastellet de Paris. Aussi ont puissance moyenne ceux qui ensuyuent, sçauoir le Preuost de Paris, les Baillifs & Seneschaux, ou leurs Lieutenans generaux & particuliers tant ciuils que criminels, Iuges Prouinciaux, qui sont superieurs & reformateurs des Iuges ordinaires & de moindre puissance : Item la Chambre des Eaux & Forests, qui est le Siege du grand Maistre Enquesteur, qui cognoist des appellations des Maistres particuliers, Gruyers, Gardes, Verdiers, Capitaines des Forests, & des Chasses, & du grand Arpenteur & mesureur de tout le Royaume : Item les Iuges & Consuls des Marchans qui iugent iusques à 500. liures par prouision & nonobstant appel suiuant la modification & reglement de la Cour de Parlement : Item les Iuges d'appeaux constituez en certaines villes de ce Royaume.

Les Magistrats de moindre puissance & inferieure & qui cognoissent des causes en premiere instance ont Iurisdictiõ ordinaire ou extraordinaire.

La Iurisdiction ordinaire qui est domiciliaire &

reguliere est subdiuisee en noble, en populaire & en composee.

La noble & priuilegiee est des Lieutenans generaux & particuliers tant ciuils que criminels, ou des Iuges mages des Baillifs, Seneschaux & Gouuerneurs qui cognoissent des causes des nobles en premiere instance, ou des Iuges des exempts.

La populaire plebeienne & roturiere est des Preuosts en garde & Chastellains Royaux qui sont de ville pour les Bourgeois, citoyens, roturiers, & villageois qui sont au dedans de la Banlieuë: Item des Preuosts, Maires & Voyers: Item des Maires Royaux: Item des Vicomtes en Normandie, Viguiers en Languedoc & Prouence, Allouez en Bretaigne: Item des Lieutenants de Robecourte du petit criminel, & des Auditeurs du Chastelet de Paris.

La Iurisdiction composee de l'vne & de l'autre est comme du Preuost de Paris, qui est aussi Baillif & Seneschal, du Iuge general de Calais & de Perigueux: & des Iuges des cas Royaux és grandes Iustices des Seigneurs comme à Laual, &c.

Pour le regard de la iurisdiction extraordinaire ou subordinaire ou irreguliere astreincte & limitee à certaines matieres & personnes, elle s'exerce par commission, ou par delegation.

La Iurisdiction qui s'exerce par commission est comme celles des Requestes du Palais qui sōt Conseillers és Cours de parlemens & Commissaires d'icelles pour cognoistre & iuger des causes ciuiles personnelles, possessoires & mixtes, & non des reelles ny criminelles, si ce n'est incidemment de ceux qui doiuent iouyr du priuilege de Committimus ou de

B iiii

garde gardienne: Item des Requestes de l'hostel pour differens & contentions de titres d'offices, & pour les causes de ceux qui sont de la maison du Roy: Item des conseruateurs & protecteurs des priuileges Royaux des Vniuersitez, & des Foires, & du petit Seel de Montpellier, & generallement de tous Iuges priuilegiaires commis, instituez & establis pour & au lieu des Iuges ordinaires.

La Iurisdiction qui s'exerce par delegation & subrogation pour la descharge & soulagement de l'ordinaire, est comme la chambre des Eaux & Forests à la table de Marbre du Palais à Paris, ayant Lieutenant general & particulier, accompagnez de huict Conseillers cognoissans par preuentiõ de toutes matieres concernans les eaux & Forests & s'estendans anciennement par toute la France. Item la chambre ou les Conseillers du Tresor pour la perquisition & conseruation du reuenu & domaine Royal: Item la Chambre ou Cour des Generaux des Monnoyes ayans souz eux les Preuosts, Gardes, Maistres, Essayeurs & Ouuriers de la Monnoye, pour le faict d'icelle: Item le Bailly, dit anciennement le concierge du Palais, ou son Lieutenant ayant pouuoir sur ceux qui delinquent au Palais, & ceux qui y ont leurs boutiques. Item la Conestablie ou Mareschaussée ou le Lieutenant dudit siege pour le fait & different d'entre gens de guerre & d'Archers des Preuosts des Mareschaux: Item l'Admirauté pour la Marine: Item les Esleus, & les Greretiers & officiers des Greniers à sel pour les aydes, tailles & gabelles: Item les Iuges des traictes & impositions foraines, & des ports & passages: Item le Preuost de l'hoſtel ou grand Preuoſt ou ſon Lieutenant, pour la ſuite de la Cour: Item les maiſtres particuliers des Eaux & Foreſts, & les Gruyers ou gardes, maiſtres, Sergés, Verdiers & Capitaines des Foreſts, grand Arpenteur & Meſureur, maiſtre Louuetier: Item le Iuge & Lieutenant ou Capitaine du Louure & de Larſenal: Item les Preuoſts des Mareſchaux & de camp, les Vibaillifs & Viſeneſchaux ou leurs Lieutenans pour les delictz de camp & des vagabons: Item des Iuges & Conſuls des Marchans pour faict de marchandiſe & entre Marchans, &c.

Apres auoir traicté de la Iuriſdiction Royale, il reſte à parler ſommairement de la Iuriſdiction Seigneuriale & Vaſſale non Royale, communiquee toutesfois par priuilege, beneficence, conceſſion ou ſouffrance du Roy ou de la couſtume, aux Seigneurs & Dames, du nombre & rang deſquels ſont par deſſus les autres les Roynes doüairieres, & les enfans de France appanagez ou aſſignez, les Princes du ſang, & les Pairs de France, qui ſont comme les premiers ou grands Ducs, Comtes & Vaſſaux du Roy, Conſeillers de France, les Ducs, Marquis, Comtes, Vicomtes, Barons, Vidames, Sires, Damoiſeaux, Chaſtellains & les Seigneurs Iuſticiers & feodaux, leſquels ont chacun pour leur regard puiſſance de policer, regir & gouuerner leurs ſubiectz à l'exemple & imitation de la iuriſdiction Royale, hors mis les cas Royaux reſeruez & exceptez dont leurs Iuges ne peuuent & ne doibuent cognoiſtre. Pour raiſon deſquels appanages, & aſſinats, les enfans de France, & les Doüairieres gardent és villes de leurs appanages & aſſignats, les meſmes degrez de puiſſance & iustice soubs le nom du Roy & le leur, comme le Dauphin en Dauphiné: Item les Pairs, Ducs & grands Comtes ont leurs Baillifs, Vicomtes & Lieutenans pour les iours ordinaires, Presidens & Conseillers pour leurs grands Iours & Eschiquiers: Les autres Ducs, Comtes, Barons & Chastelains tiennent leurs afsises quelquefois, outre les plaids ordinaires par leurs Baillifs, Seneschaux, Preuosts, Maires & Sergens, côme font les autres Seigneurs haults Iusticiers: Item les maisons communes des villes & citez ont aufsi leurs Maires ou Maieurs, Preuosts des Marchans auec Escheuins & Conseillers de ville, Capitouls & Iurats, Consuls, & leurs Lieutenans: Item les gens d'Eglise & de main-morte, soiêt Cardinaux, Archeuesques, Euesques, Abbez, Prieurs, ou autres Ecclesiastiques, & les chapitres, colleges, & communautez ont pareillement leurs Baillifs, Preuosts, & Chambriers laiz pour la temporalité, ou exercice de la iustice temporelle: Et les autres moindres iusticiers exercent aufsi leurs iustices & Iurisdictions par Preuosts, & Gardes, Maires, Iuges Pedanees, & infimes *ad instar* des iuges Royaux hors les cas reseruez, ou de refsort & de souueraineté, le tout par moyen & auec submifsion & subiection aux Edicts & Ordonnances Royaux, & aux coustumes des pays où leurs fiefs & seigneuries sont situez: & iusques icy a esté traicté de la Iurisdiction temporelle.

Qvant à la Iurisdiction spirituelle, Hierarchique, Pastorale & Ecclesiastique, elle consiste en la discipline & correction pour le faict de la conscience, ou en la prouision & difpofition des benefices.

La difcipline, correction, direction, & cenfure pour la confcience fe faict en chacun Diocefe ou Euefché, collectiuement ou diuifement.

Collectiuement, par plufieurs faifans vn corps ou affemblée & congregation d'Eglife Conciliaire, Synodale, ou Primatiale, ou Metropolitaine, ou Epifcopale, & Cathedrale, ou Conuentuelle & Clauftrale, ou Capitulaire, ou Colegiale, ou Parochiale.

Diuifement & perfonnellement, c'eſt à dire par vn feul Pafteur & Prelat, ſçauoir graduellement par le Pape ou ſes Legats, par les Cardinaux, Patriarches, Primats, Archeuefques & Metropolitains, Euefques, leurs fuffragans & Vicaires generaux, Preuoſts, d'Eglifes, Archipreftres ou Doyens, grands Archidiacres, Treforiers, Maiftres & Vicaires generaux des Conuents & Monafteres, grands Prieurs, Curez ou Recteurs, Chappelains, Abbez, Prieurs, Chambriers Clauftraux, Prouinciaux, Correcteurs & Reformateurs, Gardiens des Ordres, Grands-maiftres, Prouifeurs, grands Commandeurs des Cheualiers, Oeconomes, Commendataires, Commandeurs, Peres fpirituels, Syndics, & fimples Preftres, Diacres & Soubs-diacres.

La prouifion & difpofition eft des Benefices feculiers ou reguliers, qui font en titre ou en commande, & aucuns d'iceux ont dignité & charge d'ames, les autres font fimples, & y en a qui font fubiects à nomination, prefentation, election, collation & confirmation, & les prouifions en font expediees lors qu'ils font vacans par mort, ou demiftion, ou reſignation, ou par inhabilité, ou incapacité.

Auſſi la Iuriſdiction Eccleſiaſtique eſt ordinaire ou deleguee. L'ordinaire eſt de l'Official ou Vicaire de l'Archeueſque ou Eueſque, de l'Archidiacre ou du Chapitre : La deleguee & ſubdeleguee eſt des conſeruateurs des priuileges Apoſtoliques, & des Monaſteres exempts, ou des Inquiſiteurs & Sindics de la Foy.

De tous les iuges Eccleſiaſtiques tant ordinaires que deleguez les appellatiõs reſſortiſſent ſelon leurs qualitez : comme ſi elles ſont communes, elles reſſortiſſent par deuant les Eueſques, Archeueſques, Primat des Gaules, & le Pape, chacun ſelon ſon ordre & degré de ſuperiorité : Que ſi elles ſont comme d'abus, quand l'on pretend contrauention aux ſaincts decrets & conciles, edicts & ordonnances Royaux, & aux franchiſes & libertez de l'Egliſe Gallicane, lors elles reſſortiſſent ſeulement & ſont decidees au Parlement de Paris.

Tous leſdits Iuges Eccleſiaſtiques implorent au beſoin pour l'execution de leurs ſentences & iugemens le bras ſeculier & main forte du Roy, ou appellent les Magiſtrats Royaux quand le cas eſt priuilegié, ou leurs renuoient les clercs pour punir, apres les auoir degradez. Et d'autant que le Pape ne peut contraindre les François de plaider à Rome, il a accouſtumé de donner par reſcrit certains commiſſaires aux parties en ce Royaume, lors qu'il en eſt requis par elles ou par l'vne d'icelles.

QVI FVT CELVY QVI PLANTA LE premier les lettres en Gaule, & qui estoient les Druydes.

LE premier qui planta les lettres en Gaule fust ce mesme Gomer fils aisné de Iapet, duquel nous auons parlé: & de l'escole d'yceluy sortirent ces trois sortes de Philosophes, qui estoient iadis en Gaule: sçauoir les Bardes, qui chantoyent des hymnes & estoient Poëtes, les Vaticinateurs qui presidoient aux sacrifices, & s'arrestoient à la contemplation de la nature des choses, & les Druydes qui traictoient des mœurs & bien seantes actions des hommes. Tous lesquels furent long temps en Gaule, deuant qu'aucuns des Poetes Grecs fussent au monde. D'où il est aisé à voir que les lettres sont en Gaule premier qu'en la Grece, & que les vers Heroïques ne sont point de l'inuention des Grecs, puis que les Bardes s'en seruoient. Souz le nom de Druydes l'on comprend quelquefois toutes ces trois sortes de Philosophes.

Ces Philosophes auoyent opinion que les ames estoyent transformées de corps en autres: & par ainsi les Gaulois, qui les suyuoient en cette opinion, n'apprehendoient aucunement la mort, lors qu'il estoit besoin de hazarder leur vie en quelques guerres ou entreprises.

L'assemblée des Druydes se faisoit tous les ans à Chartres (d'autant que cette ville est presque au milieu de la Gaule) & en ce lieu ils determinoient de tous differents qu'on leur propofoit. A l'imitation defquels furent anciennement introduicts les Parlements en France par Charles Martel maire du Palais, & par le Roy Pepin fon fils; lefquels parlements font comme l'ornement, & honneur du Royaume, & font ainfi appellez, felon l'opinion de quelques-vns, du mot parler, par ce que l'on y parle d'afiaires grandes & d'importance. Or tout ainfi que l'affemblée des Druydes fe faifoit d'an en an à Chartres : de mefmes s'affembloyent les Seigneurs & Confeillers du Parlement en certaine ville, ordonnée par le Roy, pour y exercer la Iuftice en la maniere qui s'enfuit.

De toutes parts de la France s'affembloient les plus doctes en droict, & entendans mieux les ftatuts & couftumes particulieres de chacune prouince, lefquels eftoyent pour cefte fin gagez & inftituez par le Roy, & là vuidoient tous differens & procez quelconques, fans aucun appel : Mais d'autant que le lieu où ils fe deuoyent affembler, eftoit muable & incertain. Le Roy lors, furnommé Hutin, feit eriger la Cour du Parlement fedentaire à Paris en l'an 1315. Et du depuis les autres Parlements ont efté inftituez, lefquels font huict en nombre. Le premier donc & plus ancien eft à Paris, au pays proprement dict France : Le 2. eft à Tholofe, en Languedoc : Le 3. eft à Bordeaux, en la Guienne : Le 4. à Rouen, en Normandie : Le 5. à Diion, en Bourgoigne : Le 6. à Grenoble, en Dauphiné: Le 7. à Aix en Prouence, & le 8. à Rennes, en Bretaigne. De l'autre, commençant premierement à celuy de Paris : en parlant de l'antiquité & fonda-

DE LA FRANCE.

tion de ceste ville, & des bastiments & ratirez qui ont en icelle.

DE LA SITVATION ET FONDA-
tion de l'ancienne & tres-fameuse Cité de
Paris, auec l'erection de plusieurs
dignitez de ce lieu.

A ttres-ancienne & renommee ville de Paris, non seulement capitale de ce grand Royaume de France, mais le theatre & abbregé de tout l'vniuers, le domicile des ois, la retraicte & le rendez-vous de tous les plus eaux esprits du monde : est situee sur la riuiere de eine : & a prins son origine non de Paris Troyen (ainsi qu'ont escrit quelques Autheurs) mais d'vn Paris, Gaulois de nation, 18. Roy des Gaules, lequel estoit descendu de cest ancien Samothes, qui du temps de Noé polliça les Gaules, & les institua en toute vertu, honnesteté & doctrine, & feit bastir icelle ville 70. ans apres la premiere fondation de Troye, 498. ans deuant Rome bastie, 1417. ans deuant la natiuité de nostre Seigneur.

Ceste ville fut appellee quelque temps Lutece, du mot Latin *Lutum*, qui signifie bouë ou fange : ou pour mieux dire Lucotece, selon Strabon, du nom de Lucus, Roy des Celtes : comme aussi ce peuple fut long-temps appellé Luccens.

La ville de Paris est si grande & spacieuse qu'elle contient cinq cens rues en nombre, toutes habitees, & en plusieurs d'icelles se trouuent plus de 500. maisons & demeures.

Ceste ville est comme vne borne entre les Gaules Celtique & Belgique, au rapport de ce tresdocte & fameux prelat d'Auranches Robert Cenalis.

Le droict d'Escheuinage fut donné aux Parisiens par le Roy Philippes Auguste, enuiron l'an 1190. & crea vn preuost des marchands, à la difference du preuost de la Iustice. Il feit aussi pauer & clorre de murs la ville de Paris, & commencer le chasteau du bois de Vicennes, & feit faire le parc qui y est. Iceluy entreprint le voyage de Hierusalem, auec Richard Roy d'Angleterre, & desfeit les Albigeois heretiques & le Comte Raimond de Tholose, qui tenoit leur party.

Ce mesme Roy donna à la ville les armoiries qu'elle porte, à sçauoir de gueulles à vne nef d'argent.

gent, le champ d'azur, semé de fleurs de lys d'or, voulant donner à entendre par cela, que Paris est la nef principale, & ville capitale du Royaume.

Les Escheuins Iurez seruent aux visites des maisons, rues, cloaques, canaux, aqueducts, fontaines, ports, passages, & chemins: afin d'y pouruoir s'il y suruient quelque necessité.

Nul ne peut paruenir à la dignité de preuost des marchands ny d'Escheuin, qui ne soit enfant de ville: de peur que les estrangers ne fussent instruicts aux secrets de la ville.

L'on espluche de si pres la vie de ceux qui aspirent à ces dignitez, que la moindre tache d'infamie, mesme la seule opinion de vice les empesche d'y estre receuz; Mesme si on void quelqu'vn sisler en Paris par les rues, on luy dict par vn commun prouerbe, tu ne seras point Preuost des marchands, pour monstrer combien l'honneur & ciuilité est remise en tels magistrats.

Charlemaigne (le premier des Roys de France appellé tres-chrestien) fut fondateur de l'Vniuersité de Paris (comme aussi de celle de Pauie & de Couloigne) estant induict à ce par vn tres-docte personnage, nommé Alcuin, Anglois de Nation, qui auoit esté son precepteur: & fut le premier qui ouurit l'escole à Paris, l'an 791.

C'est Alcuin estoit des plus doctes de son temps, mesmes aux lettres sainctes: lequel à composé plusieurs liures de pieté entre lesquels sont des commentaires sur la Bible, plusieurs belles oraisons des omelies sur les Euangelies, & autres sermons, qui se lisent encor aux Eglises. Il auoit esté enuoyé du Roy d'Angleterre son maistre, pour traicter la paix auec Charlemaigne, lequel esmerueillé de son sçauoir, d'Ambassadeur le feit son hoste, d'hoste son precepteur.

Et quoy que le susdict Charlemaigne fust desia sur ses vieux ans, neantmoins il l'appelloit tousiours son maistre. Il auoit eu du precedēt pour precepteur vn autre docte homme nommé Pierre Pisan.

Ce mesme Empereur Charlemaigne estoit fort desireux d'accroistre l'honneur de l'Eglise : car il seit rechercher les Escritures des S. Peres anciens, & accomplir par P. Lombard les leçons & legendes, qui se chantent par chacune feste de l'an, & luy mesme chantoit ordinairement aux Eglises auec le clergé.

Iceluy institua les 12. pairs de France à l'exemple des 12. Apostres de nostre Seigneur, l'an de nostre salut huict cens, & furent appellez Pairs, c'est à dire pareils en authorité & puissance, pour l'assister en ses plus grandes affaires ; & pour cognoistre des cas & crime que pourroient cōmettre les Princes du sang, sans diminuer toutesfois rien de son authorité.

Or de ces 12. pairs il y en a six Ecclesiastiques, dont il y en a trois Ducs, sçauoir l'Archeuesque de Rheims, les Euesques de Langres & de Laon; trois comtes, sçauoir les Euesques de Noyon, Chāalons & Beauuais. Les 3. Ducs laics sont les Ducs d'Aquitaine, Normandie, & Bourgoigne & les Comtes, sont de Tholose, Flandres & Champaigne. Il y a des historiens qui attribuent ceste institution non à Charlemaigne, mais à Louys le Ieune regnant, l'an mil cent quarante.

Le Parlement sedentaire de Paris, fut erigé en l'an mil trois cens quinze (comme nous auons dit) par le Roy Louys Hutin, lequel Parlement seul iuge des Pairs & des Princes.

Le Roy Robert, fils de capet, homme debonnaire, & de grande erudition, fut celuy qui le premier meist & institua les dignitez de Recteur & procureur en auant: mais les lettres touchant les Priuileges & ordonnances en ont esté perduës.

Ce bon Roy estoit entierement adonné à pieté & deuotion; il fonda plusieurs Eglises & monasteres, & le plus souuent prenoit vne chappe & chantoit auec le clergé, estant aux Eglises: car il estoit bon musicien & homme fort docte. Iceluy composa la Prose, *Sancti Spiritus adsit nobis gratia*, & vn espons qu'on chante à Noel, *Iudea & Hierusalem*, & ussi le respons, *O constantia martirum*, à la requeste e son espouse nommee constance. Il composa aussi e respons *Cornelius Centurio*.

Vn iour iceluy ayant assiegé vne ville pres Orleans, le iour S. Aignen, il quitta le siege pour aller ider à celebrer ladicte feste, & aidoit à chanter à n des chanoines, & comme il commençoit le troiesme *Agnus Dei*, à la grande Messe, les murailles le la ville assiegee tomberent par terre sans œuure homme. Il feit de grands biens aux Eglises.

Ie rouien à la dignité du Recteur de Paris, lequel s actes publiques de quelque faculté que ce soit, recede tous Princes, Euesques, & cardinaux; & 'est point tenu d'assister és entrees des Rois, à cause ne son authorité ne s'ested seulemét que dedás Paris. Aux obseques des Roys, il va pres du corps auec l'Euesque de Paris, toutesfois l'Euesque de Beauuais, qui est le conseruateur de l'vniuersité, marche à main droicte.

L'vniuersité des Escoliers à eu autresfois telle puissance en ceste ville, qu'elle à faict teste aux Papes, & Princes du sang, qui abusoyent des benefices, comme il aduint du regne de Charles sixiéme contre le Duc d'Aniou, & l'Antipape, seant pour lors en Auignon, qui pilloit presque tous les benefices de France.

ENSVYVENT LES FONDATIONS
des principaux Colleges de Paris, auec plusieurs choses notables.

DV temps du Roy S. Louys, fut fondé le college de Sorbonne, par vn Docteur en Theologie, nommé maistre Robert de Sorbonne: lequel donna des rentes pour entretenir les Bacheliers, & pour la nourriture des docteurs de la susdicte faculté; de laquelle tous les Theologiens de Paris sont appellez Sorbonistes; par ce qu'en la Sorbonne se font les actes principaux pour la preuue du sçauoir de ceux qui aspirent à la dignité doctoralle. Ce lieu est remarquable pour son antiquité: d'autant que iadis il dependoit du Palais Royal, lors que les Romains auoyent domination en Gaule: & aussi à cause des hommes illustres & renommez en sçauoir, qui viuent ordinairement en vne saincte societé en ceste maison.

Ieanne espouse du Roy Philippes le Bel, Contesse Palatine de Champaigne, & de Brie, fonda le College de Nauarre, en l'an mil trois cens quatre : & y donna deux mille liures de rente. En ce College sont gardees les Chartres & tresors de l'vniuersité : comme fondations, libertez, immunitez, & priuileges octroyez aux facultez d'icelle.

Le College des Cholets fut fondé par vn Cardinal, nommé Iean Cholet, l'an mil deux cents quatre vingts & trois, estant pour lors Legat en France, & y establit des boursiers Theologiens, de la nation de Picardie.

Le college du Cardinal le Moine fut fondé par vn nommé Iean le Moine, Cardinal Picard; soubz le Pape Boniface 8. l'an 1296.

Le college de Clugny fut fondé en l'an 1200. par vn nommé Iean premier du nom, Abbé de Clugny : L'Empereur Iulian l'Apostat citoyen de Paris (où il fut aussi proclamé Empereur par les gens de guerre) feit bastir l'hostel de Clugny, pour luy seruir de lieu de plaisance; & pour prendre relasche de ses trauaux, & afin de rendre ce lieu plus commode, il auoit faict dresser des bains chauds, au lieu où est de present le college de Sorbonne. Il ne fut Empereur que deux ans, & fut tué d'vn coup de fleche en vne guerre contre les Parthes l'an 366. & ne peut on recognoistre d'où estoit prouenuë ladicte fleche.

Le college de Montagu fut fondé l'an 1314. par mesire Gilles Esselin Archeuesque de Rouen, de la famille de Montagu, d'où il print son nom. Du depuis vn Euesque de Laon Cardinal, en l'an

1398. (lequel estoit sorti de la race du premier fondateur) y mit six boursiers, & mourant donna charge à vn sien cousin Euesque d'Eureux, qui feist par des statutz que les boursiers de Montagu dependent du Chapitre de nostre Dame de Paris.

Depuis Iean Standoncq, Flamand, docteur en Theologie, seigneur de Villette, institua les paures de Montagu, qu'on appelle Capettes, qu'il receuoit pour estudier: mais son reuenu ne suffisant pas pour si grand nombre de paures qui se presentoyent, aduint que l'an mil quatre cents quatre vingts douze, mesire Loys de Grauille, Admiral de France, soulage à l'indigence des paures de Montagu, faisant bastir le corps du logis, & Chappelle: & donna plusieurs deniers pour renter ledit college, & pour rebastir ce qui estoit en ruine.

Enuiron ce temps vn Prestre nommé maistre Iean l'Anglois estant en l'Eglise nostre Dame de Paris, en la Chappelle sainct Crespin, prit aux cheueux vn autre Prestre celebrant la Messe, le lendemain de la feste Dieu, & le ietta par terre: prenant la saincte ostie & le calice, & les iettant aussi fort impetueusement par terre, & si promptement que les assistans, n'eurent loisir de l'empescher. Or il auoit faict cela par le conseil d'vne Iuifue, dont il abusoit, laquelle luy auoit dict qu'il paruiendroit à grande fortune, s'il executoit telle entreprise; pour lequel forfaict il fut desgradé & bruslé. Mais le susdict Docteur Standoncq, luy remonstra si bien sa faute, au parauant le suplice, qu'il le feist se recognoistre, & deuotement requerir pardon à Dieu de son peché, cecy aduint l'an 1491.

Le College du Plefsis fut fondé en la ruë Sainct Iacques, par vn appellé Geffroy du Plecy, notaire du fainct Siege Apoftolique de Rome, & fecretaire du Roy Philippes le Long, par apres il fe rendit Religieux au Conuent de l'Ordre faint Benoift les Tours. Il fonda aufsi le College de Marmonftier.

L'an mil trois cents trente & vn, Ieanne de Bourgoigne Royne de France & de Nauarre fonda le college de Bourgoigne, lequel eft affecté à ceux de la Franche-Comté : & y furent eftablis vingt bourfiers.

Le College d'Authun, fut fondé par vn nommé Bertrand Euefque d'Authun Cardinal, en l'an 1341. foubs le Pontificat de Benoift 12. Philippes de Vallois regnant en France. Pierre de la Pallu, Archeuefque de Hierufalem, & Guy Archeuefque de Lyon afsifterent à cefte fondation. Le fufdict Cardinal fondateur eftoit natif de Dauphiné, d'vne petite ville nommée Auonay, au Diocefe de Vienne.

Le College de Tours fut fondé l'an mil trois cens trente trois par Eftienne de Bourgueil, Archeuefque de Tours.

Le College de Beauuais en la ruë des Carmes, fut fondé par Maiftre Iean des dormans, Euefque de Beauuais, chancellier de France, & depuis cardinal enuiron l'an 1277.

En mefme temps fut fondé le college de Prefle, par Raoul de Prefle confeffeur du Roy charles le fage.

Au temps de ce mefme Roy charles le fage

fut fondé le college de Danuille, pres le conuent des Cordeliers, par Iean de Danuille, secretaire du Roy Iean & charles 5.

Le college de Fortet fut faict bastir l'an 1391. par Pierre Fortet, chanoine de nostre Dame de Paris, natif de la ville d'Orilac en Auuergne, Boniface pour lors Pape.

Le College de Becourd (vulgairement dit Boncourt) fut fondé par messire Pierre de Becourd, cheualier du diocese de Terouenne, ledit college a esté faict reedifier par maistre Pierre Galland, professeur du Roy.

Le college de la Marche, fut fondé par vn nommé Guillaume de la Marche, Aduocat en la cour de l'Official à Paris, enuiron l'an 1376.

Le college de Laon, fut fondé l'an 1327. 11. du mois de May, par vn nommé Guy de Laon prestre, Tresorier de la saincte chappelle du Roy, & chanoine de Paris, & de Laon. ce college tient des boursiers des quatre facultez.

Le college des bons Enfans est des premiers appellez és congregations communes, pour estre l'vn des plus anciens de Paris, mais la fondation est incogneue.

Le college de Rheims fut iadis l'Hostel du Duc de Bourgongne, mais Philippe comte de Neuers, & depuis Duc de Bourgongne le vendit à vn Archeuesque de Rheims, l'an 1412. le 12. de May, lequel Archeuesque le fonda en College.

Le College de Lisyeux fut fondé par trois freres de la maison d'Estouteuille ; dont l'vn estoit Euesque de Lisyeux, l'autre Abbé de Fescamp, & l'autre

heualier, & seigneur de Thorcy, & ordonné par
rrest de la Cour qu'il seroit appellé de Thorcy, dit
e Lisyeux.

Plus sont les Colleges de la Mercy, de *l'Aue Maria*, de Calambet, des trois Euesques, basty par trois
uesques, où lisent les lecteurs Royaux, instituez
ar le Roy François 1. du nom, le College de Triuier, de nostre Dame, de Caluy, de Harcourt, des
resoriers, Iustice, Sees, & Narbonne, le College
lignon, de sainct Denys, de maistre Geruais, puis
es escoles de Picardie, ou se font les actes des maires és arts. En outre sont les Colleges de Tournay,
es Lombards, de Boisy, de Bayeux, des Allemans,
e saincte Barbe de Coqueret, qui sont de la fondaion de Messieurs Symon & Robert du Guast, Doteurs en decret. D'auantage est le College de Senac,
it de sainct Michel, fondé par les seigneurs de la
aison illustre de Pompadour Lymosins. Puis est
ncor le college des 18. duquel, & de beaucoup d'aures, l'on n'a maintenant aucunes fondations.

En outre sont les Escolles du decret, & de meecine tres-florissantes, posées en la rue de la Boucherie.

Il y a aussi le college des Crassins, fondé depuis
eu de temps, par le sieur d'Hablon, Conseiller en
arlement, pour ceux de Sens.

Il y auoit encor le college tres-florissant des freres de la societé dicte Iesuistes, qui auoient esté inroduicts à Paris par monsieur du Prat, Euesque de
lermont en Auuergne, mais il n'y a plus d'exercice maintenant, pour quelque cause que ie deduiray,
arlant des accidés momorables aduenues en Paris.

L'ordre des Iesuistes fut institué par Ignace de Loyal, Gentil-homme Espagnol, & approuué par le Pape Paul 3. en l'an 1540. Et confirmé en l'an 1543.

FONDATIONS DES PRINCIPAL-
les Eglises de Paris, & ce qui est de remarquable en icelles.

L'Eglise nostre Dame de Paris fut fondé l'an 1254. par le Roy Philippes Auguste & Maurice de Soillac 70. Euesque d Paris. Elle est bastie sur pilotis en l'eau & a quarante cinq chappelles. Il y a en icelles cinquante chanoines, comprenant les huict dignitez sçauoir le Doyen, le Chantre, trois Archidiacres le Souz-chantre, le Chancelier, le Penitencier, 140 Chappellains.

Les Reliques de ladicte Eglise sont partie de l vraye Croix, le corps de sainct Marceau neufiesme Euesque de Paris, le chef sainct Phillippe, enchass en or & riches pierreries, vn tableau de sainct Sebastien, qui est l'vne des plus riches pieces de Paris, dans lequel y a quelques ossemens dudit sainct.

En icelle se font les assemblees des procession generalles, où souuent assistent les Rois & les Princes, pour seruir de bon exemple au peuple.

En icelle Eglise se donnent aussi les penitences par celuy qui est estably penitencier, c'est à dire imposant peine pour penitence, suiuant la coustume obseruee par les Apostres.

Sainct Denys fut le premier Euesque de Paris, qui vint y planter la foy, fainct Clement estant lors Pape de Rome, & successeur de sainct Pierre, Domitian tenant l'Empire, souz lequel ce grand Docteur sainct Denis fut martirizé à Paris.

Henry de Gondy, à present tenant le siege Episcopal, est le 108. Euesque de Paris.

Le monastere de saincte Geneuiesue, iadis estoit le palais du Roy Clouis, lequel feist bastir l'Eglise au nom de sainct Pierre & sainct Paul, & y est enterré. Ce fut le premier Roy de France Chrestien: Au baptesme duquel fut apportee du Ciel la saincte Ampoule: l'huille estant defaillie, & les fleurs de lys aussi pour armoiries, par vn Ange en forme de Colombe. A cause des grandes & merueilleuses operations surnaturelles que la bien heureuse saincte Geneuiesue feist en la susdicte Eglise, & qu'elle fut enterree en icelle au caueau & lieu souz-terrain, où est honoré encor de present son tombeau, on luy a donné le nom de saincte Geneuiesue.

L'Abbé de saincte Geneuiesue ne recognoist nul Euesque, ains depend immediatement du S. siege Apostolique, & y est aussi vne chambre Apostolique.

Il y auoit iadis des Chanoines en ceste Eglise, mais pour leur insolence ils furent chassez en l'an de grace 1148.

Le Pape venant de Rome à Paris, entre par vne porte qui est maintenant close, & respond au iardin de l'Abbé de saincte Geneuiesue.

L'Eglise de sainct Germain des prez (iadis nommee sainct Vincent) fut fondee par Childebert, & y est vne tres-riche croix d'or, que ledit Roy apporta de Tollede, l'ayant gaignee sur les Gots, plus y est la tunique sainct Vincent, qu'il donna: Et est enterré derriere le grand Autel, & son fils Chilperic de l'autre part, qui fut tué par sa fême Fredegonde, & autour du tombeau sont ces mots: *Chilpericus hoc tegitur lapide.*

Ladicte Eglise de sainct Germain fut sacree par le Pape Alexandre troisiesme, l'an 1163.

Les reliques de ladicte Eglise sont les corps de sainct Germain, sainct George, Aurelle & Natal, S. Leufroy, sainct Amand Euesque de Tours, de sainct Thurian, sainct Droctonnee Abbé, & disciple de S. Germain, & de sainct Venant Abbé de Tours, auec quelques reliques de saincte Marguerite.

Autrefois y estoit l'image de la deesse Isis, qui estoit tutelaire des Parisiens, que messire Guillaume Briçonnet Euesque de Meaux, & Abbé dudict lieu feist abbatre, l'an 1514.

L'abbaye de sainct Germain despend du seul S. siege Apostolique: & est l'Abbé seigneur de tout le faux-bourg, & iouyst des peages, subsides, & autres droicts qui se leuent à la foire qui se tient és halles de sainct Germain tous les ans au mois de Feburier.

Du temps de Dagobert & ses enfans, sainct Eloy Euesque de Noyon fonda en la cité de Paris, non loin de la riuiere, vn monastere de 300. filles, desquelles saincte Aure estoit Abbesse.

Ces religieuses ayant esté long-temps en ce lieu, furent chassez par la mal versation de quelques vnes, & enuoyees à Mon-matre Chelles, & à sainct Anthoine des champs: & la place fut donnee à des religieux de sainct Dominique : dont le Prieur fut cause de fonder les Eglises parrochialles de saincte Croix, en la rue de la drapperie (qui estoit vn Hospital) sainct Pierre des asis, sainct Martial, S. Bon.

L'Eglise de sainct Paul (à present enclose dans les murs de la ville) & qui est vne belle parroisse, fut fondee par ledit sainct Eloy.

Du temps que les Pepins regnoient, Rolland seigneur de Blaye, nepueu de Charlemaigne, Comte ou gouuerneur du limitte Britannique, feist bastir l'Eglise de sainct Marceau auec l'hospital, & l'Eglise sainct Iacques, en la rue sainct Denis.

Le siege Episcopal de Paris anciennement estoit en l'Eglise sainct Marceau, à present renommee dudit sainct, qui viuoit en l'an de grace 400. enuiron le temps que les François vindrent en Gaule.

Le grand & insigne Theologien Pierre Lombard, Euesque de Paris, est enterré à sainct Marceau, iceluy mourut l'an de grace 1164.

Le Roy Hus Cappet, fonda l'Abbaye sainct Magloire, en l'an 995.

L'Eglise sainct Germain de Lauxarrois fut fondee l'an 542. par childebert fils de clouis, qui fut aussi fondateur de l'Abbaye sainct Vincent lez Paris, à present dicte sainct Germain des prez.

Nostre Dame des-champs (qui estoit iadis le temple de ceres & de Mercure) fut fondee par le Roy Robert, comme aussi S. Nicolas des-champs. Le monastere y a depuis esté fondé par Henry 1. du nom.

Louys le Gros fonda l'Abbaye sainct Victor, en action de graces à Dieu, de ce qu'il auoit combatu &

vaincu que ques seigneurs François ses conspirateurs & ennemis, comme tesmoigne son Epitaphe escrit en vers latins, au cloistre de ladicte Abbaye.

Il y a iadis eu de grands & insignes personnages en ceste famille: entre lesquels ont esté Hugues de sainct Victor, & Richard de sainct Victor rares en sçauoir, & admirables en saincteté de vie.

Du temps que ce lieu fut institué, la Royne Alix espouse de Louys le Gros, fonda l'Eglise & monastere des Dames de Môt-martre, iadis y estoit le temple de Mercure, Dieu tutelaire des Gaulois.

La saincte chappelle fut fait bastir par le Roy S. Louys, pour mettre les sainctes Reliques, qu'il auoit retirees des Venitiens, ausquels Baudouyn Empereur de Constantinople les auoit engagees.

Les Doyen & Chanoines de la saincte chappelle, ne recognoissent Euesque ny Archeuesque quelconque, car ils dependent du sainct siege Apostolique.

Les reliques de ladicte saincte Chappelle, sont la couronne d'espines de nostre Seigneur, partie de la saincte Croix, les langets ou drappelets dans lesquels fut enueloppé nostre Seigneur par la vierge Marie, du sang qui distilla miraculeusement d'vn Crucifix, lequel auoit esté frappé par vn infidelle dans le costé auec vne lance, vne chaine de fer dont nostre Sauueur fut lié, la nappe ou toüaille sur laquelle fut faicte la Cene en la premiere institution du sainct Sacrement de l'Autel, vne partie de la pierre du sepulchre ou reposa le fils de Dieu apres sa mort, & d'où il ressortit ressuscitant en gloire, le fer de la lance dont Longis luy perça le costé, la

obbe de pourpre que Pilate luy veſtit pā mocque-
ie, le roſeau que les Iuifs luy mettoient au lieu de
ceptre, l'eſponge, vne partie du ſainct ſuaire, vne
roix de triomphe, du laict de la vierge Marie, vne
artie du chef de ſainct Iean Baptiſte, des chefs S.
lement, ſainct Simeon, la verge de Moyſe, en ou-
re eſt vn coffret d'argent doré, dans lequel eſt le
hef de ſainct Louys.

Le Comte Guillaume, Duc de Guyenne, & Cō-
e de Poitou, s'eſtant rendu hermite, inſtitua l'ordre
les Guillemins, ſuiuant l'ordre de ſainct Auguſtin:
& apres ſa mort, le conuent des blancs manteaux de
Paris, fut le premier qui receut ceſte nouuelle ſe-
mence de religieux, l'an de noſtre ſalut, mil cent
ſoixante.

Sainct Martin des-champs eſtoit iadis vne Egliſe collegialle, ou il y auoit des chanoines, qui fut
donnee par Philippes premier du nom, à ſainct Hu-
gue Abbé de Clugny, en l'an 1079. deſirant voir
ceſte maiſon Royalle mieux reformee. Ce bon pere
toſt apres y eſtablit vn Prieur & des religieux de
l'ordre de ſainct Benoiſt. C'eſt vn des beaux lieux
de Paris, clos comme vne ville & grand à l'aduc-
nant.

L'Egliſe de ſaincte Geneuieſue des ardents, fut
fondee, l'an 1230. à cauſe d'vne eſtrange maladie,
nomme le feu ſacré qui aduint à Paris, & és villes &
villages d'alentour, bruſlant les entrailles des pa-
tiens, d'vne ardeur continuelle, ſans qu'aucun medecin y peuſt donner remede. Lors on eut recours
aux prieres, & l'Eueſque de Paris qui eſtoit vn nommé Eſtienne deuxieſme du nom & ſeptante huict en

nombre, obtint de l'Abbé de saincte Geneuiefue que la chasse où reposent les os de ceste bien heureuse vierge seroit portee en procession : ce qu'estant fait, aussi tost ceste maladie cessa. Lors le peuple en action de grace & souuenance de ce sainct miracle feist bastir la susdicte Eglise.

Entre les Eglises de Paris plus renommées est celle des Chartreux, laquelle estoit iadis à Gentilly village pres Paris : mais dautant que le lieu n'estoit commode, le Roy S. Louys fut prié par le grand prieur de la Chartreuse (qui est pres Grenoble) de leur donner vn autre lieu : Et s'inclinant à la requeste de ce bon prieur, il leur donna la place où ils sont de present nommée Vauuert où il y auoit anciennement vn Diable ou fantosme, d'où est venu le prouerbe qu'on dict encor ; c'est le Diable de Vauuert.

L'institution de ces deuots & bons Religieux print sont cómencement en l'an 1084. par le moyen d'vn saint personnage appellé Bruno docte Theologien de Paris, natif de Colloigne : ayant veu que en celebrant les obseques d'vn bien amy Chanoine, reputé homme de bien le corps se leua de la biere à moitié par trois fois, lors que l'enfant de chœur commenca à chanter la leçon *Responde mihi*: disant à pleine voix IE SVIS CONDAMNE' PAR LE IVSTE IVGEMENT DE DIEV. Or ce Bruno auec quelques-vns de ses amis s'en alla à Grenoble faire vne autre pœnitence, au lieu dict la Chartreuse & le premier (comme iay dict) institua cest ordre qui porte encor le nom du premier lieu où il fut institué. Il y a eu plusieurs grands Archeuesques, fiefques, Euefques, & Chanceliers enterrez en ce maifon. En laquelle il n'entre iamais aucune fême.

Le conuent des Iacobins fut faict baftir par S. Louys, ou font enterrez plufieurs feigneurs de la maifon de Bourbon, comme aufsi au deuant du grand Autel eft Imbert Dauphin de Vienne, qui vendit le Dauphiné pour vil prix à Philippes de Vallois, pour les premiers fils des Roys, à condition qu'ils feroyent appellez Dauphins; puis print l'habit de S. Dominique à Lyon, par apres fut Patriarche d'Alexandrie, & en fin vint mourir à Paris en l'an 1355. S. Thomas d'Aquin auoit eftudié au fufdict Conuent.

Les Cordeliers furent aufsi fondez par S. Loys, lefquels font 400. d'ordinaire.

Nicolas de Lyra, Iuif de nation, le plus grand docteur de fon temps à flory en ce conuent, & Iean Lefcot appellé le docteur fubtil, & plufieurs autres grands perfonnages.

Le chafteau de haute fueille eftoit iadis où font ores les Iacobins dont apparoift encor le Donjeon contre les murailles; il appartenoit aux fieurs de Haute fueille, dont eftoit defcendu Gannelon, qui trahit les douze pairs de France à Ronceuaux, pour lequel forfaict il fut en fin defmembré à quatre cheuaux.

Les Auguftins furent aufsi fondez par S. Louys, lefquels furent premierement où eft de prefent la chappelle Saincte Marie l'Egiptienne, pres Mommartre; & par apres, où eft le college du Cardinal le Moyne.

Gilles de Rome grand & illuftre perfonnage, qui

viuoit enuiron l'an 1280. & qui auoit esté disciple de sainct Thomas d'Acquin à flory en cette maison, & y a esté prieur general de tout l'ordre, & en fin Archeuesque de Bourges, Albert de Padoue ou Poiteuin, Gregoire de Rimini, & Gerard d Berganie, depuis Euesques de Sauonne, y ont aussi flori.

La premiere place où furent les Augustins estoit aux Templiers, l'ordre desquels fut esteint & annullé, pour leur vie detestable & leurs biens, terres, & possessions confisquez & donnez aux freres de S. Iean de Hierusalem (à charge de deffendre les Chrestiens contre les Turcs) par le 2. arrest ou session d'vn concille commencé à Vienne sur le Rhosne, souz Clemét 5. l'an 1311. & qui fut acheué l'an 1323.

S. Louys fonda aussi l'ordre des Carmes, les ayant amenez du mont Carmel en Palestine, quád il feit le voyage de la terre saincte. Il fonda aussi l'Hospital des quinze vingts aueugles, à l'occasion de semblable nombre de Gentils-hommes, qui luy furent rendus aueugles par le Souldan. Ce bon Roy en son 2. voyage de la terre saincte.

L'Eglise S. Honoré fut faicte Canoniale en l'an 1204. & l'an 1212. fut bastie celle de S. Iean en Greue, qui n'estoit qu'vne chappelle; & celle de S. Geruais Parroisse, estant trop chargée fut diuisée en deux; l'vne partie des parroissiens despendent de S. Geruais, & l'autre de S. Iean.

L'Eglise de saincte Catherine du Val des Escoliers, fut aussi fondée par S. Loys. En icelle est vn lieu soubs terrain, ou il y a vne figure du S. Sepulchre, plusieurs autres singularitez se voyent en ladicte Eglise. En outre y est la chappelle des Orgemonts & celle des Allegrins, yssuë de deux Chanceliers fort renommez, l'vn du temps de Loys le Gros, l'autre de S. Loys; & lesquels estoient sortis de la tresancienne maison des Caieux en Normandie.

Le Prioré commendatoire de S. Anthoine le petit, fut aussi faict dresser par ledict S. Louys. Et est lieu de deuotion des Heraux de France de toute antiquité. En l'an 1442. l'Eglise de ce lieu fut dedice & consacree par Denis Patriarche d'Antioche.

Le Conuent des Mathurins Religieux de la Trinité fut aussi fondé par S. Louys, pour la redemption des pauures captifz qui sont entre les mains des infidelles.

Robert Gaguin ministre general des Religieux de cest ordre & annaliste de France, est enterré en ce lieu, il mourut l'an 1501. le 22. du mois de May.

Le grand Mathematicien Iean de Sacro Bosco y est aussi inhumé.

Marguerite espouse du bon Roy sainct Louys, fonda le monastere des Dames de saincte Clere, apellees les Cordelieres, & y fut vne des filles dudit Roy, mise Religieuse.

L'an 1290. fut fondé le Conuent des Billettes par Philippes le Bel & la Royne Ieanne son espouse, au lieu où estoit la maison d'vn detestable Iuif, lequel auoit conuenu de prix auec vne mal-heureuse femme qui luy apporta la saincte hostie que elle deuoit receuoir : Et iceluy la tenant la perça & frappa d'vn caniuet, dont il sortit grande abondance de sang. Ce que voyant le meschant infidelle la ietta dans le feu, d'où elle sortit sautant &

D ii

voletant par là chambre, mais non content il la meit dans vne chaudiere pleine d'eau bouillante, où incontinent elle fut par la permission & vouloir de Dieu changee en forme d'vn petit enfant. Ce qui espouuenta grandement le miserable Iuif: lequel se retira tout esperdu en sa chambre, mais vn sien fils, ayant tout veu ce que dessus, en aduertit les enfans des Chrestiens: & par ainsi ce forfaict fut descouuert & le Iuif bruslé tout vif. Et le susdict Roy feist bastir en ce lieu l'Eglise deuant dicte en memoire perpetuelle du miracle.

En ce Conuent des Billettes se font les assemblees des Cheualiers de Malthe, & y sont celebrez leurs Chapitres: dautant que ce lieu est affecté au grand Prieur de France.

La maison des Celestins (desquels le 1. Autheur fut Celestin Pape 5. du nom auparauant hermite) fut faicte bastir, par Charles 5. comme aussi celle de S. Germain en Laye, les tournelles & le Louure.

Dans l'Eglise des Celestins est le Sepulchre d'vn Roy d'Armenie, sorty de la maison de Luzignan, nommé Leon, qui estoit venu en France, du temps de Charles cinquiesme luy demander secours contre les infidelles, mais il mourut. Plus y est enterré Philippes de Masieres Chancelier de Chipre, Paul de Thermes Mareschal de France, André d'Espinay Cardinal & Archeuesque de Lyon, & de Bordeaux, & derriere le grand Autel est la chappelle des secretaires de France.

Le premier fondateur de l'Eglise S. Eustace fut vn appellé Iean Allins bourgeois de Paris.

Le Conuent des Bons hommes (lesquels furent instituez iadis par vn Sainct personnage nommé François de Paule que S. Louys feit venir en France) fut commencé à bastir par Louys 12. ou estoit iadis l'hostel de Bretaigne, laquelle place fut donnée à ces Religieux par Anne de Bretaigne Royne de France. L'Eglise fut paracheuee soubs François 1. Le Cloistre fut faict bastir par vn Cardinal de la maison de Rohan.

Du regne de Charles 9. l'ordre des bons & deuots peres Capuchins fut introduit d'Italie en France, l'ordre desquels auoit esté institué par frere Mathieu Baschi en la Marche d'Ancone en l'an 1525.

L'euesque de Cisteron leur fonda vne maison par ses ausmones à vn lieu pres Paris nommé Piquepuce.

Il y a plusieurs autres Eglises & maisons sacrees tant à Paris qu'aux fauxbourgs, desquelles ie ne mettray icy la fondation, par ce que ce seroit vne chose trop longue (& mesme que ie n'ay deliberé de toucher que des lieux principaux) entre lesquels sont S. Ladre, S. Gilles, S. Leu, S. Thomas du Louure, S. Anthoine, S. Barthelemy, S. André des arts. S. Estienne du mont, S. Benoist, S. Croix, S. Opportune, S. Geruais, S. Seuerin, S. Sauueur, S. Iaques, S. Iean de Latran, S. Sepulchre, S. Innocent, (le cimetiere duquel est de grande antiquité: car l'on trouue qu'au lieu où il est de present, y auoit iadis vn bois & retraicte de brigands, ou se cōmettoyent infinis homicides & volleries. Apres l'on y feit bastir vne tour au milieu du cimetiere où est la chapelle nostre Dame) Les corps ne sçauroyent estre en ce cimetiere l'espace de dix iours, sans y estre reduicts en poudre; tant la terre y est corrosiue, apres sont encor les Filles repenties, les Enfans rouges, la Trinité, saint Pierre, S. Laurens, S. Sulpice, S. Medard (S. Cosme S. Damian) & autres. Et outre tous ces saincts lieux de deuotion, qui sont en ceste grande ville, il y a encor vne infinité d'autres oratoires & grand nombre d'Hospitaux pour nourrir, & receuoir les pauures, entre lesquels est l'hostel Dieu, vne des plus belles maisons de France, & en laquelle la charité est si grande, que c'est vn vray sein & retraicte des pauures miserables, & en laquelle plusieurs grands & riches hommes se font porter estant malades, pour y estre traictez, pour le bon ordre que lon y maintient.

DV RESTE DES AVTRES
bastimens publics de Paris.

LE superbe & magnifique chasteau du Louure, fut commencé à bastir par le Roy François 1. & continué par HENRY 2. & Charles neufiesme lequel est le siege des Roys, & logis ordinaire des Princes.

Le Palais des Tuilleries, l'vn des plus beaux & plus admirables qu'on puisse voir, fut commencé à bastir par la Royne Catherine de Medicis; lequel a esté de puis faict continuer par le Roy tres-Chrestien Henry de Bourbon 4. du nom, & où il faict encor trauailler tous les iours, auec toutes les magnificences possibles.

L'hostel de Bourbon fut basty par Louys 3. Duc

de ceste souche sortant de S. Louys.

La Bastille fut faicte bastir par Hugues Aubriot Preuost de Paris natif de Dijō, & aussi le petit Chastalet soubs Charles 5. dict le sage, lequel faisoit les frais du bastiment l'an 1370.

Ce Hugues Aubriot feit aussi accroistre & fermer la ville du costé de S. Anthoine.

Le grand Chastellet est de la fondation des Romains, & de Iulian l'apostat, mais il a esté faict rebastir par Philippes Auguste.

Le pont de nostre Dame, estoit anciennement de bois, mais estant tombé l'an 1499. il fut refaict cōme on le void à present. L'hostel de ville fut basty soubs François 1. (comme il se void en l'inscription d'vne pierre qui est sur le portail) l'an 1533.

L'arsenal de Paris, qui est comme le magasin des armes & poudres & artilleries de la ville, fut commencé à bastir par Henry 2. & ayant esté fortuitement bruslé fut rebasty & remis sus par Charles 9.

Le Palais fut basty soubs Philippes le Bel Enguerrand de Marrigny, Seigneur de Concy, Comte de Longueuille & maistre des finances, faisant conduire l'œuure; Iceluy Enguerrand feit aussi dresser le gibet de Montfaucon, au plus haut lieu duquel il ut pendu, pour les concussions, pilleries, & insupportables subsides qu'il auoit exigees du peuple, & employees à son profit. Mais le Roy Charles, pere dudit Philippes, qui par sollicitation auoit fait ourir Enguerrand eut vn tel remors de conscience & fut tourmenté de visions, si espouuentables qu'il en tomba en grande maladie. Ce qui le meut de faire despendre le corps dudict

D iiii

Enguerrand & le faire enſepulturer honorablement faiſant prier Dieu pour ſon ame. Toutesfois il fut trouué que la femme du deffunct auoit faict faire deux Images de cire par vn magicien nommé Pauiot, l'vn repreſentant Loys de Nauarre, fils de Philippes le Bel, & l'autre du Roy Charles : & eſtoyent tellement compoſez, qu'en quelque part qu'ils ſeroient picquez, celuy qui repreſentoient l'Image, ſeroit malade en tel endroict d'vne langueur iuſques à la mort. Ce qu'ayant eſté deſcouuert, le Magicien fut bruſlé, au pied du meſme gibet, auec vne ſorciere qui auoit aidé à l'entrepriſe, & la femme d'Enguerrand auec ſa ſœur en perpetuelle priſon.

Il y a pluſieurs ſieges qui reſſortent au Parlement de Paris, ſçauoir le Bailliage de Laon, celuy de Rheims, puis Amiens, Abbeuille, Boloigne, Senlis, Sens, Auxerre, Troyes, Victry le Parthois, Chaſteau Thyerry, Chaumont en Baſſigny, Meaux, Prouins, Melum, Poictiers, Angers, le Mans, Tours, Bloys, Bourges, Orleans, Chartres, Angoulesme, la Rochelle, Monfort l'Amaulry, Lyon, Moulins, S. Pierre le Mouſtier, Rions, & Orilhac en Auuergne, puis la ville & preuoſté de Paris.

DE PLVSIEVRS ACCIDENS
memorables arriuez en diuers temps
à Paris.

L'An 1312, la vigile de ſainct George, le Roy Philippes 4. feiſt bruſler à Paris le maiſtre de l'ordre des tēpliers, & plusieurs autres gros Prieurs d'iceluy ordre, lesquels s'estimoient autant qu'Euesques, pour l'enorme & detestable vie qu'ils menoient.

L'an 1418. le 3. de Iuillet vn soldat sortant d'vne tauerne en la rue aux Ours, ayant perdu son argent au ieu, frappa par despit auec vn cousteau l'image de la sacree Vierge, qui est encor au coin de ladicte rue, derriere sainct Magloire, laquelle rendit du sang, & le mal-faicteur fut puny au mesme lieu, auquel tous les ans à mesme iour, l'on faict vn feu en memoire de ce miracle.

L'an 1546. quatorze heretiques Lutheriens & caluinistes furent bruslez en la ville de Paris le 7. iour d'Octobre.

L'an 1548. la moitié du pont sainct Michel tomba en l'eau, du costé de l'hostel Dieu, le 10. iour de Nouembre.

L'an 1550. le 9. d'Octobre, la plus part du college de Rheims fut bruslé par cas fortuit.

L'an 1582. (le quinziesme d'Octobre) vn appellé Cerselle natif de Normandie fut tiré à quatre cheuaux, & desmembré en la place de greue, deuant la maison de ville, pour auoir conspiré la mort de Monseigneur le Duc, frere vnique du Roy.

L'an 1591. le 15. de Nouembre, Messire Barnabé Brisson President au Parlement de Paris, maistre Claude Larcher Conseiller en la Cour, & maistre Iean Tardif Conseiller au Chastelet, furent pendus dans les prisons du petit chastelet, sans aucune forme de procez, & le l'endemain ils furent tous trois mis en vne potence en la place de Greue.

L'an 1580. le feu prit en l'Eglise des Cordeliers de Paris, dont y eut grande desolation, & fut ceste Eglise presque toute ruinee.

L'an mil cinq cens cinquante-neuf, le dernier iour de Iuin, le Roy tres-chrestien Henry deuxiesme, se resiouyssant és tournois ouuerts à Paris, fut frappé d'vn contre-coup de lance dans l'œil par le seigneur de Mongomery, dont il deceda le dixiesme iour ensuiuant: pour ce subiect la maison des Tournelles fut abbatue.

L'an 1538. (le dernier iour de May) vn certain heretique rõpit & coupa la teste à vne image nostre Dame, qui estoit en la rue derriere l'Eglise du petit sainct Anthoine. Le Roy François premier, accompagné de plusieurs Princes & Seigneurs de la Cour, & mesme de quelques Cardinaux, vint en procession à pied, iusques au mesme lieu, & par deuotion y afsit vne autre Image toute d'argent. Celle de pierre à laquelle l'iniure auoit esté faicte, fut transportee en l'Eglise sainct Geruais, où elle est gardee auec grande reuerence. On la nomme nostre Dame de souffrance.

L'an 1526. (le seiziesme de May) la petite riuiere de la ville & faux-bourg sainct Marcel, s'enfla tellement, que la plus part des rues de ce faux-bourg & les maisons iusques au deuxiesme estage estoient dans l'eau.

L'an mil cinq cens septante-neuf, le huictiesme d'Auril sur la minuict suruint aufsi sans cause apparante, vn si grand rauage d'eaux au faux-bourg S. Marcel, que le dommage fut estimé à plus de cent mille escus.

En ceste mesme annee le premier iour de Ianuier, Henry troisiesme Roy de France & de Polongne institua l'ordre des cheualliers du S. Esprit.

L'an 1408. Leger de Moncel natif de Normandie, & Oliuier Bourgeois, natif de Bretaigne, escoliers estudians à Paris, ayant esté pendus & estranglez, par sentence du Preuost de Paris, pour auoir esté accusez & conuaincus de l'homicide d'vn meschant homme, furent si bien soustenus par l'vniuersité, leur mere tutrice, que ledit Preuost fut condamné par arrest à faire despendre leurs corps, les baiser en la bouche, & les faire porter en l'Eglise des religieux de la redemption des Captifs, dicte vulgairement les Mathurins, le conducteur du chariot estant à cheual, & vestu d'vn surpelis de Prestre: Ce qui fut executé l'an susdit, le 16. de May.

L'an 1563. vn nommé Poltrot fut desmembré vif à quatre cheuaux, pour auoir frappé par derriere, d'vn coup de pistolet, au siege d'Orleans, François de Lorraine Duc de Guise le 18. de Feburier.

L'an mil quatre cens trente-sept, le dix-neufiesme de Iuillet, fut foudroyee la tour de Billy derriere les Celestins à Paris, en laquelle estoient les poudres à canon, ce qui causa d'estranges ruines.

L'an 1589. le Roy Henry troisiesme, estant à S. Cloud pres Paris, auec son armee, fut frappé au petit vetre en sa garderobe, d'vn coup de cousteau par vn moine Iacobin, nommé Iacque Clement, duquel coup il mourut le lendemain.

L'an 1476. le Comte sainct Paul Connestable fut decapité, le 19. de Decembre.

L'an 1596. enuiron sept heures du soir, le pont

aux Meufniers tomba dans la riuiere de feine, les maifons de deffus renuerfees & brifees, auec grande perte de monde qui y fut noyé.

L'an 1594. le 27. de Decembre, Henry 4. Roy de France & Nauarre, fut proditoirement bleffé en la face auec vn coufteau, par vn ieune homme nommé Iean Chaftel, efcolier des Iefuiftes : pour lequel forfaict il fut defmembré à quatre cheuaux.

L'an 1595. le 7. du mois de Ianuier, le pere Iean Quinard docteur en Theologie, & regent aux Iefuiftes, fut pendu & eftranglé, & fon corps reduict en cendre, & peu de temps apres, tous les Iefuiftes chaffez de la France.

L'an 1357. la ville de Paris eftant afsiegee par les Anglois, les habitans d'icelle feirent faire en l'honneur de la vierge Marie, vne chandelle contenante en longueur tout le tour de la ville, pour eftre allumee iour & nuict,

L'an 1579. le 18. iour de Feburier, fut veu dedans l'air fur la ville de Paris, depuis deux heures apres midy, iufques au foir, vn dragon ou ferpent horrible & efpouuentable, ayant dix braffes de longueur, deux teftes, deux aifles fort larges, & quatre pieds.

L'an 1602. le dernier iour de Iuillet, le Marefchal de Biron fut executé, en la cour de la Baftille, par fentence de Iuftice, pour auoir efté conuaincu & attaint de certaine coniuration en la perfonne du Roy Henry 4. à prefent regnant. Son corps fut inhumé la nuict fuiuante, dans l'Eglife fainct Paul.

DES VILLES ET PLACES
voisine de Paris.

IL y a plusieurs bourgs & villes à l'entour de Paris, mais pour fuyr la longueur & prolixité, nous ne ferons mention que des plus remarquables. Entre lesquels est Gentilly, place fort ancienne, & où se faisoiēt iadis les assemblees des Estats de France. Ce lieu est aussi remarquable à cause de la petite riuiere dicte de Bieure qui y passe: laquelle presque seule en la France, est propre à teindre en couleur d'escarlatte.

Le village d'Arcueil s'appelle ainsi, à cause des arcs & voutes de l'Aqueduct & belles fontaines, qui sont en ce lieu, des plus rares qu'on sçache voir.

Issy est ainsi dit de la deesse Isis adorée en ce lieu anciennement, son image y ayant esté apportee de sainct Germain des prez.

Meudon est plus remarquable pour les singularitez qu'on y void, que pour son antiquité, y ayant vne grotesque fort artificiellement faicte, enrichie de cornices colomnes, statues, & autres singularitez: qui ont esté faict bastir, par le Cardinal de Lorraine, auquel ce lieu appartient en partie, & en partie aux Chartreux.

Sainct Cloud est renommé à cause du glorieux sainct qui y est reclamé. En ce lieu le Roy Henry 3. fut proditoirement frappé au petit ventre d'vn petit coulteau, par vn moine Iacobin, le premier iour d'Aoust, l'an 1589. dont il mourut le lendemain, au milieu de son armee.

Mont-martre (iadis appellé mont de Mercure à cause que ce faux Dieu y estoit adoré par les Gaulois) porte ce nom maintenant à cause des Martyrs sainct Denis, & ses compagnons (qui y furent decollez souz Fescennie ou Sisinnie preteur Romain) comme qui diroit mont des Martyrs. Et pour la reuerence de ces saincts personnages, & du lieu où ils auoient enduré la mort: Nos anciens Roys y feirent bastir vne chappelle dicte des Martyrs. Depuis a esté fondee au plus haut lieu du mont, la religiō des Dames, qui y est encor à present.

SAINT DENYS EN FRANCE.

La ville de sainct Denis en France est ainsi nommee, d'autant que ce lieu semble estre en ce qui est proprement de France. Elle n'est pas si ancienne, comme elle est remarquable, à cause de la saincteté du lieu, & mesme que c'est le Mausole & tombeau ordinaire des Roys de France.

Ceste ville n'estoit qu'vne petite ferme ou metairie du temps de sainct Denis, & s'appelloit Catully, du nom d'vne bonne Dame nommee Catulle, qui auoit enterré en son champ le corps de ce sainct Euesque, & de ses compagnons, Rustique & Eleuthere. Saincte Geneuiefue fut la premiere qui y feist bastir vne chappelle, en memoire & honneur des saincts Martyrs, fondateurs de la religion Chrestienne en Gaule.

Or apres la mort de saincte Geneuifue, ce lieu fut enuiron 140. ans sans estre aucunement celebré, iusqu'au temps du Roy Clothaire 2. du nom, que Dagobert son fils poursuiuant vn cerf à la chasse, lequel estant aux abbois, se sauua dans la chappelle des SS. Martyrs, de laquelle on ne tenoit conte aucunemét: Mais Dagobert voyant la porte ouuerte, & le cerf dans la chappelle, duquel les chiens n'osoiét approcher, abbayans seulement tout de loin, commanda de le laisser, disant qu'il n'estoit point desfendu sans quelque euident miracle.

Quelque temps apres, ce Prince irrité contre Sandregisil son gouuerneur en l'Aquitanie, le feit fouetter, & luy feit raser la barbe par ignominie, dont le Roy Clothaire, pere dudit Dagobert, fut tellement indigné, qu'il commanda qu'on luy amenast son fils, pour le punir seuerement de ceste faute. Dagobert se voyant guetté de toutes parts, trouua moyen de se sauuer au lieu où s'estoit garanty le cerf. Incontinent il fut poursuiuy, mais en vain: car quelques trouppes qui vinssent, & mesme le Roy en personne, ne peurent entrer ne luy faire aucune offence. Ce qui leur feit croire que quelque diuinité preseruoit Dagobert. Or pendant les allees & venuës des ministres & gens du Roy, le Prince Dagobert s'endormit, auquel sainct Denis s'apparut en vision, luy promettant de le garantir contre la fureur de son pere, & l'asseurant mesme qu'il luy succederoit au Royaume, pourueu qu'il luy feist bastir vn Mausole & vn Temple, l'adiurant de ce faire, & de transporter hors de là ses ossements, & ceux de ses confreres : Ce que feit le bon Prince, aussi tost qu'il fut paruenu à la couronne.

En ce mesme temps donc fut commencé de bastir la ville sainct Denis, Dagobert y ayant premierement fondé en l'an 633. l'Eglise & Abbaye qu'on y void à present, à vn traict d'arc loin de la chappelle où il s'estoit sauué : Et d'autant que les Roys y voyageoient souuent, & y donnoient de grands priuileges & immunitez, le peuple commença de s'y habituer. Depuis ladicte Eglise & Abbaye furent rebastis par vn Abbé nommé Sugger, l'an 1141.

Ceste ville sainct Denis est le lieu où les Roys sont couronnez, & où ils sont enterrez : & contient onze paroisses, dont la premiere & principalle est S. Marcel, la seconde saincte Croix, puis sainct Martin, sainct Iacques de Vauboulon, sainct Michel des Degrez, sainct Michel du Charnier, sainct Pierre, la Magdeleine, sainct Barthelemy, saincte Geneuiesue, sainct Remy. En outre il y a deux Hospitaux, & quelques autres Eglises, comme sainct Denis de l'estre, fondé par saincte Geneuiesue, sainct Paul, Eglise Cattoniale.

Ceste place de sainct Denis est des plus commodes, estant enuironnee de campagnes, d'eaux & de marests. Les Rois ne l'ont iamais voulu fortifier : parce qu'elle seroit vn refuge à ceux qui voudroient entreprendre sur Paris. Iadis y auoit de tres-beaux priuileges pour les habitans de sainct Denis, par tout le Royaume de France.

L'Eglise sainct Denis est fort magnifique & riche:

che, la table du grand autel d'icelle est toute d'or & d'auantage enrichie de belles pierreries de grand prix, faicte par S. Eloy du temps de Dagobert.

Il y a encor vn autre autel tout d'or en cette Eglise, ou sont plusieurs corps saincts; & deuant iceluy autel vne croix d'or, auec l'image de nostre Seigneur crucifié; le chef de S. Denys enrichy d'or & d'argët, & de pierreries. Il y a aussi plusieurs chasses d'or & d'argent en icelle Eglise, esquelles reposent grand nombre de corps saincts, & des richesses innombrables.

Tout à l'entour du cœur sont les superbes & magnifiques tombeaux des Roys de France, la pluspart desquels sont en ceste Eglise.

Les precieuses reliques & corps saincts qui reposent à sainct Denis, sont les sacrez ossements de l'Apostre des Gaules, dont ceste Eglise porte le nom, les corps de ses freres Euangeliques Eleuthere & Rustique, le corps de sainct Denis Euesque de Corinthe, le corps de S. Louys, de S. Hypolithe, S. Eustache, sainct Formin, S. Osmonde, trois des corps des 11000. vierges, le corps d'vn des Innocens massacrez par Herodes, S. Peregrin, & le grand Pasteur de Poictiers, S. Hilaire, S. Patrocle, S. Eugene, qui fut donné l'an 1565. à Philippes Roy des Espagnes, qui en auoit faict vne longue poursuitte: parce que sainct Eugene porta la foy Euangelique à Tollede en Espagne: En recognoissance dequoy ledict Philippes donna vne belle & grande lampe d'argent, pour offrande, au grand Apostre Gaulois. Puis y est le corps S. Hilax, vn des cloux auec lequel nostre Seigneur fut attaché en Croix, le bras de S. Symeon, qui receut Iesus Christ au temple, le iour de la Purification. Au dessoubs de la chasse S. Louys est le crucifix d'or, qui est vne piece riche & belle à merueilles. Au dessoubs dudict crucifix est vn caueau, où Dagobert feit mettre les corps saints des Martyrs. Iusques à ce que l'Abbé Sugger les feit mettre où ils sont à present. Derriere lesdicts corps est vn vase de porphire, si grand qu'il tient vn muy d'eau, & seruoit iadis de fonts baptismaux à Poictiers, lors que Dagobert le feit transporter à Paris. Il sert encor à faire l'eau beniste, les vigiles de Pasques & de Penthecoste.

La ville de S. Denis ayant esté tenuë quelque temps par les Anglois, iceux y feirent bastir vne tour, qui sert de defence à l'Abbaye, au cloistre de laquelle il y a vne grande fontaine, ou vase tout d'vne piece, & à l'entour ornee de petites statues, representans plusieurs de ceux que les anciens recognoissoient pour dieux ; qui demonstre que ceste piece est fort antique.

A S. Denis se gardent les ornements Royaux, qu'on porte à Rheims au sacre des Rois: sçauoir la couronne, le sceptre & la main de Iustice.

A S. Denis y auoit autres fois vne si belle & magnifique librairie, en toute sorte de sciences & de langues, qu'il n'y auoit estranger voyageant, qui ne s'esloignast de cinq ou six lieues de son chemin, pour la venir voir: mais elle a esté ruinee par les guerres ciuiles.

C'estoit à S. Denys, qu'estoit gardé cest ancien estendart carré, appellé Oriflame, lequel estoit de soye rouge, parsemé de flammes, iadis enuoyé du

ciel au Roy Clouis, pour porter en guerre contre
 les infidelles. Or ce diuin estendart ne se portoit que
par quelque Pieux & preux Cheualier, & en affaire
de necessité. Mais du depuis les Rois s'en seruans à
tous propos, il fut perdu en vne bataille, que les Frā-
çois eurent contre les Flamens, & du depuis n'a esté
aucune memoire où il se soit veu.

Chose remarquable de l'Eglise S. Denis: C'est
que combien que plusieurs fois la ville ait esté ruinée par les ennemis de l'Eglise, si est-ce que iamais
aucun ne s'est attaqué à celle de sainct Denis, quoy
qu'ils pillassent les autres Eglises; non pas mesme les
Normands, qui n'estoient encor Chrestiens, lors
qu'ils pillerent tout le Royaume, & tuerent les Ecclesiastiques, & qu'ils bruslerent les Eglises.

Les Rois de France ont de bonne coustume, lors
qu'ils entreprennent vn long voyage, d'aller visiter
les corps des saincts Martyrs de l'Eglise S. Denis, &
prendre congé d'eux, leur presentant certaine Offrande, & leur donnant & commettant la charge de
leur Royaume.

DV RESTE DES PLACES RE-
marquables dependantes de Paris.

PRES S. Denis sont encor plusieurs lieux notables & insignes à l'entour de Paris, lesquels
sont à la Iustice ordinaire du Chastelet, qui est le
siege du Preuost, & lequel commença à florir au
temps de sainct Loys, ayant sept Bailliages, qu'on
appelle les sept filles de la Preuosté de Paris:

sçauoir Poissy, S. Germain en Laye, Tornam en Brie, Torci en Brie, Corbeil, Montlheri, & Gonnesse en France.

De la ville de Poissy.

CEste ville n'estoit anciennement qu'vn chasteau, & comme le plaisir des Rois, & où les Roynes alloyent accoucher. Elle est située en vn beau vallon non loin de la Seine enuironnée de bois par vn costé, & de terres labourables de l'autre.

S. Louys se surnommoit de Poissy, pour estre le lieu où il auoit receu le baptesme.

Colloque fut tenu à Poissy, l'an 1561. soub Charles 9.

Philippes le Bel feit rebastir de neuf le monastere de Poissy, & y mist des Religieuses de l'ordre de S. Dominique; auparauant y en auoit de S. Benoist, lesquelles y auoient esté mises par Constance espouse du bon Roy Robert.

Sainct Germain en Laye.

SAinct Germain en Laye est vne des plus belles, remarquables & plaisantes places du Royaume, & le seiour ordinaire des Rois. Le Roy Charles 5. fonda, ou plustost rebastit le chasteau de ce lieu: François 1. du nom le rendit orné & parfaict, pour ce qui concerne l'architecture & les autres singularitez. Du depuis & de nostre temps les Roys ont encor enrichi ceste place de tant de sinlaritez, qu'on ne pourroit l'exprimer.

Non loin de S. Germain est le village de Nanterre, où saincte Geneuiesue patrône de Paris print aissance, enuiron l'an 422. la maison de laquelle [f]ut faict bastir en Eglise, apres que ladicte vierge [f]ut Canonizée.

Chose admirable à voir à vne lieüe de sainct Germain en Laye ou enuiron: C'est qu'il y a vn bois [t]aillis, presque tout de chesnes qu'on appelle le bois [d]e la trahison, duquel si on prend quelque rameau [o]u branche, & qu'on le iette en la riuiere de Seine, [v]oisine de là, il va tout droict au fonds ainsi qu'vne [p]ierre.

Quelques-vns tiennent qu'en ce bois fut brassé [l]e Monopole de ceux qui auec Gonnelon sieur de [H]autefueille, trahirent la maison des Ardennes, & [l]es Pairs de France, & plus braues capitaines de la [s]uitte de Charles le Grand (laquelle Histoire est [t]res-veritable) & qu'en horreur d'vne si maudite [me]nee, Dieu a voulu monstrer combien elle luy fut [d]esplaisante: Ce bois n'ayant depuis porté aucun [f]ruict, & à mesure qu'on le coupe il demeure sans [g]ermer, ni produire, quoy que le chesne peuple as[s]ez de son naturel, la terre où il est enraciné.

De la ville de Corbeil, &c.

[L]A ville de Corbeil estoit iadis vne Comté & s'appelloit Castrum Coruolium. Elle est arrosée [d]e la riuiere de Seine, & d'Estampes. Ceste place [e]st fort ancienne, & que l'on tient auoir esté bastie

E iii

par les Romains, en belle situation.

Aymon Comte de Corbeil fut fondateur de l'Eglise S. Spire, & y establit des Chanoines, il est enterré à main senestre du grand Autel.

Quelque peu loin de Corbeil, entre Charenten & Conflans, sont de vieilles masures, où il y le plus admirable Echo, qu'on sçauroit iamais entendre: car lors qu'on a prononcé vn mot l'on en peut entendre apres iusques au nombre de dix o plus, l'vn apres l'autre.

DE VILLE NEVFVE SAINCT George, &c.

ENVIRON trois lieües de Corbeil vers Paris est Ville-neufue S. George, place moderne & fort belle, & vne plaisante assiette, la fondation de laquelle m'est incongneue.

Montlehery est vne ville fort ancienne, & renommee pour vne grande bataille, qui y fut donnee soubz le Roy Loys 11. en l'an 1465. Les anciens appellent ceste place Mont-Letheric : par ce que quelques-vns sont d'aduis que le premier fondateur fut vn nommé Letheric. Toutesfois la verité est qu'elle fut bastie par vn Comte nommé Tibault Fille estoupe.

La 7. ville du ressort du Chastellet est Gonnesse vn des plus beaux & riches bourgs de France, où l'on faict du pain fort recommandé par ceux de Paris, pour sa delicatesse.

Non beaucoup loin de ce pays est la ville d'Argentueuil où est la robbe de nostre Seigneur.

DV PAYS CHARTRAIN, ET DE LA fondation & antiquité de la ville de Chartres.

LA ville de Chartres estoit iadis principale & Metropolitaine du pays Chartrain, ou les Druydes faisoient leurs domiciles, Parlemens & assemblees, comme cy deuant auons dict.

Ceste ville est de grande estendue, & s'appelloit *Autricum*. Elle est située au milieu de la Gaule Celtique, & est vne tres-ancienne colonie des Gomerites, qui du temps de Noé vindrent peupler ladicte Gaule Celtique. Le premier qui s'y achemina fut Samothés.

Les anciens Gaulois appelloient ceste ville Caruntem du mot Grec Caryos, qui signifie noix, d'autant que ce païs y est abondant.

Il y a vne autre opinion sur l'Ethimologie de ce mot, de ceux qui disent que Chartres est ainsi nommee, à cause du chastiment & correction des delinquans, qu'on faisoit en ceste ville, durant le regne des Druydes.

Le pays Chartrain contient la Beauce & la Soloigne, & est vn des plus beaux & des plus fertiles de Gaule, en toutes sortes de bleds, fruicts, bestial, & autres biens.

Les champs voisins de Chartres sont arrousez d'vne petite riuiere, nommee d'œure, qui passe à trauers la ville, & vient du pays du Perche.

Ces Chartrains & principalement leurs Comtes

& Gouuerneurs, long temps au parauant que Cæsar eust conquesté les Gaules, furent abbreuuez, & creurent; par la doctrine des Druydes (qui auoient peut estre leu les Prophetes & les Sybiles) qu'il naistroit en terre vne vierge, qui produiroit le salut des hommes.

Ceste opinion fut cause que Priscus Comte de Chartres feit faire vne Image representant vne vierge, tenant vn enfant entre ses bras, & la meit au rang des statues des Dieux des Payens, & luy offroit souuent sacrifice. Ce qui donna subiect à tout le peuple de faire de mesme.

Le Comte Gaufrede ou Geoffroy, sieur de Montlheri, commença de faire le semblable, qui se veid bien tost payé de sa deuotion; recouurant vn sien fils, qui estoit tombé en vn puys tres-profond. Ce qui fut occasion que ces seigneurs bastirent vn temple à ceste vierge incogneuë, luy presentant des offrandes, & augmentoient de iour en iour le reuenu de ce temple.

S. Sauinian, & S. Potentian furent enuoyez en Gaule par S. Pierre Apostre, lesquels conuertirent facilement ce peuple à la foy Chrestienne, la pluspart duquel honoroit desia la memoire de la vierge future, qui deuoit enfanter le Fils de Dieu. Les susdicts saincts personnages establirent S. Auentin premier Euesque de Chartres, qui facilement conuertit ce peuple.

Tost apres les Chrestiens commencerent d'estre persecutez en Gaule, par Quirin Proconsul, lequel arriuant à Chartres, feit precipiter grand nombre de fidelles en vn puys, qu'on appelle encor à present le uys des saincts Forts, & est en vn caueau soubs l'Eglise.

Il y a septāte deux Chanoines en l'Eglise de Chartres, à l'imitation des 72. disciples de nostre Seigneur: le nombre desquels fut institué du temps de sainct Lubin, 16. Euesque de Chartres, lequel Euesque limita le diocese de son Euesché.

L'Eglise cathedralle, dediee à nostre Dame, est vne des plus belles de France, & est toute voultee, y ayant dessoubs terre comme vne seconde Eglise.

Durant le regne de Charles le Chauue, la France estant fort persecutee des Normāds, la cité de Chartres fut saccagee, & mise à feu & à sang par Hastingue, chef des Normands, & Danois qui rasa la ville de fonds en comble.

La ville estant reedifiee, fut encor vne autre fois afsiegee par Raoul, capitaine des Normands, Charles le simple regnant en France.

Les afsiegez estant reduicts à l'extremité, eurent recours à Dieu & à la sacree vierge Marie, à laquelle leur ville estoit de long-temps dediee, & le susdict Euesque ayant pris la chemise nostre Dame, (que par singuliere deuotion on gardoit à Chartres, & y auoit esté donnee par Charles le Chauue) le meit au bout d'vne lance, allant contre le payen Raoul, lequel effrayé de la main & puissance diuine, leua le siege & s'en fuit. A cause dequoy il se feit Chrestien, & ayant obtenu du Roy le pays de Neustrie (qui deslors fut appellé Normandie) feit de grandes aumosnes à l'Eglise de Chartres, & tousiours depuis fut fort deuot à la vierge.

Fulbert 54. Euesque de Chartres, Chanoine de

saincte vie, composa plusieurs hymnes à l'honneur de la vierge Marie, & institua la feste de la Natiuité nostre Dame, qu'on solennise par toute la France au mois de Septembre.

Cest Euesque aussi feit refaire la ville & l'Eglise comme elle est à present, ayant esté bruslee par cas fortuit.

Le 61. Euesque de Chartres, nommé Geffroy, obtint plusieurs beaux priuileges pour son Eglise, des Papes Innocen & Honorie, soubs lesquels il fut Legat, pour le faict de la pacification de quelques troubles & schismes aduenues en l'Eglise, dont il s'acquitta à leur contentement.

Ledict Geffroy fonda l'Abbaye de nostre Dame de Iosaphat à Chartres. Et de son temps la ville fut presque toute bruslee, excepté la grande Eglise.

Le soixante-troisiesme Euesque de ce lieu appellé Robert, fonda les Abbayes de claire-Fontaine, sainct Remy, & sainct Cir.

Le nonante-quatriesme Euesque nommé Iean de Salisbery, Anglois de nation, fut compagnon de sainct Thomas de Cantorbery, duquel il a escrit la vie, & a composé vn liure intitulé Policratique, des bourdes des courtisans, où il touche emplement de tous les poincts de la vie humaine : & vn autre liure dict Penitentiel.

Iceluy donna plusieurs beaux vaisseaux d'or à l'Eglise de Chartres, auec les reliques de S. crespin, & sainct crespinian, il mourut l'an 1180.

Son successeur nommé Pierre, accreut & agrandit la ville, & feit pauer les ruës de chartres. Il fut fort regretté d'vn chacun.

Le pays chartrain a plus de 40. lieuës de long, allant de Poissy à Mante, selon la riuiere de Seine, puis double son chemin vers Orleans.

L'Euesque de chartres commande en la spiritualité sur 1700. parroisses ou clochers, & sur 30. Abbayes.

En ce Diocese sont comprises les Prouinces de Blois, Vandosmes, Dunois, Mont-fort, Mante & le grand Perche.

Les Baronnies qui ensuiuent, releuent de l'Euesque, Aluye, Brou, Mommiral, Authon, la Bazoche, le Vicomte de Laigny, Mesle au Vidame.

Chartres est vn siege Presidial, y ayant Presidens & conseillers : & y resortissent autres sieges, comme chasteau-neuf en Timeraits, le grand Perche, Coüet, Estampes, Dourdan, Nogent le Roy, Bonneual.

DV PAYS DE BEAVCE ET
DE LA SOLOIGNE.

LA Beauce contenue soubs le pays Chartrain, comme nous auons dict, est des plus fertilles de l'Europe, & vn des principaux greniers, qui nourrit Paris, cóme iadis l'Egypte & la Sicille de Rome.

La Beauce à plusieurs villes & villages, mais qui ne sont autrement renommez, comme Toury, Angeuille, Merenuille, Genuille, Artenay, Pluuiers.

Ce pays est tout vny, & posé en perpetuelle

montagne, de sorte qu'il n'y a vn seul fleuue qui y puisse courir, pour auoir son cours en bas.

On ne peut donner asseurance de l'origine du nom, sinon qu'à l'imitation de la Bœocie Grecque tres-fertille, on l'ait ainsi appellee.

La Soloigne est dicte *Siligonia*, c'est à dire seigleuse, parce qu'elle abonde en seigle : Elle contient les villes de Gergeau, Sully, la Ferté, sainct Laurens des Eaux, Clery.

De la ville d'Estampes.

EStampes est situee en lieu fort plaisant, entre les riuieres de seine & de loire, & est vn des sieges du baillage Chartrain iadis Comté, depuis erigee en Duché par le Roy François 1.

L'Eglise d'Estampes fut dediee à nostre Dame, à cause de l'acte abominable d'vn meschant iouëur, lequel ayant en ce lieu blasphemé le nom de la bien heureuse vierge, fut miraculeusemét puny sur l'heure: Et en memoire de ce miracle, l'Eglise fondee en l'honneur de nostre Dame, qui est vn college de chanoines.

Dourdan, Espernon, chasteau en Thymeraits, & Nogent le Roy, sont encor de l'ancienne contribution du pays Chartrain.

DV PAYS DVNOIS ET DE la ville de Chasteau-dun.

LE Dunois est vne region ou contree en la Gaule Celtique, ayant enuiron dix lieuës d'estenduë en son trauers & largeur : mais la longueur n'est pas si grande. Ce pays est maintenant du baillage de Blois, fort fecond & fertil.

La ville capitalle est Chasteau-dun, anciennemét dicte Rube-claire, comme qui diroit *vrbs clara*, parce qu'elle est en lieu eminent, où de loin on l'a peut clairement voir.

Ceste ville est le siege de la Iustice du Comté Dunois, ayant soubs soy cinq chastellenies, sçauoir Montigny, le Gannelon, court Allain, Moulitard, Leselers, & Rebetan, & autres iurisdictions inferieures.

Il y a plus de 1000. ans qu'il y a des Comtes à Chasteau-dun, c'estoit iadis vn Euesché.

Les faux-bourgs de Chasteaudun, sont plus grãds de beaucoup que la ville, il y a aussi 12. Eglises.

Les habitans de ce pays sont de bon esprit, aigus & subtils, & qui entendent à demy mot, & sont de peu de langage. Parquoy l'on dit en commun prouerbe, il est de Chasteau-dun, il entend à demy mot.

Au pays Dunois, est vn lac ou estang, ayant deux grandes lieues de long, & 250. pas de large, l'eau duquel iadis estant eschauffee (lors que Childebert & sa femme furent faicts mourir par venin) boüilloit tellement, qu'elle ietta à bord vne grande quantité de poisson tout cuit.

La Conuie, petite riuiere passant par ce pays, prend son origine en la forests d'Orleans, pres Artenay : & est chose admirable que iamais ne se desborde, ny ne se trouble pour aucune pluye, ains plustost s'accroist au chaud de l'esté. Et s'il aduient quelquesfois qu'elle se desborde plus que de coustumé, les habitans se tiennent pour tout asseurez de peste en l'automne, & l'année ensuiuante de famine.

DE LA VILLE ET CHA-
steau Royal de Blois.

CESTE ville est fort ancienne, & est situe sur Loire, partie en coline & rocher, partie en planure : Le terroir d'alentour est plaisant & fertil en bleds, tres-bons vins, fruicts, bois, fontaines, riuieres, & estangs, & vn air fort salubre.

Ceste ville est la demeure des Rois de France, & où ils sont ordinairement nourris. Elle participe de la Beauce & de la Soloigne.

Le chasteau de Bloys asis sur vn roc, & separé de la ville, fut faict bastir par vn appellé Gelon, cousin de Rollo ou Roul, premier Duc de Normandie. Et en fut le premier Seigneur & côte, icelui Gelon.

Il y a deux Eglises Collegiales à Blois, l'vne dediée à sainct Sauueur, situee en la cour du chasteau, l'autre de sainct Iacques, sise en la ville.

Il y a aussi deux Abbayes, l'vne de sainct Lomer bastie l'an 927. par Raoul Duc de Bourgongne, l'autre se nomme de Bourgmoyen, dont ie n'ay trouué la fondation, ny des autres Eglises parrochialles, & chappelles en bon nombre.

L'antiquité de Blois est remarquée à cause des aqueducts, lesquels sont si grands & tellement spacieux, qu'en d'aucuns endroicts, ils sont de largeur & hauteur si grande que trois hommes à cheual y pourroient aisement aller, & sont comme grandes aues & grotesques voultees.

De la ville de Blois estoit ce bon Pierre l'Hermi-
e autheur du chappellet, lequel ayant faict le voya-
e de la terre saincte, fut cause de ceste grande croi-
ade & expedition, par le moyen de laquelle fut le
ays de Palestine recouuré, & conquis par les Chre-
iens, l'an 1096. l'armee estoit de 600000. hom-
es.

Enuiron deux lieuës de Blois, est vne place nom-
nee Orcheze, en latin *horreum Cæsaris*, c'est à dire le
renier de Cæsar, duquel il se seruoit pour la nouri-
iture de ses soldats, & d'où il faisoit venir ses pro-
iisions. On void encor en ce lieu des ruines de plu-
ieurs beaux edifices, arcades & murailles de mer-
ieilleuses espaisseur.

L'estendue de la iurisdiction de Blois s'estend
lus de quarante lieuës de long, ayant dix-sept vil-
es qui luy sont suliectes en primitiue iurisdiction
u par appel, ayant six cens grandes parroisses, desquelles la ville de Blois est le chef. Iadis les Comtes
uoient priuileges d'y faire forger monnoye.

Henry de Lorraine Duc de Guise, fut occis à
lois l'an 1588. le 22. iour de Nouembre, durant
les Estats de France: le lendemain y fut aussi tué le
ardinal de Guise son frere.

FONDATION DV CHASTEAV
Royal de Chambort.

E chasteau Royal de Chambort, pres Blois, fut
faict bastir par le Roy François premier du nô,

Ce chasteau est des plus admirables qu'on puisse voir: & si subtillement basty, qu'il est presque impossible d'en imiter le modele, l'escalier de ce chasteau est aussi beau qu'on pourroit voir, par lequel grand nombre de personnes peuuent monter & descendre sans s'entreuoir, l'vn costé estant desrobé de l'autre.

Entre vne infinité de choses remarquables, qui seruent d'embellissement & d'ornement à ce magnifique chasteau, est vne allee au bout d'vn des iardins, nommé de la Royne, laquelle à six toises de large, embellie de quatre rangs d'ormeaux, plantez à six pieds l'vn de l'autre, y en ayant iusqu'au nombre de six mil plantez en ligne droicte: & contient ladicte allee enuiron demie lieue de long.

DV PAYS VENDOSMOIS.

LE pays & Duché Vendosmois, dit en latin *Vindocinum*, iadis dependant du Royaume Orleannois, & depuis assubiety aux Ducs d'Aniou, prend son nom de la principalle ville d'iceluy, dicte Vendosme, qui n'estoit iadis, qu'vn Chasteau situé sur la riuiere du loir, le Vendosmois a pour limittes la Beauce à l'Orient, l'Aniou à l'Occident, le Perche au Septentrion, & la Tourraine au Midy.

Ce pays Vendosmois estoit en renom, dés le téps des Romains, & des premiers François, & depend du pays chartrain.

L'Eglise & abbaye de la Trinité de Vendosme, fut fondee par Gestroy Martel, comte d'Aniou:

cause d'vne vision de trois estoiles qu'il eut, de laquelle vision desirant sçauoir l'interpretation, les Ecclesiastiques luy conseillerent de faire bastir vne Eglise au nō de la Trinité, au mesme endroict qu'il auoit eu la vision. Ce qu'il feit par apres.

En ceste Eglise est la saincte larme de nostre Seigneur plorant sur le Lazare: qu'vn Ange recueillit & en feit present à la Magdeleine, & est enclose dans vn petit vase qui est de merueilleux artifice, sans rupture, soudure, ny ouuerture; le dehors duquel est blanc, transparent comme Christal: & la saincte larme, qui tousiours tremblotte en ce petit vaisseau, est de couleur d'eau azuree.

Le susdict Geffroy Martel l'apporta d'outremer l'ayant secretement prise dans le buffet du grand Souldan en l'an 1084.

La femme d'iceluy Martel fonda l'Eglise collegiale S. George, au chasteau de Vendosme, & la nōma la chappelle le Comte.

Ce grand & excellent Homere Gaulois Pierre de Ronsard estoit Vendosmois, lequel (comme vn Soleil sorti du Ciel de la noblesse Françoise(a espandu & dardé ses rais, non seulement en France, ains par toute l'Europe, à cause des œuures immortelles & inimitables qu'il nous à laissees. Les Cieux ialoux que les mortels iouyssoient d'vn si rare & diuin personnage, nous le rauirent l'an 1585. enuiron le solstice Hyuernal. Son corps gist à Sainct Cosme les Tours.

F

DE HOVDAN, ET DREVX.

Sovs le païs Chartrain est encor Houdan, assez belle ville, mais ie n'en ay trouué aucunes memoires: Comme est aussi Dreux, qui porte encor le nom des anciens Druydes, ayant esté bastie par Drius fils de Sarrhon 4. Roy des Gaulois, homme remplis de science & Philosophie qui regnoit l'an du Deluge 410. Prés celle ville fut donnée ceste sanglante bataille de la noblesse Françoise, aux premiers troubles de France l'an 1563.

DV PAYS DV PERCHE.

LE païs du perche, dependant du Chartrain, fut iadis de la contribution de la Neustrie, à present Normandie; & estoit vn Comté, & de l'appennage des enfans de Chartres.

Les villes principales du Perche sont Montaigne, Bellesme, Feuillet: Puis au Perche Gouet sont Bazoche Gouet, Alluge, Mommiral, Brou, Anthon, Maulues, Roux-maillard, Condé sur Huisnes, Nogent le Rotrou. Vne partie du perche depend du Duché d'Alençon.

Le reste du balliage de Chartres est du resort de Paris.

Remy Belleau, l'vn des plus excellents Poetes de nostre âge, estoit natif du Perche.

DE LA VILLE ET PAYS D'ORleans, & des lieux en dependans.

LA fameuse ville d'Orleans est dicte par Cæsar *Genabum*. Elle fut bastie par les Druydes, & conuertie à la foy par le S. Euesque Altin.

L'Empereur Aurelian la restaura, & amplifia, & luy osta le nom de Genabe, & la baptisa de son nom : en recognoissance de la prediction de son Empire, qui luy auoit esté faicte par les Druydes, en la forest Genabeenne.

Ceste ville est bastie en haut lieu, principallement du costé de Paris, ayant l'air temperé & fort bon: Elle est recõmandable aussi pour les bons vins.

L'Eglise Cathedralle d'Orleans est dediee au nom

de Saincte Croix: Elle fut ruinee par les Caluinistes.

Il y a plusieurs autres Eglises en ceste ville, que les conuents des quatre ordres mendians, & autres lieux saincts.

Theodulphe trente huictiesme Euesque d'Orleans, estant prisonnier en la ville d'Angers, pour auoir esté accusé d'estre partisan en certaine conspiration contre l'Empereur Louys le debonnaire, voyant passer la procession le iour de Pasques fleurie, d'vne tour où il estoit enfermé (ou comme veulent quelques-vns de la chambre d'vn Bourgeois de la ville, qui auoit iceluy en garde, à peine de sa vie) commença de chanter fort armonieusement ces vers qu'il auoit composez.

Gloria, laus, & honor tibi sit Rex Christe Redemptor.
Cui puerile decus promp sit, O sanna pium. &c.

L'empereur doctement instruict es sainctes lettres estant à la procesiō, print plaisir au doux chant & deuotion du bon Euesque & sur l'heure le deliura, depuis l'on a chanté les mesmes vers par toutes les Eglises, au retour de la procession qui se faict à tel iour. Ceci arriua enuiron l'an 900.

Pape Clement 5. natif du Diœcese de Bourdeaux (d'où il fut aussi Afcheuesque) auoit estudié à Orleans: en memoire dequoy, il donna vne bulle en faueur des estudians de l'vniuersité de ce lieu l'an 1367.

Le Pape susdict ayant esté esleu en son absence par les Cardinaux transporta le siege Romain à Auignon, à cause des seditions Italiques, où il feit publier les constitutions dictes de son nom Clementines.

Philippes le Bel establit l'vniuersité d'Orleans, en l'an 1312.

Orleans est l'apanage du 2. fils de France, Philippes fils de Philippes de Vallois en fut le premier Duc.

Cette ville fut afsiegee par Artile Roy des Huns, qui s'appelloit le fleau de Dieu; mais les Citoyens se defendans vertueusement, il fut contrainct de leuer le siege.

Saint Aignan estoit pour lors Pasteur d'Orleans, apres la mort duquel Clouys 2. feit bastir vne Eglise au nom du susdict Pasteur. Et le bon Roy Robert y fonda du depuis vne Abbaye.

Ceste ville fut afsiegee l'an 1428. soubz le regn de Charles 7. par les Anglois, qui tenoient les afsiegez en grande detresse, mais par la permifsion diuine, & pour leur secours Ieanne Daré pucelle & Vierge natifue de Vaucouleur en Lorraine, vint qui les deliura miraculeusement. En memoire dequoy tous les ans les bourgeois d'Orleans font vne procefsion generalle le huictiesme de May, rendans graces à Dieu de ce qu'ils furent à tel iour deliurez de leurs ennemis.

L'effigie de ladicte pucelle est esleuee en bronze au pied d'vne Croix auec celle de Charles 7. sur le pont de Loire.

Louys le Debonnaire & Louys le gros furent sacrez à Orleans.

Les Estats generaux de France y furent tenus, par Charles 9. à son aduenue à la couronne.

Du regne de Childebert, ceste ville fut presque

F iii

toute braslee du feu du Ciel, comme elle estoit en sa plus grande splendeur.

Quatre concilles y ont esté tenus, le 1. du temps de Clouis. Le 2. souz le Pape Vigilie, le susdict Roy Childebert regnant. Le 3. soubs le Pape Pelagie. Le 4. fut celebré soubs ce mesme Pape, du regne de Clotaire.

Enuiron vne lieuë d'Orleans est vne fontaine, ou source apellee Loiret (qui est de grand profit aux habitans de tout ce pays) laquelle ne tarit iamais, ny ne gele: & a enuiron vne lieuë de traict ou longueur.

Orleans à vn siege Presidial, auec ses Conseillers ioints à iceux les anciens Lieutenãts general & particulier, Ciuil, & Criminel; Et deuent ce siege ressortissent le Bailliage & Preuosté d'Orleans, la conseruation des Priuileges de l'Vniuersité, les sieges du Bois Commun, Chasteau Regnard, Yenuille, Yeure le Chastel, la Neusuille aux loges, Gyen, Môtargis, Loris, Meun sur Loire, & Baugency,

DE LA VILLE DE MEVN.

CEste ville est dicte en latin Mag-dunum, & y a vn college de Chanoines, iadis n'y auoit qu'vn chasteau lequel estoit renommé, parce que Charles 5. dit le Sage, y mourut, & depuis à encor accreu son renom, à cause d'vn Poete nommé Iean de Meun autheur du Romand de la Rose.

BOISGENCY.

Bois-gency est situee sur la riuiere de Loyre & est vne place fort agreable, & des plus plaisantes du Royaume, fertile en bleds, & vins, & fort commode pour le trafic.

CLERY.

CEste place n'est qu'vn gros Bourg ou village, où iadis estoit vn fort magnifique temple basti par le Roy Louys 11. à l'honneur de la Saincte Trinité, & de la glourieuse vierge, & y a des Chanoines richement dottez par iceluy Roy, lequel fut enterré en ce lieu. Son tombeau richement faict & esleué au milieu de la susdicte Eglise, fut ruiné par les Caluinistes, comme aussi l'Eglise mesme, il s'y faict des miracles.

LORRIS.

LA plus part des villes du pais Gastinois, de la Beauce, Soloigne, & Orleans, se gouuernent suyuant la coustume de la ville de Lorris: de laquelle estoit natif Guillaume de Lorris qui acheua le Romand de la Rose.

F iiii

MONTARGIS.

CEste ville est encor dependante du Bailliage d'Orleans, le chasteau de laquelle fut faict rebastir par charles 5. Sur vn manteau de cheminee d'iceluy chasteau, est grauee l'histoire admirable d'vn chien, lequel vengea la mort de son maistre qui auoit esté proditoirement tué par vn courtisan, ayant ledict chien en la presence du Roy recogneu le meurtrier dedans l'armee, & icelui estranglé, quoy que ledict meurtrier fut tout armé au blanc; & qu'il se fust deffendu à son possible.

Il y a encor plusieurs autres villes & places du ressort d'Orleans, comme Gergeau, dicte en latin *Gergobaum*, Pluuiers, qui est voisine de la forest d'Orleans, laquelle forest s'estend de dix à douze lieues en longueur; & est de grand profit & rapport à toute la France.

FONDATION DE LA VILLE DE Melun, du Bailliage d'icelle & du Pays Gastinois.

LA ville de Melun dicte en latin *Miledum*, a esté bastie par les anciens Gaulois, & est en belle situation, sur le coupeau d'vne montaigne, en la Gaule Celtique, sur les bords de Scine: ayant la Brie à l'Orient, le Parisis, ou Corbeil au Septentrion, & à l'Occident la Beaulce.

Cefte ville eut iadis des Comtes & Vicomtes: mais depuis elle a efté ruinee à la couronne de France. Elle eft à prefent fiege Royal & Baillage. Il y a bon nombre de Confeillers, & autres Magiftrats, & y reffortiffent les fieges de Nemours, chafteau Landon, la chappelle la Royne, & Milly en Gaftinois. Il y a aufsi vne cour d'Effeux, qui s'eftend iufques en Brie.

Le pays Gaftinois, eft de grande eftendue, ayant la Brie & riuiere de Seine au leuant, la Beauce à l'Occident, la forefts d'Orleans au Midy, & au Septentrion le pays Chartrain.

Les places remarquables du Gaftinois, font Milly ville principalle, Chafteau-landon, Nemoux, Moret, la Ferté, Fontaine-bleau, & fainct Mathurin de Larchamp (que plufieurs eftiment auoir cefte appellation, comme qui diroit A ride-champ, eftant en vn pays fpatieux, fablonneux, & prefque infertille, d'autres l'interpretent large-champ, à caufe de la largeur & efpace de la campagne) place remarquable à caufe des miracles qui s'y font faicts en grand nombre, & encor à prefent.

DE FONTAINES BLEAV,
Moret & Nemoux.

LE fuperbe & magnifique chafteau Royal de Fontaine-bleau, qui eft le fiege & deduict des Rois de France, fut faict rebaftir par le Roy François 1. du nom.

Ce chafteau eft ainfi appellé, à caufe des fontaines

d'eaux viues, qui abondent en ce lieu, & qui remplissent les fossez du chasteau.

La Bibliotecque de Fontaine-bleau ne cede en rien à celle qui fut iadis dressee en Alexandrie par les Rois Egyptiens: le Roy François ayant faict rechercher par plusieurs hommes doctes, toutes sortes de liures, iusques en Grece, & en Asie.

La ville de Moret est encor du Baillage de Melum, & est situee sur le fleuue de Loin, en lieu fort fertille, combien qu'elle soit petite.

Sur ceste mesme riuiere, est aussi la ville de Nemoux, ainsi dicte du mot latin *Nemus*, estant fort boscageuse: elle n'est pas de grande antiquité.

DV PAYS SENONOIS, ET de la fondation & antiquité de la ville de Sens.

LA Prouince Senonoise situee entre la Gaule Belgique & Gaule Celtique, estoit iadis de grande estendue, mais maintenant elle est fort raccourcie: ayant la Champagne au leuant, le Gastinois au Ponent, l'Auxerrois au Midy, la Brie au Septentrion.

Ce pays est fertile en bleds, bons vins & delicats, chair, poisson, huilles de noix en abondance, & autres commoditez.

Les habitans de Sens ont esté les premiers qui ont faict testes aux Romains, comme les histoires donnent assez de tesmoignage.

Sens est la Capitalle ville de ce pays, & des plus

anciennes de Gaule, ayant esté bastie par Samothes premier Roy des Gaulois, l'an du Deluge 140. auāt la natiuité nostre Seigneur 2120. ans ou enuiron deuant la construction de Troye 529. ans. Et par ainsi plus ancienne que Rome, de beaucoup de siecles.

Ceste ville est vn Archeuesché, ayant soubs soy les Eueschez de Chartres, Orleans, Paris, Meaux, Troyes en Champagne, & Auxerre.

Sens est vne ville belle & fort grande, situee sur vn coustau, en pendant vers la riuiere d'Yonne, qui passe au pied d'icelle du costé Gastinois.

Non loin de ceste ville est vn lac, aupres lequel est vne source, dont l'eau se conuertist naturellemēt en pierres, lesquelles sont poreuses, & legeres, & se rapportent à de l'escume.

Entre plusieurs beaux edifices qui sont à Sens, est l'Eglise Cathedralle dediee à sainct Estienne, dés le commencement que l'Euangile fut plantee en Gaule, sainct Sauinian en fut le premier Euesque, lequel auoit esté disciple de nostre Seigneur, il fut enuoyé en ce pays par sainct Pierre.

Le premier Monastere de Sens, dedié en l'honneur de S. Geruais & S. Prothais, fut faict bastir par le 9. Euesque de ce lieu, nommé Policarpe, suiuant la regle de S. Basile, dont il auoit esté amy.

Il y a aussi vn conuent de filles Religieuses, dedié au nom de S. Iean Baptiste, du temps du Roy Clouis, en l'an 507. lequel conuent fut faict bastir par Eracle 15. Euesque de Sens.

Sens est vn siege Royal & Baillage, ayant des Presidens, Conseillers, & vn Bailly auec les Lieutenans.

Pres de ceste ville est Pont sur Yonne, place moderne, & dont les habitans sont braues & vaillants guerriers.

En outre est la Ville-neufue le Roy, siege Royal dependant de Sens, & est dicte *Vellaunodum*, par Cæsar.

De la ville d'Auxerre.

CEste ville est fort ancienne, dicte en latin *Antissiodorum*, & est situee sur les bords de la riuiere d'Yonne, en vn terroir fertil & bien plaisant. Dés lo temps de Charlemaigne, elle fut erigee en Comté.

En l'an 841. y eut vne grande bataille pres d'Auxerre, entre les enfans de Louys le Debonnaire, en vn lieu nommé Chableis, & Fontenay: là où toute la fleur de la Noblesse de France, fut presque mise à mort. Ce qui fut cause de donner entree aux Normands en Gaule sans crainte, quoy qu'au parauant ils n'osassent en approcher.

Du temps de Charles le Chauue, ceste ville souffrit vn grand desastre, par la fureur de certains heretiques, lesquels abbatirent plusieurs Eglises, Monasteres & maisons, & iusques aux murailles d'icelles.

Long-temps apres, le feu se meit tellement en ceste ville, qui brusla maisons, Eglises, & toutes les edifices d'icelle, la reduisant toute en cendres: Mais Mathilde Contesse de Neuers, feit rebastir les Eglises, & faire l'enceint de la closture de la ville.

La premiere & principalle Eglise, est dediee à sainct Estienne, & est le siege Episcopal. Sainct Peregrin citoyen Romain, en fut le premier Euesque, enuoyé en Gaule, par Sixte premier Pape du nom.

Il y a aufsi plusieurs Abbayes & Monasteres à Auxerre, & sept Eglises parrochialles, lesquelles furent presque toutes ruinees par les guerres, en l'an 1567.

Iadis les premieres escoles publiques de Gaule estoient en ceste ville, auec celles de Paris, Rheims & Tours, & les Regens & Docteurs estoient les Euesques.

Deux conciles nationaux, autresfois y ont esté tenus, l'vn souz le Pape Pelage, l'an 584. & l'autre soubs le Roy Robert. Il y a siege Presidial auec les Conseillers.

Ce grand & rare personnage Iacques Amyot, versé en toutes sciences & bonnes lettres, estoit Euesque d'Auxerre, il y a peu de temps.

DV PAYS DE CHAMPAGNE.

LA Champagne est dicte de l'estendue du pays, & vient du latin *Campus & Campestris*.

La Champagne & Brie est vn mesme pays, moitié Belgique & moitié Celtique, ayant pour limittes la Lorraine & pays Barrois au leuant : la France & terroir Hurepois au couchant (duquel la Seine les separe) la Bourgongne au Midy : & au Septentrion, la Picardie, qui est le vray & naturel siege des anciens Belges.

Les villes principalles de la Champagne Belgiques, sont Rheims, qui est la cité capitale & Metropolitaine(de laquelle nous parlerōs cy apres) Claye, Gandelu, Chasteau-Tierry, Dormant, Espernay, Chaalons, Lagny, sainct Menehou.

Les villes de la Champagne Celtique, plus remarquables, sont Nogent, Mery, Troyes, Bar sur Seine, Mussy l'Euesque, Donsenay, Vaudœure, Bar sur Aube, Ponts sur Seine, S. Florentin, & Eruille Chastel, Fouille, Sedane Rebel: Comme ausi est le Bassigny, & ce traict du pays de Victry le Parthois, qui separe le Barrois de la Champagne, & la France d'auec la Lorraine.

La Brie est vne colonie de Normands, qui se vindrent habituer en ceste Region, laquelle estoit fort despeuplee par les longues guerres: d'où ils sont encor appellez en quelques lieux de France Normands Barrois.

La Brie est Boscageuse, neantmoins fort fertille, & propre au labourage, comme est aussi la Champagne, ayant le Ciel serain, l'air doux & temperé, les riuieres grandes, bonnes & fertilles, le peuple soigneux, vigilant & bon mesnager, la Noblesse gaillarde, courtoise, vaillante, & en grand nombre: toutesfois ils sont vn peu opiniastres

Ce pays a Iadis porté tiltre de Duché & de comté: dont les Comtes estoent ceux qui commandoient sur la ville de Troyes, la fondation de laquelle est telle qu'il ensuit.

DE LA VILLE DE TROYES
en Champagne.

LA ville de Troyes, dicte en latin *Trecæ*, n'est du bastimēt des Troyens, mais des anciens Gaulois.

Ceste ville est situee sur la Seine, ayāt le terroir gras & fertil. La iurisdiction de Troyes est de grande estenduë. Il y a siege Presidial, auec les Conseillers, Iuges, & autres gens du Roy, auquel siege des Presidiaux, ressortissent le siege dudict Troyes, la conseruation des foires de Brie, & champaigne, les sieges de Bar sur-Seine, Mussy l'Euesque, la Ferté sur-Aube, Nogent, Pont sur-Seine, Eruille chastel, & S. Florentin, villes sises en la chāpagne.

DESCRIPTION

Vn concile a esté tenu à Troyes, par le Pape Iean huictiesme, & y fut Louys Be couronné par le susdict Pape.

Ceste ville fut iadis ruinee par les Huns, & depuis par les Normands.

L'Eglise Cathedralle de ce lieu, est des plus anciennes de Gaule, dediee à sainct Estienne. Le premier Pasteur fut sainct Amator, ou Amadour, qui viuoit du temps des Apostres.

Le pays de Bassigny est vny au Comté de Champagne, ayant le pays Barrois au Septentrion, la Franche Comté de Bourgongne au midy, la Lorraine au leuant, & la Champagne au ponent.

DE LA VILLE DE CHAV-
mont capitalle du Bassigny

CEste ville est situee sur vn rocher, laquelle anciennement n'estoit qu'vn bourg, iusques en l'an mil cinq cens, que l'on commença de la fortifier soubs le regne de Louys douziesme, & l'armer de murailles, auec quelques tours & Bouleuerts, que le Roy François premier continua, & puis Henry deuxiesme les reduit à quelque perfection.

A Chaumont y a vn donjon ou chasteau enclos & fermé de murailles, hautes tours & fossez, lequel est aussi fort ancien, & se nomme de Haute-fueille, dans iceluy y a vne belle & grande salle qui sert de parquet aux gens du Roy, & à tenir les assemblees de la noblesse du pays au ban & arriere-ban.

Il y a Baillage & siege Presidial à Chaumont, &
d'autant

d'autant que ceste ville est de grand rapport, il y a aussi vn grenier à sel, les Officiers du Roy pour le Magazin & Gabelle, vn bureau pour la Iustice des passages & Forains: des Lieutenants particuliers es sieges des eaux & des forests, auec les Officiers Royaux pour icelle. En outre est le Consulat, pour le fait de la marchandise, qui est principallement de draps & toiles, aussi les drappiers & tisserants y tiennent le premier rang entre les marchands.

L'Eglise principalle de Chaumont est dediee au glorieux & bien-heureux S. Iean Baptiste, dont les Chanoines sont choisis des seuls enfans de la ville.

Il y a encor plusieurs autres belles Eglises & chappelles, sçauoir, Sainct Michel, sainct Aignen, l'Hospital, les 3. chappelles de nostre Dame de Lorette, de recouurance, & de bonnes nouuelles.

IOINVILLE.

CEste ville est tresancienne, & est l'appanage des puisnez de la maison de Lorraine; situee sur la riuiere de Marne (comme aussi la ville de Monmirandel) es dernieres limites de la Champagne.

Lors que S. Louys entreprit le voyage de la terre saincte, il s'y trouua vn des seigneurs de Ioinuille auec bon equipage. Le Roy Louys le Gros feit faire les murailles de ceste ville.

L'Eglise principalle est dediee à sainct Landeric, dans laquelle est enterré cest illustre & tant renommé personnage Godeffroy de Buillon, chief de la race Lorraine. En ceste Eglise est aussi le tombeau de Claude de Lorraine Duc de Guise, l'vn des plus magnifiques de France.

Et outre l'Egiise principale de Ioinuille, il y a encor deux autres Eglises parochialles, deux conuents de Religieuses, & deux Hospitaux.

Les Seigneurs de Ioinuille sont Seneschaux hereditaires de Champagne.

Ioinuille fut erigee en principauté soubz Henry 2. de laquelle dependant les Baronneries de Hailly, Douleuant, Roches, Esclairon, & plusieurs autres chasteaux, bourgs & villes.

Du temps de l'Empereur Charles le Quint, ceste ville fut toute bruslée, excepté le chasteau.

De la ville de Vassy.

LA ville de Vassy est vn siege Royal, appartenant à la maison de Guise, & est situee au milieu des bois & forests de Haute-sustaye, sur vne petite riuiere nommee Bioise. Il y a de belles & rares fontaines à Vassy : & entre autres deux, l'vne nommee Brouzeual les Vassy, l'autre est en l'Hospital du Donjon, laquelle rend telle abondance d'eau qu'en moins de six vingts pas, elle faict mouldre plusieurs moulins.

Non loin de ceste ville se trouuent des mines de terre, pour faire le boliarmenic, qui sert à diuers vsages:& est portée en plusieurs pays.

En l'an 1562. le Duc de Guise meit à mort grand nombre de Huguenots le premier iour de Mars.

De Victry en Parthois, maintenant appellé Victry le François.

Sortant du terroir de Ioinuille, l'on entre aussi tost au pays de Parthois l'vn des plus beaux Bailliages de Champagne: la ville Capitalle duquel est Victry sur la riuiere de Saux, & tient-on que c'estoit vn siege des legions Romaines, pour empescher que les Germains ne feissent des courses sur les Gaules, & que de la legion victorieuse en latin *legio Victrix*, ce lieu fut nommé *Victoriacum*, comme aussi celui qui est pres Paris.

Soubz le Bailliage de Victry, il y a 8. Preuostez & Chastelienies; sçauoir Chasteau-Thierry, Menehou, Chastillon, Fismes, Espernay, Roueray, Pascauant, Vertus & Larzicourt.

L'an de grace 1143. le Roy Louys le ieune estant irrité contre Thibauld Comte de Champagne, pour quelque subiect, & sçachant la loyauté des Victriciens enuers leur Comte, meit le feu en la ville, les surprenant à l'improuiste; & les habitans se cuidans sauuer dans l'Eglise, y furent bruslez; au nombre de mil cinq cents personnes: tant hommes que femmes & enfans. Ce qui incita S. Bernard à reprendre aigrement le Roy, d'auoir commis vne telle cruauté: sans respecter les Autels, ny la presence du Sainct des Saincts. Le Roy touché de repentance, feit le vœu d'aller en Hierusalem: lequel il executa, pour expiation de sa faute.

Du temps de Loys 11. celle ville fut aussi toute

bruslee par le Comte de Brienne, nommé Iean de Luxembu 3, auec plus de soixante douze villages voisins d'icelle.

Elle fut aussi ruinée par Charles le Quint, & rebastie de neuf sur vn costau, en la place d'vn petit village nommé Mont-court, par le Roy François 1. lequel y donna de beaux priuileges, & en outre l'orna de trois belles foires.

DE SAINCT DISIER.

ENuiron deux lieuës de Victry est assise la belle, forte & fameuse place de S. Disier portāt le nom du S. à l'honneur duquel on l'a bastie.

Ceste ville fut aussi saccagee par l'Empereur Charles le Quint en l'an 1544. Les pauures Citoyens n'ayans peu resister à son armee; laquelle estoit de 800000. hommes, depuis elle a esté reedifiee.

DES VILLES DE LA BASSE BRIE.

EN la basse Brie au bailliage de Prouins, sont les villes de Sezane, Loy le Chastelet, Bray sur Seine & Montereau dicte en latin *Mons Regalis* ou bien *Monasteriolum*, situee sur Yonne & la Seine, & depend de la iurisdiction de Brie: icelle ville est renommee d'autant qu'en icelle fut tué ce grand perturbateur de la France Iean Duc de Bourgongne, fils de Philippes le Hardy en vengeance de la mort de Louys d'Orleans, qu'il auoit faict tuer à Paris. Non loin de Montereau est le prieuré de S. Martin tres-ancien, dependant de S. Lomer de Blois.

En ce pays sont aussi les places de Celles, Taners, Vernon, Valences, Nangis, & le plaisant Chasteau de Blandy, le sejour & plaisir des Ducs de Longueuille.

DE LA VILLE DE PROVINS.

CEste ville est assez ancienne, & se dict en latin *Agendicum*; Elle est situee sur la pointe d'vn costau ayant au pied la riuiere de Moran, qui arrose le pays voisin.

Le terroir de Prouins est abondant en bleds, pasturages, bois, & belles commoditez d'eaux. Et ce, qui donne bien du renom à la ville de Prouins par toute la France sont les roses rouges, qui sont tres-odorantes en ce pays; & dont l'on faict grande estime à Paris, à cause de la grande quantité de conserues qu'on faict d'icelles en la susdicte ville.

Prouins est le plus ancien siege de Brie, ayant Baillif, Lieutenant general, & particulier, deux Aduocats & le Procureur du Roy, & vn Greffier d'appeaux: comme aussi ce siege à la conseruation des foires de Brie & Champagne.

Ceste ville fut en danger d'estre toute perduë en an 1571. par vn grand orage & rauine d'eaux, qui emporterent & abbatirent plusieurs maisons en la pente de la montagne.

DE LA VILLE DE MEAVX.

LA ville de Meaux est située en la Gaule Celtique sur vn mont, en vne fort belle perspectiue, en la fertilité de Brie : ayant le fleuue de Marne au pied à l'Occident ; & est ceste ville separee par vn ruisseau coulant & passant sur le Roc : en l'vn des costez est la ville, & en l'autre le marché ou fort d'icelle.

Meaux est dicte en latin *Melde*, pour auoir esté premierement située au milieu des eaux.

La iurisdiction de ceste ville est la secóde du pays de Brie, contenant soubs soy les sieges de Meaux, Crecy, Colomiers en Brie (qui est vne assez belle ville) la Ferté Gaucher. Brie, Comte Robert, & Thorcy sont de la iurisdiction du Chastelet de Paris.

Meaux porte le nom d'Euesché des le temps de l'Eglise primitiue, dont Sainct Denis fut le premier Euesque ; lequel ayant conuerti les Citoyens Meldoys à la foy Catholique, laissa S. Sanctin pour son successeur. A l'Euesché de Meaux est affectee la conseruation de l'vniuersité de Paris.

L'Eglise Cathedralle est dediee à S. Estienne, laquelle ressentit la faueur des troubles.

Aupres de Meaux est la Royalle maison de Monceaux embellie par la Royne Catherine de Medicis. Non loin d'icelle sont deux beaux monasteres des Religieuses, sçauoir de Iouare comme qui diroit *ionu ara*, & de Fremonstier.

En ce païs est aussi l'Eglise de S. Fiacre ; où il se

faict tous les iours plusieurs miracles au tombeau de ce glorieux confesseur.

DE LA VILLE DE LAGNY, & autres.

LAGNY est fort ancienne ainsi qu'on peut voir par l'antiquité des bastimens, & principallement d'vne Abbaye, qui est au haut de la ville tirant vers Meaux: au deuant de laquelle est vne des plus belles fontaines qu'on sçache voir.

Chasteau-Thierry est de la haute Brie, ayant Bailliage & siege Presidial auec ses Conseillers, auquel ressortissent, Chastillon sur Maine, Tresons, Onchie le Chastel, Milly & S. Front.

FONDATION DE LA VILLE de Rheims.

RHeims est vne des plus ancienne villes de France & plus renommee, dicte en latin *Durucortum*, à cause de laquelle la Prouince s'apelle Rhemoise.

La vraye fondatiõ de Rheims est prise dés l'an du monde, deux cens quinze, du vingt troisiesme Roy des Celtes, nommé Rheme, qui en fut le premier fondateur, Priam regnant encor à Troye ; 3000. ans deuant que Rome sut bastie.

Ceste Cité fut conuertie à la foy Catholique du temps des Apostres par S. Sixte Disciple de S. Pierre.

Rheims est Archeuesché, ou sont sacrez les

Rois. Les Euefchez qui en dependent sont Soissons (l'Euesque de laquelle est Doyen de la Prouince) Chaalons sur Marne, Cambray: Tournay & Teroüanne, le Siege de laquelle est maintenant à Boulpigne : Puis sont encor Arras, Amyens, Noyon, Senlis, Laon & Beauuais.

Il y a cinq Paireries Ecclesiastiques comprises soubz l'Archeuesché de Rheims, sçauoir Rheims mesmes, Chaalons, Beauuais, Laon, & Noyon, l'Eglise Cathedralle de Rheims est dediee à nostre Dame.

Sainct Nichais vnziesme Euesque de Rheims, desia fort ancien, fut massacré en ceste Eglise (comme aussi sa sœur saincte Eutropie) par les Huns, lors qu'ils rauagerent & pillerent ceste ville. Plusieurs autres fidelles y souffrirent aussi la mort. Ce fut en l'an de nostre salut 454.

S. Remy 16. Archeuesque de ce lieu, baptisa le Roy Clouis & luy enseigna la foy. Ce bon pasteur mourut l'an de nostre salut 545. son corps repose en l'Eglise S. Pierre, à present consacree au nom dudict S. Remy: laquelle Eglise fut fondee par la Royne Clotilde, en souuenance du bon heur aduenu en ce lieu au susdict Roy Clouis son espoux, lequel y auoit receu le Baptesme auquel l'huille defaillant, fut enuoyee du Ciel à la saincte Ampoule, par vn Ange, pour oindre le Roy, suiuant la coustume.

A Rheims y a vniuersité pour les arts & Theologie, laquelle y fut erigee par le Roy Henry 2, à la requeste de Charles de Lorraine Cardinal & Archeuesque de Rheims.

En ceste ville y a Bailliage, Lieutenant general,

criminel & particulier, auec les conseillers & autres officiers du Roy.

En outre sont encor les sieges de Chaalons, Espernay, Fismes: Celuy de Vertus est du Bailliage de Saudron.

Deux conciles ont esté tenus à Rheims, le premier en l'an 815, l'autre du temps du Roy Capet.

DE CHAALONS SVR Margne.

LA ville de Chaalons sur Margne, dicte en latin *Catalanum*, fut iadis Comté, depuis elle a esté vnie à celuy de Champagne, & en fin donné à l'Euesque, qui est l'vn des douze Pairs de France.

Attila Roy des Huns (nommé le fleau de Dieu) fut des-faict par le Roy Meroüee, aydé & secouru d'Etius Lieutenant de l'Empereur Romain, aupres de Chaalons, aux champs dicts *Batalauniens*, où la bataille fut si grande, qu'il y demeura sur le champ 190000. hommes.

Le premier Euesque de Chaalons fut Mammé, disciple de sainct Pierre.

La cité de Chaalons depend de Rheims, pour le spirituel & pour le temporel.

Le pays de Chaalons est fort fertil & abondant en toutes sortes de commoditez.

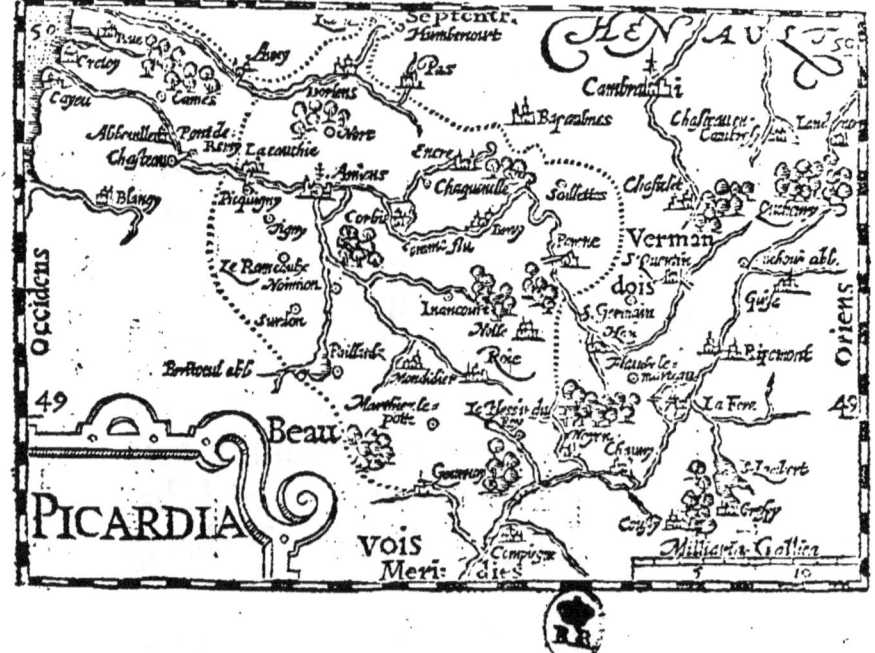

DV PAYS DE PICARDIE CON-tenu soubs l'Archeuesché de Rheims.

LA Picardie est l'vne des plus fertilles Prouinces de l'vniuers, en toutes choses, excepté en vin : comprenant plusieurs belles, grandes, & anciennes citez & forteresses contenues és limittes qui ensuiuent : Au leuant elle a le pays de Flandre, au midy la Champagne, au ponent la mer, auec vne partie de la Normandie, & au Septentrion la mer Oceane, du costé de Calais.

Quelques-vns tiennent que la Picardie prend son nom d'vn illustre Cheualier, nommé Picgnon, fondateur de Pecquigny, & d'Amyens; lequel apres la mort d'Alexandre le grand, fut esleu pour chef par les soldats, & disent qu'ayant conquesté plusieurs pays, il vint surgir aux ports de Neustrie, à present Normandie : & qu'il passa aux lieux susdits, ausquels il donna nom & appellation.

Ce pays est arrosé des riuieres de Seine, Oyse, Ayne, l'Escau, Scarpe & autres, qui la separent des Prouinces voisines.

Les places plus renommees de la Picardie, sont la Fere, Gandelu, Villiers, Corterets, Beaumont, Creil, Verbery, entre Marne & Ayne : Mais entre Ayne & Bise, sont Lyace, Chonils Puis entre Oyse & Some, sont Verum, Guise, la Capelle, Landrecy,

Fonsomme, Bohan, sainct Quentin, iadis nommé Auguste des Vermandois, Nolle, Roye, Mondidier, Clermont en Beauuoisis, Brecueil, Pequigny, Blangis, Abeuille, & S. Valery outre la Some. Du costé de Septentrion sont Ham, Peronne, Dorlans, Rué, Crotoy, Hesdin, ores en ruyne, Renti, Monstrueul sur Mer, Estaples, Bouloigne, comprenant soubs soy les villes de Guisnes, Ardres, Harmes, Blarnes, & la forte place de Calais, qui n'estoit iadis qu'vn village, mais elle fut fortifiee par le Roy Philippes le Bel.

Il y a plusieurs Eueschez en Picardie, lesquels dependent de l'Archeuesché de Rheims.

DE L'ANCIENNE VILLE DE SOISSONS.

LA premiere des citez de la Gaule Belgique, dependant de Rheims, est l'ancienne ville de Soissons, qui estoit vn petit Royaume, deuant que les Romains vinssent en Gaule, lesquels furent chassez de ceste place par le Roy Clouis.

Les Soissonnois sont tousiours loüez, pour estre gens vaillants & remplis de hardiesse.

A Soissons fut celebré vn Concile ou Sinode des Eglises Gallicanes & Angloises, soubs le Roy Philippes Auguste, à cause que le Roy Anglois auoit chassé les Euesques de leur sieges, ayant iouy des biens de l'Eglise l'espace de six ans. Ce qui contraignit les pauures Prelats Anglois de ce retirer en France: Le susdict Roy Anglois fut denoncé pour excommunié, & à luy guerre signifiee, comme persecuteur des Eglises : en fin il fut vaincu, & les Flamands qui l'auoit secouru. En ceste guerre se monstrerent fort valeureux les Soissonnois.

L'Eglise & Abbaye des Religieuses de nostre Dame de Soissons, fut fondee par Ebrion le Tyran, maire du Palais de France.

Le premier Euesque de Soissons, fut sainct Sixte Romain, enuoyé par sainct Pierre auec sainct Sinicie qui luy succeda. Ces bons Prelats furent martirisez soubs Neron, l'an de nostre Seigneur 64. ils auoient conuerty ceux de Rheims à la foy.

Entre les Euesques de Soissons, le 50. nommé Arnoul, vescut tres-sainctement, & auec grandes austeritez en solitude, & eut le don de Prophetie, à cause de sa saincte vie. Il fut esleu Abbé de sainct Medard à Soissons, & finalement consacré Euesque, par le commandement du Pape Gregoire 7.

Fondation de la ville de Laon.

Laon n'estoit iadis qu'vn chasteau dit *Laudunum*, lequel fut erigé en cité par le Roy Clouis, & faict Euesché, en l'an de nostre Seigneur 500. par sainct Remy Archeuesque de Rheims : lequel feit edifier l'Eglise Cathedrale, & la dedia en l'honneur de nostre Dame à Laon, donnant sa Duché à l'Euesque en proprieté.

Il y a aussi vne belle Abbaye à Laon, dediee au nom de sainct Iean : autresfois y auoit des Religieuses.

Soubs le 72. Euesque de Laon nommé Iean Bourlier homme de saincte vie, aduint le prodigieux & insigne miracle d'vne femme demoniacle à Veruin, l'an de grace 1565. l'efficace du sainct & inesfable Sacrement de l'Autel: par la presence duquel, & par les prieres & exorcisme du susdit Euesque, ce malin esprit fut chassé du corps de cette miserable possedee, en l'Eglise cathedrale de Laon.

Le Bailliage de Laon est de grande estêdue, ayāt souls soy les sieges de Soissons, Noyon, S. Quentin, Ribemont, Concy, Chauny, Guise, Peronne, Mondidier, & Roye, auec vn Bailly, Lieutenant general & particulier, auec les Conseillers, Greffiers, & autres gens du Roy.

Enuiron trois lieuës de Laon, est la fameuse place de Liance, dicte nostre Dame de Liesse, le pelerinage ancien de nos Roys: où il se faict plusieurs miracles tous les iours.

Fondation de Compiegne.

COmpiegne est dicte en latin *Compendium*, & par d'autres *Carlopolis*, du nom de charles le chauue, lequel aggrandit & fortifia ceste place, à la semblance de Constantinople en l'an 896. & y fonda l'Abbaye S. Cornille.

L'an 1429. la pucelle Ieanne fut prise à compiegne par les Anglois, faisant sortie sur iceux, & estât repoussee iusqu'aux portes les trouua closes, se veid trahie & venduë par les siens mesmes, en recompense des grands biens que la France auoit receus par son moyen. Elle fut bruslee à Rouen au lieu où est de present l'Eglise sainct Michel, sur la fin du mois de May, l'an 1431. ayant esté prisonniere l'espace d'vn an en grande misere. Elle fut iniustement condamnee d'heresie, & sortilege, par Mesire Pierre Cauchon Euesque de Beauuais, Anglois de nation, & vray ennemy des François, lequel l'a mist entre les mains du bras seculier pour estre punie. Pour ceste cause, iceluy Cauchon fut excommunié par le Pape Calixte, apres la mort de ladicte pucelle, laquelle auoit esté traye par Guillaume de Flauy, capitaine de Compiegne, pour lequel forfaict, Dieu permist qu'il fut estranglé par sa femme, nommee Blanche Da nurebruch, par l'aide de son Barbier: dont elle eut remission du Roy par apres: ayant descouuert & prouué que ledict de Flauy son mary auoit deliberé de la faire noyer.

Le Roy sainct Louys feit bastir les Eglises & conuents des Iacobins, & des Cordeliers à Compiegne.

Fondation de la ville de sainct Quentin, iadis nommee Auguste des Vermandois.

CEste ville s'appelloit anciennemét Auguste des Vermandois, comme qui diroit la capitalle de ce pays, ou bien pource que les Romains desirant gratifier leur Empereur Octauian Auguste, luy attribuerent ceste appellation.

Elle porte maintenant le nom de Sainct Quentin, Romain de nation, & fils d'vn Senateur nommé Zenon, lequel sainct y souffrit martire, soubs l'Empereur Maximin. Le corps d'iceluy fut trouué 55. ans apres sa mort, par la reuelation d'vn Ange: vne bonne dame Religieuse aueugle, n'eut si tost reuelé le corps bien-heureux, qu'elle fut soudain illuminee.

Ceste ville est situee sur la riuiere de Some, enuironnee de marests, & prairies, & seruant comme clef à ce Royaume, durant les guerres faictes contre le Prince tenant le bas pays. Elle estoit iadis le siege ordinaire des Comtes de Vermandois.

Ceste ville fut prise d'assaut & pillee par les Espagnols, apres vne grande deffaicte des François qui fut le iour sainct Laurens, l'an 1557. & deux autres petites villes, Han, & Chastelet.

De la ville de Noyon.

Noyon est situee sur la riuiere d'Oyse, & est vne des plus anciennes citez de Gaule. Quelquesvns voulant rechercher l'Etymologie, disent qu'elle est presque dés le temps de Noé, & que d'iceluy, elle a ceste appellation par les fondateurs d'icelle, peu de temps apres le deluge. Toutesfois elle ne porte le nom de cité que depuis l'an de nostre Seigneur quatre cens dix, ou enuiron.

Sainct Eloy, natif du pays de Lymosin, fut le 20. Euesque de Noyon, lequel mourut l'an 663.

Vn nommé Fulcher moyne de Soissons, bastard du maistre Queux du Roy Louys d'outre-mer, obtint & paruint à l'Euesché de Noyon, par vne meschante & sinistre voye, l'espace d'an & demy: duquel
lequel

lequel temps il exerça toute sorte de desbauche & meschanceté, & puis mourut de la maladie pediculaire: Car les poulx ne cessans de sortir en abondance de sa peau, il fut cousu en vn sac de cuir de cerf, & ainsi enterré. Exemple certainement digne d'estre consideré par les ambitieux & Simoniaques.

L'an de grace 1152. vn feu general brusla presque toute la ville de Noyon, excepté les Eglises: ayant esté bruslee vne autre fois l'an 1131. auec la pluspart de l'Eglise Cathedralle & de la maison Episcopale.

L'an 1228. ceste ville fut aussi toute ruinee par le feu.

Elle fut encor bruslee pour la 4. fois par vn grand & impetueux vent, soubs le regne de Guy des prez 63. Euesque de Noyon.

Ceste pauure ville passa encor par la rigueur & misericorde des flammes, en l'an 1552. durant les guerres d'entre les Rois de France & d'Espagne.

Philippes fils de S. Louys fonda le monastere des Chartreux prés Noyon, au lieu appellé le mont S. Louys.

Le monastere de S. Barthelemi sur le mont des Monuments hors la ville de Noyon, fut fondé par vn nommé Baudouin 50. Euesque de ce lieu, lequel y meit des Chanoines de l'ordre de sainct Augustin.

Regnauld 57. Euesque de ce lieu fonda l'Hopital de S. Iean, qui fut dotté de rentes & reuenus par Iean de sainct Eloy, & Adde son espouse l'an mil cent soixante & dixhuict.

H

DES VILLES DE GVISE,
Peronne, Corbie, & autres.

AV pais de Picardie vers le pays Luxembourg est la ville & forteresse de Guise, ancien patrimoine des puisnez de la maison de Lorraine.

Apres est Peronne situé sur la riuiere de Some, place forte: en laquelle Herbert Comte de Vermandois, feit mettre prisōnier le Roy Charles le simple, là où il mourut, laissant son Royaume, plein de troubles.

Corbie, Roye, Mondidier & Nelle, sont villes Modernes. De ceste derniere sont sortis plusieurs illustres Seigneurs, iadis alliez à la maison de Courtenay sortis d'vn puisné de France.

DV PAYS BEAVVOISIN ET
de la fondation de la ville de Beauuais.

LE pays voisin des Vermandois est celuy des Beauuoisins: qui sont proprement les Belges, desquels la cité se nommoit iadis Belgie, ores Beauuais fōdee par le 14. Roy de Gaule dict *Belgius*, fils ne Lugdus fondateur de Lyon; long temps deuant que Troye fust en estre.

La ville de Beauuais est situee en fort belle asiette, ayant les monts non trop hauts & les Colines fertiles, d'vn costé les prairies, & de l'autre les pasturages & terres labourables, qui ne luy manquent, non plus que le vignoble, & laquelle a esté des plus belliqueuses du Royaume: & est des plus grandes & remarquables.

L'Eglise Cathedrale de Beauuais dediee en l'honneur de S. Pierre, est l'vne des plus magnifiques de France, dans laquelle sont les ossements de S. Iust martir, de S. Eurot, & S. Germer, il y a aussi l'Abbaye de S. Lucian & plusieurs autres belles Eglises, en grand nombre.

La police de Beauuais est qu'il y a vn Maire, qui est comme vn Preuost des Marchands à Paris; & douze Pairs qui sont comme les Escheuins, lesquels sont annuels, & esleus par les voix du peuple: ainsi qu'on eslisoit iadis les magistrats à Rome.

L'Euesque de Beauuais est Seigneur pour le spirituel & pour le temporel; & est l'vn des douze pairs de France.

Enuiron trois ou quatre lieuës de Beauuais y a si grandes abondance de Bourgades & gros villages, que l'vn ne sçauroit estre esloigné plus d'vn quart de lieue de l'autre.

Ceste ville est riche en drapperie: & où l'on faict des meilleures sarges de France.

Il y a eu vn Concille national tenu à Beauuais en l'an 1114.

Ce grand historien Vincent, frere prescheur & docteur regent au Couuent des Iacobins de Beauuais estoit de ceste ville. Iceluy composa ce grand & admirable volume, des Miroirs, à la requeste de S. Louys, & vne infinité d'autres liures. Iceluy volume des Miroirs comprend tout sçauoir qui peut tomber en cognoissance. Il viuoit en l'an 1240.

Guillaume Durand, dict le Speculateur, estoit natif de Beauuais, d'où il fut aussi Chanoine, puis Doyen de Chartres, & en fin Euesque de Mande. Il viuoit en l'an de nostre salut 1286.

Iean Cholet estoit natif du Diocese de Beauuais, lequel fonda le college des Cholets à Paris & fut Cardinal, nay de fort bas lieu.

Iean Michel Euesque d'Angers, que les Angeuins tiennent en reputation de Sainct, estoit aussi de Beauuais.

A ceux de Beauuais furent concedez priuileges & immunitez de tenir fief, sans payer au Roy aucunes finances: & ce par le Roy Louys 11. pour auoir resisté contre Charles de Carolois Duc de Bourgoigne l'an 1472. Et aussi permit aux femmes, pour auoir aidé à repousser l'ennemi, que au iour sainct Agadresme, à vne procession generalle qui se faict: les femmes & les filles marchent deuant les hommes. Et le iour de leurs nopces permission de s'habiller comme Princesses.

Au terroir de Beauuais est vne petite ville nommee Bule où l'on faict des plus beaux lins qu'on sçache voir, & desquels les habitans tissent grand nombre de belles & fines toilles: dont il se faict trafic presque par tout le monde.

DE LA VILLE DE CLERMONT
EN BEAVVOISIN, ET AVTRES.

SOVBS le païs Beauuoisin est comprise la ville de Clermont erigee en Comté, appartenante à la

Royale maison de Bourbon. Ceste ville fut donnee en appanage par le Roy sainct Louys à Robert son fils: lequel du depuis fut Seigneur & Comte de la Marche & de Bourbonnois.

Ceste ville est le lieu de la naissance du sieur de la Rocque, excellent poëte François.

La ville de Beaumont est encor du païs Beauuoisin, situee sur le fleuue d'Oyse: & appartient aux Princes de Vandosme: lesquels en sont Ducs & Seigneurs.

FONDATION DE LA VILLE DE
Senlis, & autres places voisines.

CESTE ville est de grande antiquité, & se dict en Latin *Syluanectum*: par ce qu'elle estoit iadis situee entre les bois & forests, qui se disent en Latin *Syluæ*. Elle est en Picardie, & despend de l'Archeuesché de Rheims. Il y a Bailliage, soubs lequel ressortissent les sieges de Compiegne, Clermont en Beauuoisis, Creil, qui fut bastie par Charles 5. la Preuosté d'Angy, Chaumont en Vvelxin, Pontoise, Beaumont sur Oyse, Crespy, la Ferté-Milon, & Pierre-fons.

Senlis est honoree du tiltre d'Euesché, & fut conuertie à la foy par S. Denis. Le premier Euesque en fut S. Regule, fondateur de l'Eglise Cathedrale de nostre Dame de Senlis: lequel estant à Arles, cogneut par reuelation la mort de S. Denis son maistre, que l'on auoit martirisé. Et pour ce subiect il s'achemina à Senlis; Et à son arriuee les Idoles des Payens tomberent. Ce qui fut cause que ce peuple se conuertit à la foy Chrestienne.

L'Abbaye de nostre Dame de la Victoire, pres Senlis, fut faict bastir par le Roy Philippes Auguste.

L'Abbaye de Chaslis, qui est aussi pres de Senlis, fut fondee par le Roy Louys le Gros.

DE LA VILLE DE MOM-
morency.

MOMMORENCY porte le nom des Seigneurs d'icelle. Ceste ville n'est pas loin de Senlis.

La maison de Mommorency est vne des premieres baronnies de France, qui a faict profession de la foy Chrestienne, des le temps de S. Denis, & de sainct Regule. D'icelle ont sorti de grands & illustres Seigneurs, & encor iusqu'à present.

Ceste place fut erigee en Duché, par le Roy Henry 2. en l'an 1552. Le premier Duc fut Messire Anthoine de Mommorency Connestable de Frãce; lequel a ioinct à ceste Duché plusieurs belles Seigneuries.

FONDATION DE LA VILLE d'Amyens.

LA ville d'Amyens est situee sur sa riuiere de Some, & toute enuironnee des eaux d'icelle, à cause dequoy elle est dicte en latin *Ambianum*, ou *Ambiaquensis*; estant vne des plus fortes places du Royaume, ayant des fossez les plus beaux, profonds & effroyables qu'aucune ville de la France.

Le premier fōdateur d'Amiens (suiuāt l'opinion de plusieurs autheurs) fut vn grand & renōmé Cheualier, qui fut esleu apres la mort d'Alexandre le Grād, par les soldats pour chef & cōducteur de l'armee, nommé Picgnon, lequel auec ses troupes, ayant long tēps vogué sur mer, vint aborder en Neustrie,

H iiii

ores Normandie : & ayant mis pied à terre, assuiettit le païs de Beauuais, & fonda le chasteau de Picgnon: (maintenant nommé Pecquigni) qui lui seruit de retraicte pour enuahir la Gaule, & pour mieux se fortifier feit bastir Amyens, qu'il appella (comme dict est) à cause de l'enuironnement d'eaux, *Ambiaquensis*, &c.

Il y a Bailliage à Amyens auec les Conseillers, Lieutenants, & autres gens du Roy, pour l'administration de Iustice. Mais pour le faict de la police, elle appartient aux Maire & Escheuins & Seigneurs de l'Hostel de Ville.

L'Eglise Cathedrale d'Amyens est des plus magnifiques de France, ornee de beaux & admirables Tableaux, à chacun des pilliers d'icelle, representás diuerses histoires. Elle fut bastie par Firmin confesseur, lequel auoit esté leué du baptesme par S. Firmin 1. Euesque du lieu, natif de Pampelune, fils d'vn grand Senateur ; lequel sainct personnage quittant ses parens, païs & richesses, s'achemina à Angers, où il fut vn an & trois mois, là où il en conuertit plusieurs : Puis s'en vint à Beauuais, où il feit bastir quelques Eglises ; apres auoir esté deliuré du peuple par force, de prison : ou il auoit esté mis par le Gouuerneur, nommé Valere, là où il fut estrangement battu, affligé & tourmenté.

En fin desirãt de plus en plus trauailler en la vigne du Seigneur, il vint à Amyens ou en 3. iours, il conuertit enuiron trois à quatre mil hommes. Mais les Gouuerneurs d'Amyens faschez de voir leur idolatrie à neant, qui estoient ces Iuges nommez Longin & Sebastian, vrais ministres de Sathan, luy feirent secrettement trancher la teste en prison, craignāt la fureur du peuple. C'estoit enuiron l'Empire de Diocletien.

Dans l'Eglise cathedralle d'Amiens, est le precieux chef de sainct Iean Baptiste tout entier, Siluius & Fernel grands medecins, estoient d'Amiens, & l'orateur Siluius qui a commencé plusieurs liures de Ciceron.

Du pays de Ponthieu & places dependantes d'iceluy.

CE pays est ainsi nommé, pour l'abondance des ponts qu'on y void, pour la diuersité des palluds & marests, se dechargeant en la mer, pres la place de sainct Valery.

Les places contenues soubs Ponthieu sont Abeuille, Pequigny, Dourlan, Aury, Crecy, Ruë, & Crotoy, le tout estant encor de Picardie.

Abeuille est la capitalle de ce pays, & n'est pas beaucoup loin d'Amiens, elle est situee sur la riuiere d'Oise: Et y a Bailliage & siege Presidial, ressortissant à Paris.

L'an 1503. vn escolier natif d'Abeuille, aidant à dire Messe à vn Prestre en la saincte chappelle de Paris, print la sacree Hostie comme le Prestre la lenoit, & s'en courut furieusement iusqu'au bout des degrez de ladicte Chappelle, où pressé de gens qui le suiuoient la rompit en pieces: lesquelles furent deuotement resserrees, & mises sur vn drap d'or, auec deux cierges allumez aupres: Le peuple pleurant & criant misericorde à l'entour. Ce miserable estant pris & aresté, fut mené prisonnier, & apres condamné à auoir le poing couppé, & estre bruslé tout vif.

La place de Pecquigny (ainsi que nous auons dit) tient son nom du Macedonien Picgnon, & est renommee, parce que Guillaume surnommé longue espee, Duc de Normandie, y fut tué en trahison, par Baudoüin le Court, fils du Comte de Cambray.

A Pecquigny furent tous deffaicts les Anglois, excepté ceux qui pouuoient prononcer le mot de Pecquigny, iceux ne pouuant prononcer que Pecqueny.

La place de Crecy est remarquable, pour vne mal-heureuse bataille, où presque toute la Noblesse Françoise fut desconfite, soubs Philippes de Valois, l'an 1346. Il y eut iusques au nombre de 36000. hommes tuez.

Il y a encor pour places fortes en ce pays, Monstreul sur Mer (où il y a Bailliage) Renty renommé pour la rencôtre, d'entre les François & Espagnols, il y a encor Hesdin, maintenant ruinee, & la cité suiuante.

De Teroüenne.

CEste ville s'appelloit iadis la cité des Morins, elle est situee sur le fleuue de Leyt, & bien renommee par Cæsar. Il y a siege Episcopal.

Les Morins ou Teroüennois, furent conuertis à la foy Catholique, soubs l'Empire de Diocletian, par sainct Fuscian & sainct Victorique.

Du temps d'Adalbert 19. Euesque de Teroüenne (lequel mourut l'an 869.) ceste ville fut ruinee, & mise à feu & à sang par les Normands, auec plusieurs autres villes de ce pays.

Elle fut aussi bruslee par la fureur des Anglois, soubs le regne du Roy Philippes de Valois.

Pour la troisiesme fois, elle fut encor pillee & demolie en l'an 1514. par les Anglois.

Ceste ville fut ruinee par les siecles derniers, pour vuider les differents d'entre les Rois de France & d'Espagne, chacun se l'attribuant.

Or par octroy du Pape & concordat desdicts Rois de France & d'Espagne, le siege Episcopal de Teroüenne a esté transporté à Bouloigne, soubs le pontificat d'Anthoine de Creguy, 53. Euesque de Teroüenne,

Fondation de la ville de sainct Omer.

CEste ville est situee sur le fleuue d'Aa, & est subiecte au Roy d'Espagne, quoy qu'elle soit au pays des Morins. Iadis ce n'estoit qu'vn petit village nommé Sithiu, où il y auoit vne Abbaye, dont le premier Abbé fut sainct Omer, dit en latin *Audomarus*: apres la mort duquel, ceste place s'accreut & s'augmenta, & luy fut donné le nom de ce S. personnage, enuiron l'an 695.

L'an 861. ceste place fut bruslee par les Danois: lesquels y feirent mourir par diuers tourmens, & cruels supplices les gens d'Eglises.

Baudouyn le Chauue, surnommé bras de fer, feit refaire ceste place, & enclorre de forte murailles, en l'an 902. & y feit enclorre l'Abbaye sainct Bertin, dans laquelle il n'estoit iadis permis enterrer aucune femme.

Des Comtez d'Oye, Guisnes, & Bouloignois places encor dependantes de Picardie.

LEs Comtez d'Oye, Guisnes & Boulognois, maintenant vnis à la couronne, sont ainsi limittez: Au leuant leur est le pays de Flandre du costé de sainct Omer, au midy le vray pays de Picardie, & Bailliage de Monstreul: duquel le Boulognois est separé par le fleuue Canche. Au ponent & Septentrion, tout ce pays est arrousé de la mer: A l'Occident de l'Occean Aquitanic & Occidental, au Septentrion de la mer Britannique.

Soubs ceste estendue de pays, sont comprises les places de Bentin, Brequensen, Formensen, Courteuille, & Estaples: De laquelle estoit natif ce grand Philosophe Iacques Faber, ou le Febure, l'ornemēt de son siecle, lequel voulant penetrer trop auant en la Theologie, fut soupçonné du lutheranisme, & quelques siens liures sensurez.

Apres Estaples au plat pays sont les monts de Neuf-chastel & Dannes: puis apres sont Nanuiller, Bernieule, Engoulen, Enequin, Besingen, Parenty, Engimchaut, Engersen, Letarsé, Eren, Hedigen, le Neuf-chastel, Dannes, Conuel, sainct Ferien,

Nielle, Hardelot, Saquel, Vverlu, Iehan, Cordelle, Maint, Caux, & Hesdinien, situé pres la forests d'Ardelot: Toutes lesquelles places sont du Boulognois. D'autre part on y void encor Dalles, Cour, Courses, sainct Riquier, Lon-fossé, Gredile, Compsally, Desurene, Manelle, le bois de Celles, la forests de Surene, Cremar, Belle-brune, la grande forests de Boulogne, Vvireniga, Hesdin l'Abbé, Banitha, la Chappelle, le Pont de Brique, Eclan, sainct Estienne, & le fort d'Outre-l'eau, & Boulemberg. Il y a la haute & la basse Boulogne.

De la ville de basse Boulogne.

CEste ville n'estoit anciennement qu'vn bourg, deuant que les Anglois y meissent le siege, y ayant vn conuent de freres Mineurs, & l'Eglise dediee à l'honneur de sainct Nicolas. La mer Angloise arrouse ceste ville, & pres le conuent des Cordeliers, on s'embarque pour estre plustost en Angleterre: Elle fut fortifiee par Henry 2. Quelques Autheurs soustiennent que la Boulogne à ce nom, à cause de l'ardeur & boüillonnement des sables & arenes de la mer, qui est voisine: ioint aussi que le sablon de ce pays est celuy qu'on nomme ardeur.

De la ville de haute Boulongne.

CEste place est des plus fortes, ayant des murailles tres-hautes, & des fossez merueilleusement profonds, & presque imprenable.

L'Eglise principale est dediee à l'honneur de la tres-sacree vierge mere de Dieu, laquelle Eglise fut douée de tres-grandes richesses par le Roy Louys 11. lequel fortifia ceste place pour tenir teste aux Anglois.

Ceste ville fut prise soubs le regne de Henry huictiesme Roy d'Angleterre, mais Henry deuxiesme du nom Roy de France, luy osta par force, & partie par composition. Elle est erigee en Euesché, & obeit au Roy de France.

Plusieurs Papes ont sorty de Boulogne. Lucius 2. Pape du nom en estoit natif : lequel ayant esté blessé par la commune de Rome, à coups de pierre (pource qu'il leur vouloit oster certains officiers) mourut l'onziesme mois de son pontificat.

Gregoire 13. Pape du nom, estoit aussi Boulongnois, Gentil-homme de race, lequel meit fin à la reformation du Calandrier, l'an 1582. (Ce que ses predecesseurs n'auoient peu faire) iceluy ayant faict assembler tous les plus sçauant hommes de la Chrestienté, & les plus celebres Vniuersitez, pour ce que dessus.

Innocent 9. du nom, auparauant Cardinal, natif de Boulogne, fut aussi Pape de Rome, & predecesseur de Clement 8. tenant à present le siege ; qui est le 239. des Papes, qui ont succedé à sainct Pierre, chef & premier d'iceux.

Dés le temps de Philippes Auguste, les Comtez de Boulogne & de Guisnes, furent vnies à la couronne de France.

De la ville & Comté de Guisnes.

LA ville de Guisnes est des plus fortes, & est separée en deux, l'vne partie d'icelle, situee dans les palluds maritimes, & l'autre en terre ferme & si forte qu'elle semble du tout imprenable : Elle est distante de Boulogne d'enuiron 16. lieuës.

En la Comté de Guisnes sont les places de Blannes, sainct Ingleuert, & les monts portans mesme nom.

Entre Guisnes & Ardres, qui est vne belle ville & puissante (en laquelle fut l'entreueuë du Roy de France François 1. & de celuy d'Angleterre, Henry 8.) l'on void les marests flottans de Belingen & d'Ardres: & le canal de la mer qui passe à Guisnes, separe les Comtez de Guisnes & d'Oye, rendant le pays presque inaccessible: de là on vient à Hames, & au haut pays de Guisnes à Hartincourt, Peuplinque & Conquelle, & puis au fameux port de Nicullet, gagné par les François, l'an 1558. soubs la conduite du vaillant Seigneur François de Guise.

De la ville & Comté d'Oye.

LA Comté d'Oye est renommee à cause d'vne petite ville, ainsi nommee, & voisine de la place de Hosterke, qui est en la haute terre à labeur de ce pays d'Oye.

DE PLVSIEVRS PLACES DE LA GAVLE CELTIQVE, estantes du ressort de Paris : & premierement de la fondation de Langres.

POVR mieux reuenir en la Gaule Celtique, & à ce qui restoit de la prouince de Sens, il falloit descrire la Champagne & Brie, qui participent des Belges & des Celtes. Recommençant par l'ancienne & belle ville de Langres, bastie sur le mont de Vogese, d'où prend sa source la riuiere de Marne, & est aussi sur les frontieres de la Franche-Comté, qui luy est au leuant.

La ville de Langres dicte en latin *Lingonensis*, est Episcopale dependante de Lyon: Elle a pris sa fondation de Longeon, fils de Barde Roy des Celtes, qui regnoit l'an du monde 2139. Depuis ce peuple fut nommé Longon, & en changeant vne lettre Lingon. Et depuis les François corrompans le mot, l'ont appellé Longrois, & la cité Langres.

En ceste ville on void des arcs triomphans, où sont statues de cheuaux, lyons & hommes, qui sont des marques de grande antiquité.

L'an de grace 411. Langres fut pillee par les Vvandales: & le bon & tres-sainct Prelat de ce lieu sainct Didier, meurtry & martirizé, auec plusieurs autres SS. personnages de son tropeau, qui estoient allez au deuant de ces peuples barbares, les prier d'a-
uoir

uoir pitié des Citoyens & habitans de Langres.

L'Eglise Cathedrale est des plus belles & plus magnifiques du Royaume, fondée en l'honneur du martyr S. Mammé, auparauant elle estoit dediee au nom de S. Iean l'Euangeliste.

S. Vrbain natif d'vn petit village prochain de Langres dict Colomiers, fut le 6. Euesque de ce lieu.

A Langres y a Bailliage, Iuges & Conseillers, les appeaux vont au siege Presidial de Sens.

FONDATION DE LA VILLE de Vaudœure, &c.

AV terroir de Langres est la ville & forteresse de Vaudœure bastie par les Vvandalles, & non loin de là est la source de la grande riuiere de Seine.

Le pais d'alentour est des plus fertils en bleds, vins, boscages, & mesmes en mineraux, & principalement en fer.

Nicolas Borbonie, le plus accompli des Poëtes de son temps, estoit natif de Vaudœure: ayant commencé deuant l'aage de douze ans à faire resusciter la Poesie, qui sembloit presque enseuelie: comme l'on peut voir en plusieurs Epigrammes & autres petites compositions de son liure intitulé Nugæ, il estoit enuiron le temps d'Erasme.

DV CHASTEAV DE Monte-clair.

EN ce païs est le Chasteau de Monte-clair assis sur le coupeau d'vne montaigne, la plus haute de tout le pays, fortifié par les Rois François 1. & Henry 2. & armé de beaux boulcuerds & remparts; estant la premiere place forte de France, à l'arriuée de Lorraine.

DES PLACES D'ANDELOV, & Rimancourt.

AV pied du chasteau de Monte-clair, est vn gros bourg appellé Andelou, où il y a iurisdiction & Preuosté Royalle, ayant vne belle estendue. C'estoit autrefois vne belle ville, comme l'on void par les ruines & masures, & qui seruoit de frontiere: Les Citoyens estans encor de present affranchis, ou plustost anoblis: ne deuans aucun hommage ny subiection à Seigneur quelconque de leurs acquests ni ventes.

Non loin de là est Rimancourt, qui estoit vne ville, ainsi qu'il apparoist par les portes & murailles que l'on y void encor: & par les chartres & memoires qui y sont.

DV RESTE DES VILLES DV
Pays d'Auxerre, soubz le ressort de Paris.

Suiuant la diuision des fleuues, separans les Prouinces, nous viendrons à la description des villes restantes de l'Auxerrois: En premier lieu à Ioigni, ville moderne, dont les Comtes & Seigneurs sont venus de la maison d'Auxerre.

La ville de Tonnerre en latin *Tronodorum*, estoit aussi iadis soubs le Comté d'Auxerre.

Au terroir de Tonnerre furent desfaicts les Normans en grand nombre, par Richard Duc de Bourgoigne.

DE LA VILLE DE
VEZELAY.

EN ce païs est Vezelay, de l'ancienne contribution du Duc de Bourgoigne, & renommée pour vne belle Abbaye, qui est en icelle, dans laquelle estoit le sacré vase, ou chasse contenant les sacrez ossements de la Magdelaine.

Gerard de Roussillon fonda ladicte Abbaye, du temps de Pepin Roy de France.

Theodore de Beze, ministre de la Religion reformee à Geneue, estoit de ceste ville.

DV PAIS NIVERNOIS, ET
de la ville de Neuers.

SOrtant des finages de Vezelay, l'on entre au Duché Niuernois, arrosé de trois belles riuieres nauigeables, sçauoir Yonne, Alier, & Loire.

Le pays Niuernois a pour limites la Bourgoigne au leuant, le Bourbonnois au midy, le Berry à l'Occident, & le Gastinois & la Solloigne au midy.

La ville principale est Neuers tirant son nom d'vne petite riuiere, diéte Nyeure, (comme aussi tout ce pays) laquelle passe ioignant les murailles d'icelle: lesquelles sont tres-belles, & remparees de grosses tours, à l'enuiron: & n'y a point de Fauxbourgs.

Il y a vn beau pont à Neuers faict de pierre de taille, ayant vingt arcades & voulstes d'admirables structure.

Le pays Niuernois est riche en bestial, & ne se soucie pas beaucoup le peuple du labourage, ny du vignoble, sinon en quelques endroicts.

Iadis y auoit des mines d'argent en ce pays, pres vn lieu nommé S. Leonard: mais elles ne sont plus frequentees. Celle de fer y sont mises en œuure: par ce que le bois y est fort à commandement.

La Duché de Niuernois comprend soubs soy vnze villes closes, desquelles Neuers est la Capitale, contenant vnze parroisses: Apres est Decize situee en vne isle sur Loire, Clameci, Donzy, Molins, Angilberts, Corbigniles, S. Leonard, S. Sauge, Luizi, Premeri, & autres.

Dans l'enclos de Niuernois est S. Pierre le monstier, ville situee sur le fleuue d'Alier, & auoisinant le Bourbonnois.

Il y a Bailliage soubs lequel ressortissent la ville dudict S. Pierre, Douziois, Xaincoings Cusset, & le bourg S. Estienne de Neuers. Le reste respond à Neuers & Preuosté d'icelle, comme Charité sur Loyre, Chastel Chinon, l'Ornie & Cosne qui regarde la Soloigne.

Neuers fut erigé en Euesché enuiron l'an de nostre Sauueur six cents, & est soubs l'Acheuesché de Sés. Le premier Euesque fut S. Are, en latin *Aregius*.

L'Eglise Cathedrale auoit esté premierement dediee à S. Geruais, mais le Roy Charles le Chauue la feit dedier au nom de S. Cir martir, auquel il auoit deuotion: & y donna des reliques dudit saint.

A Neuers y a vne Abbaye d'Augustins, vne de filles sacrées à la vierge Marie, deux prieurez conuentuels de S. Sauueur & de S. Estienne: les conuent de S. François, & S. Dominique.

Ce grand & insigne personnage Iean Tissier ou Textor estoit Niuernois.

DV PAYS DE BERRY.

LE Berry est voisin de la Touraine, ayant vne infinité de villes & villages, gros bourgs & hameaux, forests & montagnes, ruisseaux, fontaines, vignobles, & pasturages, & fertil en tout ce qui est necessaire à la vie de l'homme.

Ce peuple est dict Bituriges & par les François modernes Berruyeres; mais de sçauoir la cause, il est impossible, y ayant vne infinité d'opinions toutes diuerses, & qui n'ont point d'apparéce de verité.

Ce païs renommé entre autres pour l'abondance du bestial, qui y est nourry, & duquel l'on faict trafic par toute la France.

Les places & villes principalles du Berry, outre la capitale (qui est Bourges) sont du costé d'Orient: la premiere est celle-ci.

DE SANCERRE.

LA ville de Sancerre porte le nom de Comté des y a fort long temps, & est sise sur vn mont, ayant au pied d'icelui le Loire.

Ceste ville est dicte par les latins *sacrum Cæsaris*: qui demonstre qu'elle est fort ancienne, & qu'autre fois il y a eu quelque temps de Cesar.

Ceste ville fut demantelee enuiron le temps des premiers troubles.

DE PLVSIEVRS AVTRES VILles de Berry.

SVR le fleuue de Loire, au pays de Berry est encor la ville Royalle de Cosne située au Niuernois.

Puis vers le Septentrion est Concressant auec les chastelenies dependantes du siege d'icelui: entre lesquelles est Aubigni sur Nerre: de laquelle sont seigneurs les successeurs de ce grand & vaillant seigneur Escossois, d'Aubigny, qui feit preuue de sa vaillance, au voyage de Naples, soubz Charles huictiéme.

Vers la Beaulce est Romorantin assise sur le fleuue de Saux, dependante de Blois; puis Selles en Berry, Menestro sur la riuiere de Cher, & l'ancienne ville de Vierzon.

Du costé du leuant sur le fleuue Auron est la ville de D'vn le Roy: en apres est Chasteau-neuf, Boussac, Aigurande, Cluys, Argenton, le Blanc en Berri, separant le Limosin du Poictou & Berry, par la riuiere de Crense.

Sur Indre est la place de Chastre, appartenante aux genereux Seigneurs de la Chastre, puis apres Chasteau-roux, Deols, Issoudun, & plusieurs autres places remarquables; dont nous traicterons ci apres de quelques-vnes.

Sur ceste mesme Riuiere on voit Burançois, Paluan & Chastillon, & plus vers le Limosin est Preulli, lieu beau & plaisant separant aussi le Limosin d'auec le Berry: puis reuenant vers le midi, du costé de la Chastre, est Chasteau-Meillant, Linieres & Charrois:& puis la belle ville d'Issoudun, le principal siege dependant de Bourges de laquelle il faut parler.

DESCRIPTION

DE LA VILLE DE BOVRGES.

BOVRGES est la ville capitalle du Berry, & est vn Archeuesché. Elle est dicte par Cæsar *Auaricum*. C'est l'vne des plus grandes villes de France & des plus fortes, enuironnee de marests, procedants de sources viues, & presque faicte en Ouale, fortifiee de 80. hautes tours, & de murs fort massifs contenants enuiron 4004. toises, & fort espois: ayant sept portes, & autant de faux-bourgs: sans parler de plusieurs Poternes, qui ne s'ouurent qu'aux vrgentes affaires.

Ceste ville a esté iadis demolie & ruinee par plusieurs fois, mais depuis reedifiée & fortifiée par diuerses fois, tant par Charlemaigne, que par vn Abbé de sainct Ambrois,

Il y a sept Eglises canonialles à Bourges, sans conter dix-sept autres Eglises ou parroisses, & plusieurs Abbayes, conuents & prieurez.

La premiere Eglise canoniale est la cathedralle, dediée à l'honneur de sainct Estienne, & est le chef de la premiere Aquitanie : Bordeaux la seconde.

Le premier Euesque de Bourges, fut sainct Vrsin. Ie me suis autrefois trouué à la predication d'vn des plus celebres Docteurs de Paris, lequel dit que plusieurs affermoient que le premier Pasteur de Bourges, fut l'Aueugle-né : apres qu'il fut guery par nostre Seigneur.

Les autres Eglises canoniales, sont la saincte chappelle dediée à nostre Sauueur, faicte à l'imitation de celle de Paris : de la fondation de Iean Duc de Berry, frere du Roy Charles 5.

Apres sont sainct Vrsin, sainct Austrille, sainct Pierre le Pueillier, nostre dame des Sales, & nostre dame de Monstier-moyen.

La ville de Bourges fut ruinée par Cæsar, & depuis battue par les Vvisegots, & encor par apres tellement ruinée par Didier Comte de Blois, general de l'armée du Roy Chilperic, allant contre Goutran à Orleans, qu'il ne laissa Eglise, maison ny muraille, qui ne fust renuersée par terre.

La veille de la sainct Iean Baptiste, en l'an 1255. soubs le regne de sainct Louys, la cité de Bourges fut presque toute bruslée fortuitement.

Et fut encor bruslée au mois de May, l'an 1467.

L'an 1492. le 22. de Iuillet, elle fut encor embrasée.

L'vniuersité de Bourges fut fondée du temps de

S. Louys, mais de beaucoup accreue soubs Louys 11. le frere duquel, sçauoir charles obtint de beaux priuileges du Pape Paul 2.

A Bourges y a vne haute & admirable tour, ronde en sa figure, du costé de Dun le Roy, entre l'Orient & le Midy, de dessus laquelle l'on descouure trois ou quatre lieues de pays, à l'enuiron de la ville, les murailles de ladicte tour, sont espoisses enuiron de trois toises.

Entre les logis superbes de Bourges, est la maison des Allemands, & celle de Iacques Cœur tresorier de France, soubs Charles 7. mais ledict Cœur fut banny de France, tous ses biés confisquez, pource qu'il auoit pillé le pays de Languedoc, & retenu l'argent, auec plusieurs autres finances du Roy : ce fut en l'an 1453.

Bourges est exempte de garnison, en laquelle il y a Bailliage & Conseillers, où ressortissent les sieges d'Issoudun, de Dun le Roy, Meun sur Yeure, Concressault, & plusieurs autres places en grand nombre.

Iacques Cuias Tholosan, l'honneur & lumiere de tous les Iuris-consultes, deceda à Bourges le 3. d'Octobre, 1590. Il fut extresmement regretté de tous les hommes doctes : comme l'on peut voir par plusieurs Epitaphes, consacrez en sa loüange : desquels en voicy deux assez bien faicts.

Erexit leges & iura iacentia Cuias,
  Ipso nunc etiam iura iacente iacent:
Quid tumulum erigitis? potius date legibus ipsis,
  Magna sufficiunt hæc monumenta viro.

Autre.

Le grand liure des Loix iadis n'estoit qu'vn corps,
  Mais Cuias en viuant mit vne ame en ce liure:
Puis voyant les François en leurs cruels discords,
  Renuerser toutes loix, il s'est fasché de viure.

De la ville d'Yssoudun.

CEste ville est la seconde Royalle de Berry, fort ancienne, ayant esté iadis bruslee par les Gaulois, & depuis rebastie au lieu où elle est de present, sçauoir ioignant la riuiere de Theo.

Ceste ville est forte & bien muree, ayant le chasteau vn peu plus haut: Il y a grand trafic en icelle, & principalement de laines.

Dedans Issoudun, sont les Eglises sainct Cire, & sainct Iean, canonialles, puis sainct Estienne, & le conuent des Religieux de sainct Benoist.

Aux faux-bourgs d'Issoudun, sont aussi plusieurs belles Eglises.

Les places dependantes du siege d'Issoudun, sont sainct Seuere Baronnie, & Liniers, Fins, Boussac, Perouse, Bomiers, Oussay, Lazenay, Villemant, Auaithes, Millandres, Villaines, & sainct Leger, qui sont de la Seigneurie.

Du bailliage de ceste ville, dependent les villes de Chasteau-roux, Gracay, Argenton, la Chastre, Liniers, Boussac, & la Perouse cy deuant nommez, chasteau-Milland, chastelet, la Motte-Fully, Agurande, charrots, Rully, S. chartier, & plusieurs autres chastellenies, villes, bourgs & parroisses.

De la ville de Charrots.

CHarrots est vne ville anciëne, situee sur le fleuue d'Arnon, entre Bourges & Issoudun, qui appartints iadis aux Seigneurs de la Roche chouard en Limosin, lesquels la vendirent à la comtesse de Buzançois, vefue de l'Admiral chabot, Seigneur de Brion.

De Chasteau-Roux.

CEste ville est situee en Berry à 16. lieuës de Bourges, auoisinee du Limosin, & du comté de Blois ayant quatre parroisses, sçauoir sainct Denis, sainct André, sainct Martin, & sainct cristofle, & vn conuent de cordeliers. Elle est situee sur la riuiere d'Indre, il y a vn beau chasteau. Aux faux-bourgs est l'Eglise sainct Gildas, où il y a vne Abbaye de sainct Benoist: aux religieux de laquelle fut donnee la ville & reuenu de Deols pour y demeurer, laquelle place fut ainsi renommee.

Le pays de Deol est fertil en vins & laines, la iurisdiction de ce lieu a plus de vingt lieuës de circuit, comprenant mil deux cens fiefs & arriere fiefs, qui en dependent. Ce fut vn Seigneur de ce pays nommé Raoul, qui feit bastir chasteau-Roux, pour se tenir.

De la ville d'Argenton, &c.

ARgenton est vne ville forte, situee sur la riuiere de Crense, és dernieres limites de Berry quelle separe de la Guyenne.

Il y a en ceste ville vn fort chasteau armé de dix tours, sept grosses & trois plus petites, l'vne desquelles est nommee la tour d'Eracle, où il y a vn taureau effigié, auec ces deux mots, *Veni, vici.*

Ceste place est fort ancienne, ainsi qu'on peut voir par les ruines des anciens bastimens, & vestiges des Romains, & n'est si grande qu'elle fut iadis. Elle appartient aux Seigneurs de Montpensier, par accord faict entre vn Seigneur de Montpensier & le Seigneur de Chauuigny Baron de Chasteau-Roux.

La susdicte tour d'Eracle print son nom d'vn gouuerneur Romain, du temps de l'Empereur Dece, lequel feit martirizer deux Gentils-hommes Romains, Marcel & Anastase, lesquels faisoient profession de la foy Euangelique.

Bouffac & Perousse, sont aussi deux villes & chastelleries.

Bouffac est situee sur les limittes de Bourbonnois, & de la Marche de Limosin. Perousse est du mesme costé, en vn terroir sterile, ne se ressentant plus de la fertilité du Berry.

De la ville de la Chastre.

EN Berry vers le pays Limosin, est situee ceste ville, non loin du fleuue Indre: & est vne forte place, close de bonnes murailles, tours & fossez profonds, auec vn beau chasteau.

En ceste ville y a deux Eglises, la premiere dediee au nom de sainct Germain, où il y a des chanoines bien rentez, par les anciens Seigneurs de Chauuigny, fondateurs d'icelle, & est la parroisse: l'autre est vn conuent de Carmes.

Soubs la iurisdiction de la Chastre, sont plusieurs bourgs & villages du pays.

De Chasteau Meilland.

CEste ville fut iadis close, comme l'on void encor par les ruines des murailles anciennes, à present elle est champestre, toutesfois le chasteau est fort, & bien muré: auec de bons fossez, dans lequel y a encor vne tour du temps des Romains.

De Dun le Roy, & de Chasteau-Neuf.

DVn le Roy est aussi vne ville Royale de Berry, comprenant soubs soy plusieurs belles places & chastellenies: puis est Chasteau-Neuf sur Cher, qui est aussi vne autre bonne ville.

De la ville de Vierzon.

VIerzon est la troisiesme ville Royale de Berry, erigee en bailliage par le Roy François premier,

Elle estoit anciennement l'heritage du bon Seigneur Beues, pere de Lancelot du Lac.

Cette ville fut ruinee par les Gaulois, & depuis bruslee par les Anglois, l'an 1197. Elle est en bonne assiette à cause des bois, forests, garennes, & des riuieres de Cher & Eure qui sont voisines, mais le terroir est areneux & sablonneux, plus propre au iardinage qu'au labourage.

Ceste place estoit autrefois vn Comté, appartenant à Robert d'Artois, qui la perdit par confiscation, pour s'estre reuolté contre le Roy Philippes de Vallois.

De Mehun sur Yeure.

MEhun sur Yeure est le quatriesme siege Royal de Berry, iadis subiette au Côte Robert d'Artois. On y void encor les apparences d'vn vieil chasteau, ruiné par les Anglois, pres lesquelles est l'Eglise collegialle de nostre Dame, où il y a des chanoines, & droict de parroisse. Cette place fut establie en bailliage par le Roy Charles 7.

De la ville d'Aubigny, &c.

LA ville d'Aubigny fut iadis Royale, & du precedent dependoit de la duché de Berry, le Duc Iean l'ayant racheptee des chanoines de S. Gratian de Tours.

Louys 11. establit le siege Royal en ceste place, & son fils Charles 8. la donna à Beraut Stuard, capitaine de ses gardes, d'où est sortie la famille d'Aubigny.

Ledict Charles 8. transporta le siege à Concressaut, dicte par les Latins *Concordiæ saltus*, qui n'est qu'vn gros bourg, sis sur le fleuue de Sandre, fortifié toutesfois d'vn bon chasteau, & des mieux bastis de Berry.

Du reste des autres places remarquables de Berry.

ANgillon est vne place moderne, fondee par vn Seigneur nommé Gillon, dont elle porte le nõ, comme qui diroit Dam-Gillon.

Sainct Aignen est vn Comté voisin de la Touraine, sis sur le Saudre, & est la place tres-forte : Les riuieres de Cher, Eure & Saudre iointes ensemble, & portans basteaux, passent pres les murailles de ceste ville, laquelle s'apelloit iadis Chasteau Hagat: mais depuis elle a porté le nom de S. Aignen Eglise du lieu.

Leuroux est bien close, ayant vn prieuré tres-riche, fondé au nom de sainct Siluain auec chanoines, & demy chanoines, rentez par les Seigneurs de Chasteau-Roux.

Varan est encor vne ville close, ayant vne Eglise collegiale bien rentee, dediee au nom de sainct Laurens, & fondee par Guy Comte de Blois, & les Seigneurs de Varan.

D v

DV PAYS DE TOV-
RAINE.

LA Tovraine où pays Tourangeau, n'est pas de grande estenduë, ayant l'Aniou à l'Occident, duquel elle est separée par le terroir de Saumur, & vne partie du Poictou, duquel il est diuisé par la riuiere de Crense, au midi lui est le Poictou le long de de ceste riuiere de Crense, vers le port de Pile, separant la Guyenne des Tourangeaux, & de la part mesme du Midi luy est le Berry, duquel il est separé par les finages de Chastillon, sur Indre, vers l'Orient selon le cours de Loire, luy est le pays de Blois, & vne partie du Berri, duquel le fleuue de Cher la diuise.

Soubz la Duché de Touraine sont comprises les places de Chisnon, Lodun, Thouars, Langests, Amboise, Loches, Chastillon sur Indre, Montrichard, & autres lieux.

FONDATION DE LA VILLE DE Tours capitalle de Touraine.

TOVRS est la principalle & capitalle ville du pays Tourangeau, & l'vne des plus anciennes de Gaule, bastie sur le Loyre long temps deuant Troye par les vieux Gaulois & Aborigines, & non par vn Turnus Troyen, comme ont voulu conter quelques-vns, bien pourroit estre vray que le premier fõdateur fut Turnus, mais non pas qu'il fut Troyen.

Tours est vn Archeuesché, contenant soubz soy les Eueschez du Mans, Angers, Rennes, Nantes, Cornoüaille, Vannes, Leon, Tregnier, Dol, S. Malo, & S. Brieu.

Le 1. Pasteur des Tourangeaux fut S. Gratian, du temps de Diocletian Empereur.

L'an 8. de Valent Empereur, (sçauoir l'an de nostre salut 375. S. Martin natif de Pannonie en Hongrie, fut creé troisiéme Archeuesque & Pasteur des Tourangeaux. Iceluy auoit esté Cheualier souz Iulian l'Apostat, duquel apres auoir obtenu son congé s'en vint en Gaule auec S. Hilaire Euesque de Poictiers, lequel estoit allé au Concile de Millan disputer contre les Ariens.

Ce fut ce bon Pasteur S. Martin qui apprit aux Tourangeaux le vray moyen de seruir & honorer Dieu, & feit bastir l'Eglise cathedralle dediée au nom de S. Gratian. Il fut Archeuesque 26. ans 4. mois 17. iours.

S. Brice luy succeda, & commença à faire bastir vne Eglise au lieu où reposoient les sacrez ossements d'iceluy, laquelle Eglise fut acheuée par S. Perpetue & dediée au nom du bien-heureux S. Martin, S. Brice tint l'Euesché 47. ans.

L'Eglise de S. Geruais & S. Prothais fut faict bastir par le douziéme Euesque nommé Ommar, Senateur, Citoyen d'Auuergne: lequel commença aussi celle de nostre Dame.

L'Abbaye de Marmonstier fut fondée par S. Martin. Ce mot de Marmonstier signifie autant comme maieur monstier.

Ce grand & docte persõnage Gregoire de Tours (noble de race & de vertu) fut le dix-neufiéme Euesque: ayant esté auparauant moyne, & disciple de S. Auic Euesque d'Auuergne.

Martin 4. Pape du nom estoit natif de Tours.

La ville de Tours est des plus riches du Royaume, tant pour la fertilité du pays, que pour le bon mesnage & trafic des Citoyens, qui s'y sont exercez à faire la soye, aussi bien qu'en Italie. C'est pourquoy on nomme ceste place le Iardin de France.

DE PLVSIEVRS CHOSES MEMOrables aduenues à Tours.

DV temps de Charles Martel, en l'an sept cents vingt-neuf, il y eut iusques au nombre d'enuiron trois cents quatre vingts mille Sarrazins, & leur chef nommé Abderame, tous deffaicts pres la ville de Tours, par le susdict Martel, assisté des Tourangeaux. Ces barbares estans venus en Gaule, pour penser l'occuper.

Du temps d'Eufronie 18. Archeuesque de Tours, la Cité fut toute esprise en feu, & bruslee auec toutes ses Eglises, deux desquelles ce bon Euesque feit rebastir.

L'Eglise S. Martin fut aussi toute bruslée du temps du Roy Clothaire par ses gens, lesquels poursuiuoient vn Duc d'Aquitanie nommé Vvillecarie, qui s'estoit sauué dans ceste Eglise. Le susdict Roy Clotaire la feit rebastir plus belle qu'au precedent & recouurir d'estain.

Trois Conciles ont esté tenus à Tours, le premier l'an 462. pour le faict de la Religion. Leon surnommé le grand seant à Rome.

Le 2. concile fut tenu en l'an 556. ou enuiron, soubs le Pape Pelagie 1. du nom: touchant le faict de plusieurs ceremonies qui se ressentoient encor du Paganisme.

Le 3. fut en l'an mil cinq cents six soubs le pontificat de Victor 2. contre Berenger Archidiacre d'Angers, niant que le corps & sang de Iesus Christ fussent au sainct Sacrement; la consecration estant faicte par le prestre. Auquel concile presida vn Cardinal nommé Hildebrand, au lieu du Pape: là fut conuaincu Berenger, par vn Abbé de Caen nommé Lanfranc, qui fut par apres Archeuesque de Contorbie. En fin Berenger se recogneut & confessa son erreur: comme il est mesme porté *Can. Ego Berengarius, de consecrat. Distinct. 2.*

En memoire de laquelle confession & recognoissance, les Angeuins ont de coustume de celebrer le iour du S. Sacrement à Angers tous les ans, depuis ce temps là, plus solennellement qu'en aucune ville du Royaume.

DE LA VILLE D'AMBOISE.

LA ville d'Amboise (qui n'estoit iadis qu'vn bourg fort ancien) est située sur le long de la riuiere de Loire, en vn tres-beau païsage, terroir plaisant & bien aëré, là où les Rois font leur seiour.

S. Martin y feit bastir la premiere Eglise appellée Marmonstier; ayant faict demolir les Autels & Idoles des faux Dieux.

L'Eglise de S. Florentin d'Amboise fut fondée par Foulques de Nerra Comte d'Aniou, lequel y meit des Chanoines, & les renta fort bien, & donna vne piece de la vraye Croix, qu'il auoit apportée de la terre saincte.

Ceste place auoit esté subiette aux Princes Angeuins iusques au temps de sainct Louys, que l'Aniou fut vni à la couronne, & qu'il en feit Duc Charles son frere.

L'an huict cents quatre vingts deux, au temps que les Danois coururent la Gaule, soubs le regne de Louys 3. iceux abbatirent le chasteau d'Amboise & saccagerent la ville. Par apres vn Comte d'Aniou, nommé Ingelgerie feit rebastir le chasteau.

Charles 8. mourut à Amboise tout subitement regardant iouer à la paulme les Gentils-hommes de la cour.

Ce fut à Amboise que commencerent les premieres semences des guerres ciuiles de France, en l'an 1561. soubs le Roy François 2. du nom; & où premierement fut mis en auant le nom de Huguenot en France.

DE LA VILLE DE MONtrichard & autres.

DV costé d'Amboise, entre l'Orient & le Midi, est la place de Montrichard située en belle planure, enceinte de rochers & boscages d'vn costé; & de l'autre de belles Prairies, ayant la Riuiere de Cher qui l'auoisine.

Hors ceste ville y a des maisons soubs terraines, & au dessoubs d'icelles des iardins & vignobles.

Du temps du Roy Robert ceste place fut bastie

par Foulques Nerra, Comte d'Aniou, dans laquelle il y a vne fort groſſe & admirable tour.

Chaumont eſt auſſi vne belle & forte ville ſituée en lieu plaiſant. Comme eſt encor l'Abbaye de Cormeri; de laquelle eſtoit Religieux le docte & inſigne perſonnage Ioachim Perion, qui a traduict tres-elegamment les œuures d'Ariſtote, & celles de S. Denis: Et pluſieurs autres liures ont ſorti de l'eſtude & labeur de ce perſonnage.

DE LA VILLE DE LOCHES.

SVr le fleuue d'Indre, au pays Tourangeau eſt ſituee la ville & fort de Loches, laquelle ne donne memoire de ſoy que depuis l'an de noſtre ſalut neuf cents, quoy qu'elle ſemble eſtre plus vieille.

Le chaſteau de Loches eſt tellement baſti qu'il eſt preſque imprenable: eſtant ſitué ſur vn haut rocher, n'ayant qu'vne ſeulle entrée deffenduë d'vn beau & ſuperbe portail, armé d'vn gros bouleuert, de fortes murailles, & doubles foſſez, fort profonds: & ne ſe peut prendre ce chaſteau par eſcalade; de ſorte qu'eſtant fourni de ce qui eſt neceſſaire pour vn fort, n'y a force humaine qui le ſceuſt forcer.

Pres de Loches eſt l'Abbaye de beau lieu, fondee par le ſuſdict Foulque Nerra, en laquelle repoſent les corps de S. Daire & S. Criſant, & vn morceau de la pierre du S. Sepulchre de noſtre Seigneur.

Dans l'Abbaye de Beaulieu y à vne piramide toute de pierre de dix à 12. coudees de haut, en la concauité de laquelle, il y a encor des lettres Gothiques, fort anciennes, qui demonstrent ce lieu estre de grande antiquité.

Ceux de Loches, ayans esté fidelles au Roy Charles 7. obtindrent de luy le droict de huictiesme de vin, & de peage.

L'Eglise principalle de ce lieu fut fondée en l'honneur de la sacrée Vierge Marie par Geffroy Grisegonnelle, Comte d'Aniou; soubz Clotaire. C'est vn des plus sõptueux edifices que l'on sçauroit demander, tout basti de pierre de taille: Auparauant y auoit vne petite chappelle dediée à la Magdeleine.

En ladicte Eglise est vne ceinture nostre Dame, & le corps de sainct Herimellant Euesque. Dans le Chœur est aussi le corps de la belle Agnes amie & fauorite du Roy Charles 7. effigie au naturel sur vn tombeau de marbre; Plus y est le corps de Louys Sforce, iadis Duc de Milan.

Dedans le chasteau de Loches fut descouuert par vn capitaine nommé Pont-Briant, des voultes soubs terraines, fermées auec des huys de fer, & au bout vne chambre carrée, dans laquelle estoit vn geant de merueilleuse stature, assis sur vne pierre, tenant la teste appuyee contre ses deux mains, comme s'il eust dormi: mais aussi tost que l'air eut tonché ce corps, il s'en alla en poudre, excepté la teste & les costes, & autres ossements, qui furent encor long temps gardez en l'Eglise de Loches.

Aupres de ce geant estoit vn petit coffret de bois, dans lequel y auoit quelque quantité de linge, beau & bien ployé, lequel fut aussi reduict en poudre, au mesme temps qu'on y toucha.

Dans le susdict chasteau est encor vn logis Royal,

nommé par les habitans les Sales, de la fondation du Roy Louys 11. Et tout ioignant est celuy de la belle Agnes: mais les deux ensemble n'en font maintenant qu'vn.

D'auantage y a vne belle tour pareille à celle de Montrichard, carree & fort ancienne, faicte dés le temps des Romains. Aupres de celle tour, on void vn gros donjon basty depuis deux cens ans: & paracheué par le Roy Louys 12. & sert de prison pour ceux que le Roy veut tenir en seure garde.

Dans ce donjon sont deux cages de fer, qui sont les logis des prisonniers, ainsi recommandez. Lesdictes cages peuuent contenir six pieds de large, & huict de long, ny ayant place que pour mettre vn petit pauillon pour coucher.

Le siege de Loches depéd du presidial de Tours.

Du Chasteau de Paulmy.

NOn loin de Loches est le chasteau de Paulmy, situé sur vn haut lieu en vn air fort bon, ayant par derriere vn beau parc fermé de murailles, contenãt enuiron deux lieuës d'enceint: & au dedans deux grands estangs venant de plusieurs fontaines. Tellement que c'est vn des plus beaux & plus rares chasteaux de la France, il est arrosé du fleuue nommé Brignon.

Ce chasteau fut commencé à bastir, l'an 1449. par Messire Pierre de Voyer Cheualier, & Marguerite de Bets son espouse: lequel feit rebastir la chappelle de ce lieu, que les Anglois auoient ruinee;

comme aussi le chasteau.

Il y a quatre chappellains en la susdicte chappelle, & est dedice à l'honneur de sainct Nicolas erigee en doyenné, la collation duquel appartient aux Seigneurs de ce lieu comme Patrons.

En ce lieu reposent les corps des Seigneurs de Paulmy: auquel y a haute & basse iustice, Bailly & Lieutenant: Il y a ausfi 4. foires par an.

Les Seigneurs de ceste place sont nõmez Voyers, descendus d'vn vaillant Cheualier Grec nommé Basile, lequel estoit en grand credit & authorité soubs Charles le Chauue: & fut surnommé Voyer, nom qui est demeuré à ses successeurs.

Des villes de Lodun & de Chinon.

Lodun est encor du ressort de Touraine, situee entre les riuieres de Toüer & de la Crense, qui iadis eut vn Seigneur particulier.

A Lodun y a siege Royal, ayant son Bailly ou vice-Bailly, auec les Lieutenans.

Apres est la ville de Chinon assez ancienne, qui n'estoit iadis qu'vn simple bourg: qui fut autresfois vne des maisons de plaisir des Rois de France, & particulierement de Charles 7. du temps que ses ennemis & haineux ne l'appelloient que Roy de Touraine.

Ce fut en ce lieu que luy fut amenee la pucelle Ieanne, natifue de Vaucouleur en Lorraine, qui n'estoit qu'vne simple bergere, guidee & fauorisee de la grace de Dieu, par le moyen & secours de laquelle il recouura sa couronne.

François Rabelais vray Atheiste, estoit natif de Chinon, lequel fut Religieux: mais en fin il ietta le froc és orties, pour exercer plus librement sa vie lubrique viuant comme vn Epicurien, ne passant iamais aucun iour qu'il ne fust yure, & tout barbouillé de vin.

Il composa le liure de Pantacruel, & autres discours plein de bouffonnerie, qui tesmoignent assez quel estoit son genre de viure, bien qu'il fust tresdocte, principalement en medecine & iuris-prudence.

Du pays du Maine.

LE pays du Maine est tres-ancien, car la ville de Rome prenoit encor son commencement, lors que les Máceaux passerēt en Italie, & establirent leur siege en Lombardie contre le Pau: où ils bastirent plusieurs villes, comme Bergame, & Bresse, chassans les Toscans & Etruriens, qui possedoient la pluspart d'Italie.

Fondation de la ville du Mans.

LE mans principalle ville du Maine, à prins son nom de Leman Roy des Celtes, fils de Paris (qui bastit la ville de Paris) toutesfois deuant qu'il feit enuironner de murailles la ville du Mans, Sarrhon petit fils de Samothes, 4. Roy des Gaules, l'auoit faict bastir, & l'auoit faict appeller Sarthe de son nom, enuiron 370. ans apres le deluge : Mais elle auoit esté ruinee par des seditions, qui furent entre les anciens Druides, ayant demeuré en cest estat, durant le regne de trois Rois, Alobrox, Remus, & Paris, qui fut enuiron 136. ans ; Alors Leman fils de Paris la redifia, & luy donna son nom.

Le Mans à pour limittes le pays Percheron à l'Orient la Bretagne, à l'Occident, le Bessin & Normandie, au Septentrion, & la Flesche au Midy.

Ce mot de *Cænomani*, ou plustost *Senomani*, qui signifie les Manceaux, est venu de ce que les peuples Senonois puissant en Gaule, ayant iadis eu guerre contre les Manceaux, feirent vne paix qui estoit telle : sçauoir qu'ils viuroient soubs les loix & statuts du Mans, & qu'en memoire de ce, les deux peuples vniroient leurs noms, & s'appelleroient Senomans.

Au chasteau du Guey dans le Mans, est vn fort ancien tombeau, où ces mots sont escrits.

L. A. Mainio: E. Q. ob eius merita.
Plebs vrbana Senoni, D.

Plusieurs tiennent que Simon Lepreux, chez lequel nostre Seigneur repeut, & donna pardon à la Magdeleine, fut ce Iulian 1. Euesque du Mans, lequel y fut enuoyé pour prescher l'Euangile. Toutesfois plusieurs Autheurs sont d'autre aduis, affermant que ce Iulian fut vn Gentil-homme citoyen Romain, grand Orateur & Philosophe, conuerty par sainct Clement, & enuoyé en Gaule.

Il y a la Comté de Maine & le Marquisat, qui appartient à la maison de Lorraine, & maintenant erigée en Duché par le Roy Charles neufiesme.

Le Mans est Bailliage & siege Presidial, où ressortissent le chasteau de Loir, Laual (qui est vne belle & forte ville, situee tout contre la riuiere de Marne, & où l'on faict grād trafic de toiles blāches) Beaumont, saincte Susanne, Chasteau Gontier, la Flesche, Maine la Iuhais, Sablé, & la Ferté Besnard: d'où estoit cest excellent Poëte François Robert Garnier.

Les Manceaux sont des premiers Chrestiens de Gaule.

Le pays du Mans est arrosé de trois riuieres, sçauoir celle de Maine, du Loir, & de Sarthe, ou Sarrhe Roy des Celtes, & premier fondateur du Mans, comme nous auons dit.

Ceste derniere riuiere arrose la cité du Mans, & préd son origine pres Chasteau-Dun au pays Chartrain.

Foulque trente-neufiesme Comte d'Aniou, fonda le prieuré de la fontaine sainct Martin au pays du Maine.

Guillaume Des-roches Mareschal de France, soubs Philippes Auguste, fonda l'Abbaye de Beaulieu au Maine, l'an 1219.

Le Sieur Ollenix de Mont-sacré, vn des plus gallands esprits de ce siecle (ainsi que l'on peut voir en plusieurs œuures de son inuention, fort prisées & recherchees en la France) est Gentil-homme Manceau.

DV PAYS D'ANIOV.

LE pays d'Aniou, voisin du Maine, est de petite estendue, montaigneux & inegal, seruant de bornes & sinages à la Gaule Celtique: toutesfois l'vn des plus fertils de Gaule, & principallement en bons vins.

Les habitans de ce pays sont appellez Andeens, Andegaues, & plus vulgairement & proprement Angeuins, qui sont gens fort humains, gracieux, & de bonne conuersation, sincerement addonnez à pieté & deuotion. De tout temps ils sont cogneus soubs le mot des Andes.

Le pays d'Aniou est arrosé de plus de quarante riuieres, sans comprendre les fontaines, viuiers & estangs, lesquels y sont en grande abondance. A cause dequoy plusieurs ont estimé que ce pays fut premierement appellé Aiguade, pour l'abondance des eaux, que ceux d'Aquitaine nomment Aigues. Il estoit iadis tout remply de boscages, lesquels furent donnez à cultiuer aux pauures gens par Foulques Comte d'Aniou 2. du nom, & ainsi fut rendu propre & fertil à planter les vignes comme on void à present.

Le pays d'Aniou est limitté à l'Orient de la Touraine & Vandosmois, selon Loire, au ponent de la petite Bretagne, ou pays Armorique: au midy le Poictou, & au Septentrion, les Comtez du Maine & de Laual, deuers Normandie luy seruent de bornes.

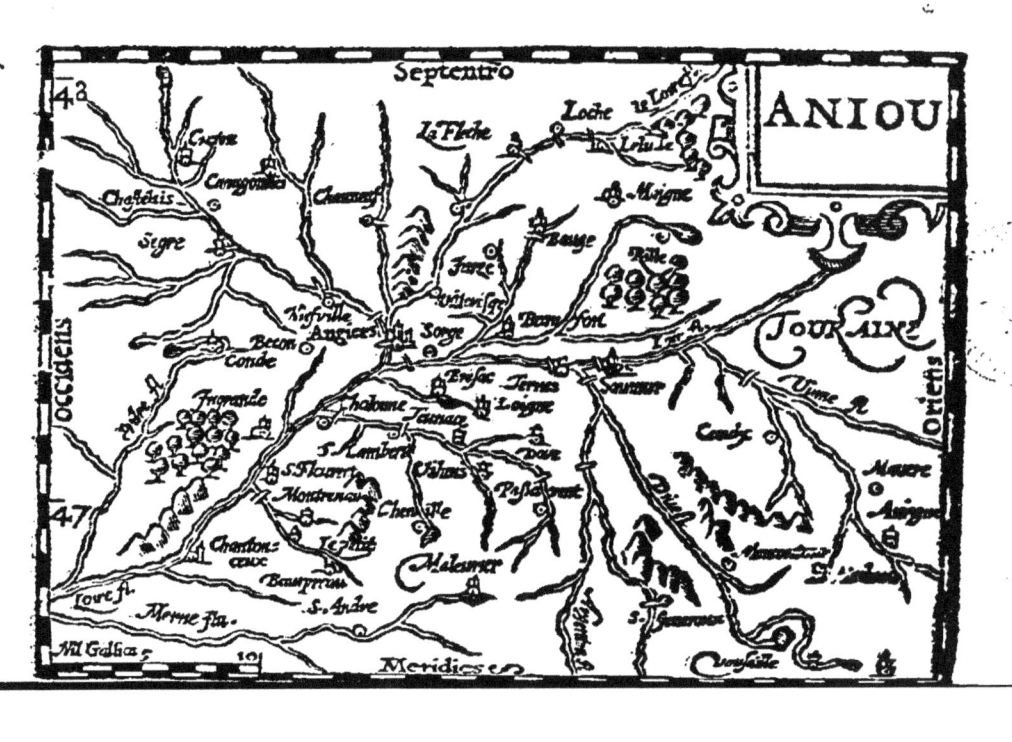

FONDATION DE LA VILLE d'Angers.

La ville d'Angers est situee sur la riuiere de Mayenne, dicte par les Latins *Medu-* *na*, & fondee par Sarrhon 4. Roy des Gaules, & non pas (comme veut l'Annaliste d'Aniou) car ie ne sçay quel Angion descendu des fugitifs de Troye.

Iean sans terre, dernier Prince Angeuin, de la premiere lignee sortie de la maison d'Aniou, & depuis Roy d'Angleterre, l'accreut du costé où elle fut premierement fondee : & deuers Occident, où il n'y auoit eu aucun edifice, & feit rebastir les murailles de la ville, qu'il auoit faict renuerser estant venu auec vne forte armee afsieger & prendre de force Angers: laquelle auoit esté sur luy occupee par le Roy Philippes Auguste.

Aupres de l'Eglise collegialle de sainct Lau, se voyent encor des vestiges des murailles & anciens bastimens, qui monstrent bien que ceste ville a esté autrefois ruinee, & depuis reparee & reedifiee, comme on la void de present.

En l'enclos de la premiere ville, qui est sur vn costau, on void les Eglises collegialles & parroisses qui furent iadis des maisons des Seigneurs Romains & Gaulois conuertis à la foy Catholique: sçauoir l'Eglise cathedralle dediee à sainct Maurice (laquelle fut anciennement ruinee, & depuis commencee à rebastir par Hubert Comte Vendosmois: & paracheuee par Hubert son fils) aupres de laquelle est le conuent des Iacobins: puis est celuy des Cordeliers, l'Eglise sainct Pierre, iadis le siege Episcopal, sainct Martin Eglise Royale, fondee par Ananias espouse du Roy Louys Debonnaire, sainct Maurille, S. Mainbœuf, sainct Denis, sainct Iean (à present dicte sainct Iulian) ou autrefois estoit l'Abbaye S. Lezin, auparauant comte d'Aniou, l'an 581. qui fut le quatorziesme Euesque d'Angers, lequel entre plusieurs miracles qu'il feit, guerit vn iour douze paures malades, tant boiteux, qu'aueugles, & autres sortes de maladies, par la vertu du signe de la croix: en memoire & action de graces à Dieu de ce grand miracle, il feit bastir l'Eglise saincte croix.

Dans l'Eglise sainct Iulian est encor son chasuble & son aube, qu'on trouua en son tombeau, plusieurs siecles apres sa mort, lesquels ornemens sont

encores

encores tous entiers: comme l'on peut voir du haut du chœur de ladicte Eglise, où ils sont monstrez aux festes solennelles.

Dans ceste Eglise est aussi vn tableau, representant la sacree vierge, faict sur vn de ceux que Sainct Luc auoit tiré de sa propre main, durant que la bien heureuse vierge estoit encor en ce monde.

L'on y void aussi des chaisnes de fer, dont estoiée attachez de pauures forçats & captifs, lesquels par l'intercession de S. Iulian furent miraculeusement deliurez.

Dans le Cimetiere de ladicte Eglise a vne pierre au pied d'vne Croix, qui remarque ceste place estre de grãde antiquité, & auoir esté habitee par les Romains: sur ladicte pierre sont escrits ces mots.

VXORI OPTIMÆ T.
FLAVIVS AVG. LIB.
ASIATICVS.

Apres S. Iulian est l'Abbaye de Toussains & celle de S. Aubin, laquelle fut fondee par Childebert premier du nom. Dans l'Eglise de laquelle y a grand nombre de belles & precieuses reliques de diuerses sortes, & en plusieurs des autres Eglises d'Angers, auec les chasses où reposent les ossemẽts de plusieurs Saincts: comme aussi en l'Eglise cathedrale susdicte est vne des cruches dans lesquelles nostre Seigneur mua l'eau en vin.

Il y a encor S. Michel du Tertre, S. Michel de la palud, S. Ouuron, S. Aignen.

A costé de S. Maurice est le chasteau, qui est vne

L.

place tres-forte; ayant de hautes & fortes murailles, & des fossez profonds; l'on ignore la fondation d'iceluy. Toutesfois ce Chasteau fut faict rebastir par la belle Bertrade, ou Bertrande, que le Roy Philippe premier du nom entretint dechassant son espouse: à cause dequoy il fut excommunié par le Pape.

Ioignant les murailles de la ville deuers l'Orient, est l'Abbaye de S. Serge, dont S. Seuerin fut premier Abbé. Et est de la fondation de Clouis premier Roy Chrestien.

Auprès est l'Eglise S. Sanson, & les faux-bourgs S. Michel du Tertre, sur le chemin de Paris.

Entre la porte S. Michel & celle de S. Aubin estoit encor vne porte, dicte la porte S. Iean, à present comdamnée. Vis à vis de laquelle porte est bastie assez pres vne Chapelle en l'honneur de S. Sauueur, à cause d'vne grande bataille qui fut gaignee par les Angeuins sur les Normands, conduicts par vn Capitaine nommé S. Sauueur, qui estoit venu assieger la ville.

Tout ioignant sont les faux-bourgs de Bressignei sur le chemin de Saumur, & des pont de Ceæ; dans lesquels faux-bourgs l'on void encor les mines d'vn amphiteatre nommé Grohan, basti par les Romains.

Entre la porte S. Aubin & celle de Toussaincts hors les murs d'Angers, sont les faux-bourgs de S. Lau, où il y a Eglise canoniale, dans laquelle est vne belle & riche Croix d'argent doré, ornée de pierres precieuses: dans laquelle est enchassé vn morceau du bois de la vraye Croix, en laquelle nostre Seigneur fut crucifié.

Vn peu plus bas que S. Lau, est le monastere ou conuent de la Baumette, où il y a des Religieux de l'ordre de S. François de l'obseruance, maintenant & depuis peu de temps fort bien reglez, viuants sainctement, & auec grande austerité. L'Eglise fut fondee par René dernier Duc d'Aniou.

L'autre partie d'Angers est du costé de Bretaigne sur le bort de Mayenne, où elle a esté bastie depuis six cents ans, separee par ladicte riuiere de Mayenne: Et en ceste partie sont les Eglises de la Trinité (fondee par Agnès femme de Guillaume surnommé teste d'estoupe seiziéme Duc d'Aquitaine) ioignant laquelle est l'Abbaye des Dames Religieuses du Ronceray, fondee par les premiers Comtes d'Aniou: Puis y a S. Laurens, Eglise tres-ancienne (ores ruinee) & l'Hospital S. Iean.

Apres sont encor en ceste partie les Conuents des Carmes & Augustins; Et de ce costé est le village de Reculee, où il y auoit autres-fois vne maison de plaisance, bastie par le dernier Duc d'Aniou René Roy de Sicile; dans laquelle on void encor des Galleries painctes de la main dudict René.

Tout auprés est le Conuent des bons & deuots Peres Capucins; fondé depuis peu de temps par les liberalitez & aumosnes des citoyens Angeuins. Henry 4. du nom Roy de France & de Nauarre, à present regnant, mict la premiere pierre qui est soubs le grand Autel de l'Eglise de ce lieu: comme il apparoist en vn tableau de cuiure, qui est au bas d'icelle, sur lequel sont grauez ces huict vers suiuants, de l'inuention du sieur de Morelles, l'vn des beaux esprits de ce temps:

Ce grand Henry qui rend nos iours si beaux & calmes,
Dont le front est orné de lauriers & de palmes,
Pour marque memorable à la posterité
De son zele enuers Dieu, & de sa pieté.
Dessoubs ce grand Autel meit la premiere pierre,
Et voua son desir & ses vœux en ce lieu,
Monstrant que si sa main fut ardente à la guerre,
Son cœur ne le fut moins au seruice de Dieu.

Auprés de ce lieu sont les faux-bourgs de S. Lazare, ou S. Ladre, à la sortie de porte Lionnoise. Puis sont encor de ce costé les faux-bourgs & l'Eglise sainct Iacques, & tout ioignant est le Prieuré de S. Nicolas commencé à bastir par Foulques Nerra, & paracheué par son fils Geffroy Martel, qui s'y rendit Religieux & y est enterré. Il mourut l'an 1061.

Dans Angers y a trois Colleges pour les lettres humaines & pour la philosophie, sçauoir le College neuf, le College de la porte de fer, & celuy de la formagerie.

Ioignant l'Eglise S. Pierre, sont les grandes escoles & auditoire puplic des loix : pour lequel l'vniuersité fut fondée par Louys 2. Duc d'Anjou & Roy de Sicile ; en l'an mil trois cens quatre vingts dix-huict : lequel obtint du Roy & du Pape, regnans pour lors, plusieurs priuileges & immunitez, pour les estudians en icelle. Il y a tousiours eu de celebres Docteurs en ceste vniuersité, comme sont encor de present Messieurs Dauy, le Grand, le Deūin, du Fresne, & Bereau, lecteurs publics en ce lieu: soubs lesquels i'ay eu cest honneur de receuoir quelques leçons en l'vn & l'autre droict. Dauantage y sont les Escolles pour la Theologie & pour la Medecine.

Le college de Bueil (où il n'y a de present aucun exercice) fut fondé par Hardoüin de Bueil, 58. Euesque d'Angers, & est affecté aux boursiers Percherons.

Angers est vn siege presidial, où il y a plusieurs doctes cōseillers auec les Lieutenās general, Ciuil & Criminel, & vn Cōseruateur des Droicts & priuileges de l'vniuersité. Il y a aussi le siege de la preuosté.

En outre est l'Hostel de ville, ayant vn Maire annuel & electif, il y auoit de coustume d'y auoir vingt-quatre Escheuins, lesquels par arrest de la Cour souueraine de Paris, furent reduicts à quatre, en l'an mil six cents vn; pour les ambitieuses dissentions qui se meurent entre quelques-vns.

Les sieges qui ressortissent à la Seneschaussee d'Anjou, sont Baugé (qui est vne assez gentille ville) Beaufort en Vallée, puis Saumur place tresforte, située sur la riuiere de Loire, distante d'Angers enuiron de dix lieues vers le Midi. Ioignant les murailles d'icelle est la chappelle de nostre Dame des Ardillieres, auiourd'huy tres-renommée par la France, pour les miracles qui s'y font de iour en iour.

L'Abbaye de S. Florent non loin de Saumur, fut edifiée par Thibault Comte de Champaigne & de Bloys.

Les ponts de Cee ou de See à vne lieuë d'Angers,

furent Baſtis par Ceſar, ſelon l'opinion du vulgaire en latin appellez *Pontes Cæſaris*, mais le Sieur le Loyer Conſeilier Angeuin docte perſonnage, n'aprouue pas ceſte opinion: diſant que See eſt vn mot Allemand, qui ſignifie *Stagnum*, c'eſt à dire eſtang, & que le pont de See eſt nommé comme *Pons ſtagni*, ou *Pons ſtagnantis Ligeris*.

Le bourg du Pont de See contient prés de demie lieuë en longueur, & y a deux Egliſes, l'vne deſquelles eſt dediée, au nom de S. Aubin, & fut fondée par Humbert Abbé du conuent de ſaint Aubin d'Angers.

A Angers ſe bat la monnoye, les gardes de laquelle ſont priuilegiez & exemps de ſubſides.

Les Angeuins furent appellez à la cognoiſſance Euangelique du temps que ſainct Iulian preſcha au Mans, & qu'il conuertit les Manceaux: lequel ayant preſché la parole de Dieu en Aniou, ſe retira au Mans: laiſſant pour Prelat des Angeuins vn ſainct perſonnage, qui eſtoit auec luy nommé Deffenſor, lequel eſt canonizé en Paradis.

Entre les paſteurs Angeuins Sainct Maurille fut le quatrieſme, homme de tres-ſaincte vie, auquel ſainct René ſucceda. La mere duquel ſainct René eſtoit femme du Capitaine du chaſteau de la Poſſonniere non loin d'Angers, & eſtoit ſterile. Toutesfois ſur ſes vieux ans (comme vne autre S. Elizabeth) elle engendra miraculeuſement S. René, lequel mourut ſans baptefme, par la faute de S. Maurille, qui s'arreſta vn peu trop longuement en la contemplation du ſacrement de la Meſſe: Dont icelüy Eueſque fut extrefmement deſplaiſant, &

apres auoir espandu vn torrent de larmes, en fin il quitta son pays, & s'en alla fort loin se rendant en la maison d'vn honneste Seigneur, où il seruit en qualité de iardinier, l'espace d'enuiron sept ans pendant lequel temps toutes choses prosperoyent tellement chez ledict Seigneur que c'estoit merueilles. Comme au contraire toutes infortunes arriuoient aux Angeuins. Ce que voyans ils establirent certain nombre d'hommes aux despens de la ville, pour aller chercher leur Euesque. En fin ayant esté trouué par quelques-vns d'iceux il s'en reuint à Angers, pour regir & gouuerner son troupeau, & à son retour il s'en va droict au lieu où estoit enterré ledict enfant mort sans baptesme, sçauoir en vn lieu qui est ores dans l'Eglise S. Pierre, à costé de la porte, par où l'on entre dans le Chœur; & apres auoir encor espandu grande abondance de larmes, & faict vne tres-ardente priere à Dieu : incontinent sa priere finie, voyla l'enfant qui ressuscite : & fut appellé René, comme qui diroit deux fois né. L'on void encor les fosses où auoit esté enterré ledict S. René, & y dict on la Messe quelques fois : Lequel succeda à S. Maurille, & fut prelat des Angeuins apres luy.

Messire Charles Miron, l'vn des plus insignes & sages pasteurs de France, gouuerne à present la Bergerie Catholique des Angeuins, & est le 66. ou 67. Euesque de ce lieu.

Entre les hommes doctes sortis d'Angers, l'on conte Guillaume du Poyet, Chancelier de France, Lazare & Iean Anthoine de Baif, Eginard Baron, maistre René Benoist l'honneur des Doéteur de ce temps, Ioachim du Bellay, Pierre Airault Lieutenant criminel à Angers, lequel a doctement escrit sur le droit; il mourut l'an 1601. Butin Medecin, Pierre le Loyer à present Conseiller au presidial d'Angers, l'vn des doctes personnages de la France, comme l'on peut voir par son liure des Sprectres & apparitions des Esprits, & autres qu'il a mis en lumiere, & comme il pourra encor faire paroistre par plusieurs œuures parfaictement elabourez desquels il fera part au public, & obligera vn iour la posterité, quand il luy plaira; ayant vn fils duquel l'on en doit pas moins esperer; & auquel ie suis bien obligé pour m'auoir fourny quelques memoires, dont i'auois besoin pour ceste œuure : & l'amitié duquel ie prise beaucoup. Au nombre des hommes sçauants de ce pays se doiuent encores conter, Alexandre Beguier, Martial, Guiet, & Lezin frere, Iacques Bouin President en Bretaigne, Bodin Aduocat au Parlement de Paris, grand Historien. Comme aussi Iean le frere de Laual, Paschal Robin, Seigneur du Faux, Iean Auril Prieur de Corzé (lequel i'ay eu cest honneur de frequenter) comtemporain du Seigneur Pierre de Ronsard, & vn de ses amis, Messieurs Guillaume & René Bautru, le sieur de Morelles, Guillaume le Gaigneur, le premier de tous les Escriuains du Royaume, & qui à frayé le chemin à vne infinité d'hommes, qui font auiourd'huy profession de l'art d'escriture.

Il y a encor grand nombre d'autres excellens personnages à Angers honorablement cogneus en la France.

Ie diray dauantage que confiderant bien l'hi-ſtoire, l'on pourra trouuer que le Poete Virgile eſt deſcendu des Angeuins, leſquels accompaigne-rent les Manceaux leurs voiſins: lors qu'ils furent ſi long-temps en Italie, là où ils edifierent pluſieurs villes: ayant chaſſé les Toſcans, qui occupoient la plus-part d'Italie (comme nous auons dit en la deſ-cription du Maine) & qu'iceux Angeuins baſtirent pres Mantouë le bourg ou village dit *Andes* (d'où eſtoit natif Virgile) au nom de la ville d'Angers, ainſi appellee en latin de tout temps.

En Aniou y a encor pluſieurs villes de remarque, comme Ingrande, où il y a vne belle foreſt, Cha-ſteau Gontier, Dureſtal, de la fondation de Foul-ques de Nerra, & autres villes en grand nombre.

Ce Comte fut ſurnommé Nerra, pource qu'il n'erra point és voyages qu'il feit en la terre ſaincte: pour penitence d'auoir tué le fils du Comte de Ná-te (dont il eſtoit tuteur) afin de luy ſucceder.

Iceluy Foulques de Nerra eſtoit fils de Geffroy Griſegonnelle ainſi ſurnommé: pour auoir porté vn hocqueton gris, allant combattre vn Geant Danois, deuant Paris.

Enuiron dix lieuës d'Angers eſt la Fleſche, où de nouueau eſt erigé le college Royal des peres Ie-ſuiſtes, par la liberalité du Roy Henry 4. reuoquez en France, au grand contentement de tous gens de bien.

Enuiron ſix à ſept lieuës d'Angers, eſt vne petite ville nommé Doüay, d'aſſez ancienne fondation: en laquelle eſt vn Theatre encor en ſon entier, baſty par les Romains, dont Lipſe faict mention, dans lequel y a des voultes & grottes souz-terraines, fort admirablement basty, & a l'entree de ces voultes, vn puits merueilleusement profond. Ce Theatre ne contient que cent soixante pas de circuit, & est tellement basty & composé, qu'il est capable de contenir plus de quinze mille personnes, sans que l'vn puisse empescher l'autre, de voir ce qu'on pourroit representer dans le milieu d'iceluy Theatre. Sur la porte duquel sont escrits ces vers suiuant sur vne pierre de marbre noir, laquelle y a esté mise puis peu de temps, comme i'ay remarqué l'an 1601. estant allé voir ceste place, comme chose rare, auec feu monsieur Galland Poete Lionnois.

EPIGRAMME.

Quand on rapporte icy d'vne graue feconde,
 Et d'vn tragique vers, les histoires des Rois:
En extase rauy syncerement ie croy
 Que ce Theatre soit vn abbregé du monde.

En plusieurs lieux, non loin d'Angers, l'on void de belles perrieres d'ardoise, lesquelles sont de grād rapport au pays.

Il y a aussi grande abondance de tuffeau blanc en ce pays, & mesme du marbre en quelques lieux, dont l'on faict de beaux bastimens.

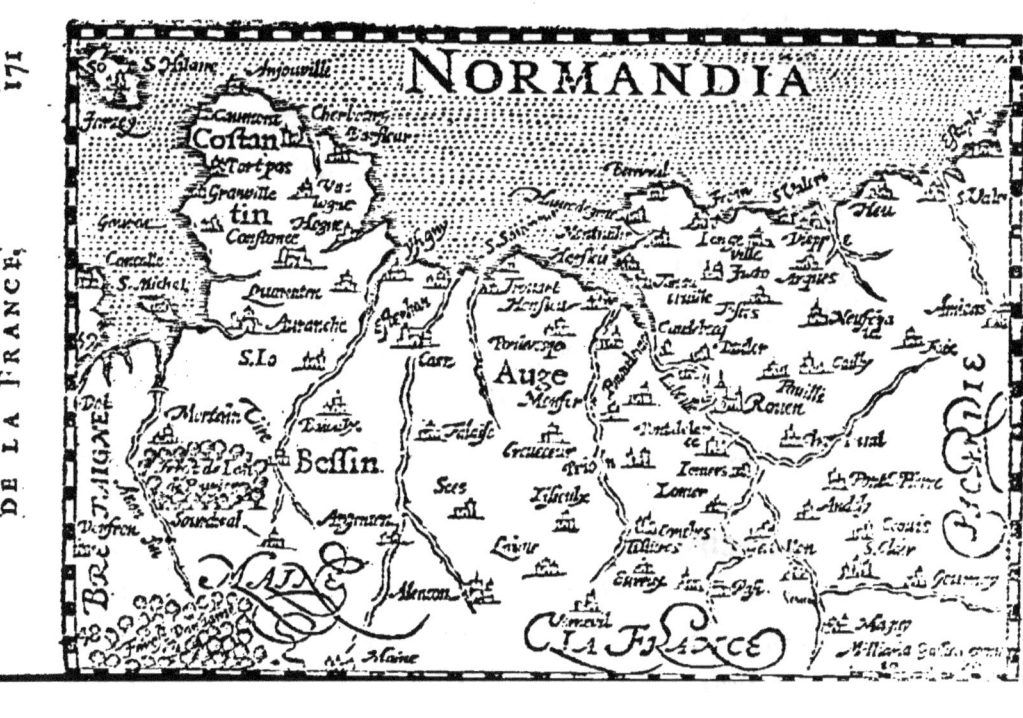

DV PAYS DE NORMANDIE IADIS APPELLÉ NEVStrie, & de l'origine des Normands.

Es habitans du pays de Normandie ont pris leur nom du mot *North*, qui signifie en langage Allemand Septentrion : & de *Man*, qui vaut autant à dire qu'Homme, comme qui diroit Homme Septentrional : Parce que ce peuple est venu des extremitez du Septentrion, & des limittes d'Allemagne.

La Normandie a pour ses limittes les Picards Beauuoisins au Leuant : les Manceaux au Midy; l'Occean au Septentrion, & au Ponent la Bretaigne.

Du temps de l'Empereur le Debonnaire, enuiron l'an de nostre salut huict cens trente, iceux Normands n'ayant encor aucune cognoissance du vray Dieu, adorant les Idoles sortirent hors de leurs pays : & se meirent courageusement en campagne, s'asseurant en leur force : & coururent la coste des Saxons, puis passerent iusques en Gaule: estant pour lors conioincts aux Danois (auec lesquels ils auoient eu guerre du precedent) mais le susdict Empereur Louys le Debonnaire, les poursuiuit tellemét, qu'ils furent contraints de se retirer: Apres auoir faict beaucoup de maux lo long de la mer, au pays d'Aquitaine, le long des costes de Bretaigne, Neustrie & Picardie: Mais ils furent deffaicts auprès de Sithin, où est maintenant située la ville de sainct Omer.

Or iceux ne perdans courage & desirant se faire fortune, reprennent les armes deux ans après, & s'en viennent à Bordeaux, qui leur fut venduë par les Iuifs y habitant, & laquelle ils bruslerent, comme aussi celle de Perigueux, puis deffaicts par les François se retirent.

Enuiron quatre ans après s'encourageât de plus en plus, ils arment deux cens cinquante vaisseaux, & se ietterent sur le pays de Frise, & de là vindrent par mer descendre à Nantes: où d'abordée ils tuerent l'Euesque la vigille de Pasques, comme il benissoit l'eau des fonts baptismaux. De là ils allerent à Angers, & d'Angers à Poictiers, où ils tuerẽt aussi *Erebomus*, ou Ebron 42. Euesque du lieu, & bruslerent l'Eglise sainct Hilaire, & l'Abbaye saincte Radegonde. Puis s'en allerent à Tours, où ils bruslerent l'Eglise sainct Martin (le corps duquel auoit esté transporté à Orleans) Neantmoins ils furent deffaicts par les Aquitaniens auprès de Poictiers: de sorte qu'il ne s'en sauua qu'enuiron trois cens.

Toutesfois ne voulant quitter ainsi leurs poursuites, ils se fortifient de iour en autre, auec plus grande resolution qu'auparauant: si bien que deux ans après ils vindrent à Paris qu'ils bruslerent, excepté les Eglises de sainct Estienne, sainct Vincent, sainct Germain, & sainct Denis, pour le rachap desquelles ils eurent grand nombre d'argent: Et seirent encor plusieurs rauages soubs la conduicte de Godesfroy & Sigefiroy leurs chefs : tellement quil n'y eut endroict où ils ne feiffent fentir l'effort de leurs bras; & où ils n'exerceaffent de grandes cruautez.

Mais en fin ils furent appaifez par le moyen d'vn mariage qui fe feit : Charles le Gros donnant vne fienne niepce pour efpoufe à Godefiroy : lequel fut tué bien toft apres, à la ruine de plufieurs bonnes villes de France.

Par apres vint en Gaule Rollo ou Rhou vaillant Prince, neantmoins qui affligea bien les Gaulois l'efpace de traize ans, eftant chef de l'armee des Normands, apres la mort du fufdict Godefiroy: mais par vn accord final, Charles le Simple luy donna fa fille nommee Gille pour efpoufe, auec la terre de Neuftrie, à condition qu'il la tiendroit de la couronne de France à foy & hommage, & que ledict Rhou fe feroit baptifer, comme il feit apres, & tous les autres Seigneurs d'auec luy à fon imitation.

Ledict Roul fut donc baptizé à Roüen par Francion Archeuefque dudit lieu : & tenu fur les fonds par Robert Comte de Paris, frere du deffunct Roy Eudes, qui de fon nom l'appella Robert, l'an de grace 912. Et depuis qu'il fut baptizé, il fut vn des bons & deuots Princes de France: qui feit de grands dons & liberalitez és Eglifes de Rouen, de Bayeux, d'Eureux, de fainct Denis, fainct Michel, à Tombelaine & autres.

Ce fut iceluy qui voulut que la terre de Neuftrie, portaft le nom de Normandie du mot *North*, & de *Man*, qui fignifient homme Septentrional (comme nous auons defia dit.)

Ce bon Prince auoit la iustice en telle recommandation tandis qu'il viuoit, que depuis sa mort les Normands en ont eu, & auront tousiours la memoire. Car si on leur faict quelque tort, ils s'escriët ordinairement Harol, ou Harou : comme s'ils vouloient encor appeller & inuoquer leur ancien Iusticier pour leur faire raison. C'est pourquoy la clameur de Harol n'a lieu qu'en Normandie. Il mourut l'an de grace neuf cens dix-sept. Son fils s'appelloit Guillaume Longue-Espee. D'vn autre Robert 6. Duc de Normandie, le plus liberal & magnifique Prince de son temps, & d'vne concubine nasquit Guillaume surnommé le Bastard qui succeda à son pere. Toutesfois il fut fort persecuté par ses parés, luy voulant oster son Duché comme illegitime : mais Henry 1. du nom Roy de France qui estoit son tuteur le secourut, & chastia les ennemis dudit Guillaume.

Iceluy Guillaume espousa Mathilde fille de Baudoin le Debonnaire Comte de Flandres, de laquelle il eut trois fils, sçauoir Robert Duc de Normandie, Richard qui mourut ieune, & Guillaume surnommé le Roux fondateur de Gisors, & qui fut en fin Roy d'Angleterre.

Ce mesme Guillaume le Bastard eut encor cinq filles, la premiere nommée Cecille, qui fut Abbesse de Caen, Gertrude mariee à Baudouin de Bouloigne, Duc de Lorraine, & Roy de Hierusalem, Constance mariee à Allain Comte de Bretaigne, Elesque fiancee à Harald Prince Anglois, mais le mariage ne s'accomplissant, Estienne Comte de Chartres l'espousa. La cinquiesme fut Alis ou Adelis.

Ce Guillaume Baſtard fut nommé le Conquerant, ayant à force d'armes conquis & gaigné l'Angleterre qui luy appartenoit, par le teſtament du Roy Edoüard ſon couſin, qui mourut ſans enfans.

Ledit Guillaume deceda le ſixieſme iour de Septembre, l'an mil nonante & trois, aagé de ſeptante quatre ans: ſon corps giſt en l'Abbaye S. Eſtienne de Caen par luy fondee. Au tombeau d'iceluy (que l'Eueſque de Bayeux feit ouurir, l'an mil cinq cens quarante-deux) fut trouué vne lame doree.

Il y a eu pluſieurs autres grands & puiſſant Ducs en Normandie, entre leſquels fut Robert le Diable, & Richard ſans peur, deſquels l'on a conté pluſieurs diſcours fabuleux.

Iean Sans terre, dernier Duc de Normandie, de la race de Guillaume le Baſtard, fut homme de meſchante vie, & pour vn execrable forfaict qu'il auoit commis, declaré par le Roy Philippes Auguſte, & par les Pairs de France, inhabille à poſſeder terre, d'où il fut nommé Iean Sans terre, & le pays de Normandie reuint à la couronne, l'an mil vingtdeux. Iceluy fut enterré à Vveſth-monſtier, lieu des ſepulchres des Rois d'Angleterre, d'où l'on fut contraint de l'oſter, pour les grands effrois & eſpouuentables viſions, deſquelles eſtoient tourmentez de nuict ceux qui ſe tenoient audit lieu.

La Normandie contient ſept Bailliage, ſçauoir Roüen, Caux, Caen, Conſtantin, Eureux, Giſors, & Alençon, qui eſt à preſent vn Eſchiquier.

Outre la capitale ville de Normandie qui eſt Roüen, & les ſix Epiſcopales, qui ſont Auranches, Conſtance, Sees, Bayeux, Lyſieux, Eureux, ſont
encor

DE LA FRANCE. 177

encor nonante quatre villes: sans conter vn nombre infini de bourgs & de chasteaux.

FONDATION DE LA VILLE de Roüen.

ROVEN est vne des premieres & capitalles villes de Normandie, & l'vne des plus anciennes de toute l'Europe, & de laquelle ont eu bonne congnoissance les Romains.

Ceste ville est Archeuesché contenant soubs soy les Dioeceses ci dessus nommez. Le docte & insigne Prelat d'Auranches Robert Cenalis, la dict estre moitié Belgique, & moitié Celtique: comme aussi est celle de Paris.

M

Rouën est dict par les latins *Rothomagus*, & prend son nom du mot *Roth*, qui estoit vne Idole anciennement adoree en ce pays qui fut fait demolir par S. Melon 2. Archeuesque de Rouën & au lieu mesme où il la feit abbattre fonda vn temple, ou plustost feit accommoder celtui-cy au seruice du Dieu viuant, & le dedia pour ceste fin, lequel au parauant n'estoit basti que pour vn Dieu imaginé. Depuis ce temple a esté erigé en Prieuré de Religieux ou Chonoines de S. Augustin, portant maintenant le nom de S. Lo. Or de ce nom susdict *Roth* & de *Magus*, fils de Samothes 1. Roy des Celtes, & de toute la Gaule, fondateur de Rouen; est donc venu *Rothomagus*, qui signifie Rouen.

Ceste ville est des plus marchandes de toute le France, sise en lieu commode, sur les riuages de la Seine, & non loin d'vn bras de mer qui vient en son reflux iusques fort pres de la ville.

Rouen a du costé d'Orient deux petites riuieres qui l'arrosent, & passent au trauers de la ville, sçauoir Robec & Aubette, au Midy la Seine, & au Septentrion vne grande prairie, s'estendant en vne longne plaine, auec plusieurs hautes montaignes iadis chargees de bois de haute fustaye lesquels ont esté abbatus, pour descouurir le pais, & pour rendre l'air de la ville plus sain, & pour fuir les embusches qu'ô y eust peu dresser durant le temps de la guerre. A Rouen y auoit enuiron soixante neuf Eglises, Abbayes & Chapelles, tant en la ville qu'aux fauxbourgs, mais durant ces troubles derniers, les fauxbourgs furent ruinez, & plusieurs des lieux saincts.

Entre les Eglises de Rouen, celle de l'Abbaye

de Sainct Ouen, (fondée du temps du Roy Clothaire) est l'vn des plus beaux artifices qu'on puisse voir au monde, de ce qu'elle peut contenir, ayant esté faicte comme par enuie de deux grands Architecteurs.

Aussi l'on trouue par escrit en vn Epitaphe de ladicte Eglise, que le seruiteur du maistre Mason qui auoit entrepris de bastir l'œuure, oyant le renom qu'on donnoit à son maistre, pour la façon d'vn œil d'vne des aisles dudict edifice taillé en forme de rose, fort magnifiquement : le seruiteur obtint permission de son maistre de faire seul l'autre qui restoit. Ce qu'estant faict & dressé : le seruiteur receut plus de louange que son maistre, dont iceluy maistre fasché & prins de cholere tua son seruiteur.

Or entre les peines à luy enioinctes pour tel meurtre, il fut comdamné à faire vne tombe à sondict seruiteur, & engrauer l'histoire en maniere d'Epitaphe : laquelle se void encor de present dans vne des chappelles de ladicte Eglise.

Quand les Rois vont visiter Rouën, ils font ordinairement leur seiour en ceste Abbaye.

Le Roy Louys douziesme erigea le Parlement de Normandie à Rouën au mois d'Octobre l'an mil quatre cents 99. Au parauant les causes se decidoient par Eschiquier, comme elles font à Allençon. Le Roy susdict y establit vn Parlement sedentaire & perpetuel auec les Presidens, Conseilseillers & autres gens de iustice y requis.

Deuant le Parlement fut instituée la Cour des

aides (qui comprend la iurifdiction des Efleuz) par Charles 7. D'iceux Iuges dependent plufieurs Efleuz, Greneriers & Contrerolleurs, ayans leur iurifdiction à part. Et outre les eflections du Duché de Normandie, y sont comprifes celles du Perche, de la preuofté de Chaumont, accroiffement de Maigni, compris aufsi Pontoife. A Rouën eft aufsi la Cour du Bailliage, & le fiege prefidial, & vicomté, & iurifdiction ordinaire, que ceux du pays appellent la Cohuë. Il y a plufieurs autres Chambres, pour le faict de la Iuftice & des tailles, &c.

Entre les edifices plus admirables de Rouen, eft le pont fur Seine, fort ingenieufement bafti : eu efgard à la difficulté grande de la Mer, qui deux fois le iour y faict fon flux & reflux.

L'Eglife cathedrale de Roüen dediee au nom de la tres-facree Vierge mere de Dieu fondee par Roul, depuis nommé Robert, 1. Duc de Normandie, eft fort fuperbement baftie, armee de trois groffes tous : La premiere fort ancienne & nommee la tour S. Romain. La fecóde eft dicte la tour de Beurre, par ce qu'elle fut baftie des deniers recueillis du peuple, pour la difpence obtenue par le Legat George d'Amboife, du S. Siege Apoftolique, pour manger du beurre en Carefme chacune perfonne donnant fix deniers. De la fomme defdicts deniers qui furent cueillis, l'on feit parfaire ladicte tour de hauteur admirable ; Dans laquelle le fufdict Legat feit mettre vne cloche la plus groffe qui foit en France, & la feit nómer de fon nom George d'Amboife, fur ladicte cloche eft efcrit ce quatrain:

Ie suis nommee George d'Amboise
Qui plus de trente six mil poise,
Et cil qui bien me poisera
Quarante mil y trouvera.

La troisiéme tour est bastie sur le paruis de ceste Eglise, & est faicte d'vn artifice autant merueilleux qu'on en sçauroit voir, comme aussi tout le reste de ladicte Eglise.

Le premier pasteur des Roüennois fut S. Nichais enuoyé par S. Clement, apres la mort duquel se passerent enuiron cent ou six vingts ans d'intergalle iusques au 2. pasteur qui fut S. Melon: à cause de la grande persecution que l'on faisoit aux Chrestiens. L'on conte iusques au nombre de 13. ou 14. des Euesques de Roüen lesquels sont canonizez en Paradis.

Plusieurs des prelats de Roüen ont fait octroyer à leur Eglise de beaux priuileges par les Rois de France: Entre lesquels est celui que le Roy Dagobert donna & octroya aux Chanoines, par les prieres de S. Ouën son Chancelier, vingt-vniesme Archeuesque de Rouen, & successeur de S. Romain: & lequel priuilege tous les Rois de France ont confirmé l'vn apres l'autre. C'est que le iour de l'Ascension de nostre Saueur Iesus Christ, tous les ans lesdicts Chanoines ont puissance de deliurer vn prisonnier le plus prest à estre comdamné, & à leur choix en est faict la deliurance en ceste sorte.

Mesieurs de la iustice sommez par le Chapitre de leur deliurer le prisonnier qu'ils demandent, lequel ayant obtenu, le conduisent en la chappelle

S. Romain, bastie en vne grande tour nommee la vieille tour, où il se confesse de ses pechez : puis en la riche & saincte Chasse où sont les sacrez ossements de S. Romain (20. Archeuesque de Rouen l'an 622.) Et ledict prisonnier secouru de quinze ou seize personnes il la porte en procession sonnelle, où tout le clergé assiste, & y sont portees toutes les reliques de la ville, vers la grand l'Eglise. Apres la Messe le mal-faicteur est conduict deuant le maistre de la confrairie S. Romain qui le traicte tres-honnestement, & luy donne ce soir à souper & bon gist. Et le lendemain est conduict au Chapitre de l'Eglise ; où par le sieur Penitentier luy est remonstré l'enormité de sa vie passee, qui l'exhorte de se gouuerner sagement à l'aduenir, & apres ce il est absous & deliuré auec ses complices, & les depositions des autres crimmels, qui n'ont point esté nōmez ou esleuz, bruslez sur l'Autel du Chapitre.

La cause de l'octroy de ce priuilege est que du temps de S. Romain, il y eut vn serpent de monstrueuse grandeur, en la forest de Roumeray, de l'autre part de la riuiere de Seine, lequel faisoit de merueilleux dommages, aux enuirons de la ville, passant l'eau ; & rauissant toutes sortes de bestes, & bien souuent des hommes : lors qu'il ne trouuoit rien dans le bois, pour se repaistre. S. Romain se fiant en Dieu, s'adresse aux citoyens, leur proposant que s'ils vouloient donner des hommes pour l'accompagner, il se faisoit fort, auec la grace de Dieu, de les deliurer de ce monstre. Mais nul ne fut si hardy de s'auenturer à le suiure. Ce que voyant, il leur demanda deux pauures Criminels qui estoient aux prisons, afin de luy tenir compagnie: lesquels on luy octroya, sans aucune difficulté. Ainsi le S. Euesque sort auec ces deux gallands, l'vn meurtrier, & l'autre larron. Le serpent leur vint au deuant; le larron prit la fuite, l'autre croyant en Dieu, & s'appuyant en la vertu de l'Euesque, demeure asseuré. Lors S. Romain inuoquant le nom de Dieu, ietta son estole au col du serpent, l'en lia, & le donna à conduire à ce prisonnier. Et estant là au milieu de la place, le feit attacher & brusler, & les cendres furent iettees en la riuiere de Seine. Le Criminel qui estoit demeuré auec l'Euesque, fut absouls de ses crimes par la iustice.

Apres le decez de S. Romain S. Guen luy succedant, & admirant les œuures de Dieu, & afin de ne laisser perdre la memoire de ce grand miracle, obtint du Roy Dagobert (auquel il en feit recit) le susdicts priuilege.

Le Roy S. Louys feit bastir les Monasteres de S. Mathieu à Rouen, & celuy des Iacobins, & le Conuent des Emmurees, & des Beguine. Henry 2. du nom Roy d'Angleterrre & Duc de Normandie, fonda les Cordeliers, les Monasteres du Pré & de Mortemer à Rouen.

DES EMBRASEMENTS DE la ville de Rouen.

CEste ville eust peu estre vn iour esgale à vn Paris, sinon qu'elle a esté bruslee iusqu'au nombre de traize ou quatorze fois: comme ie vous deduiray suiuant que ie l'ay trouué par memoire au second chapitre du liure des Antiquitez & singularitez de Rouen.

Le premier embrasement qui aduint donc à la ville de Rouën, (comme font mention les Annales de Normandie) fut l'an de grace huict cens quarante & deux, lors que Hastenc ou Hastingue, Senechal du Roy de Dannemarche, vint au pays de Neustrie, lequel meit le feu à la ville, & à toutes les Eglises, qui estoient sumptueusement edifiees.

L'an mil cent dix-huict, semblable embrasement aduint, qui brusla encor toute la ville : le feu commençant en la rue des Iuifs, qui pour ceste cause furent condamnez à de grandes amendes.

L'an mil cent vingt, le tonnerre tomba sur la grande Eglise de Rouen, lequel abbatit le Crucifix & les voustes de ladicte Eglise.

L'an mil cent vingt six, le feu se print derechef pres le pont de Seine qui brus-la presque toute la grande rue du pont iusques à la rue Beauuoisine, & passa le feu par deuant l'Eglise nostre Dame, sans toucher, ny endommager aucunement ladicte Eglise, mais par le changement du vent ou par permission diuine, aduint par apres que le feu se retourna vers les Abbayes de S. Amand & de S. Ouen, qui brus-la ces deux beaux monasteres.

Ce feu dura depuis prime iusques à heure de vespres, le iour de l'Exaltation Saincte Croix en Septembre.

L'an mil cent soixante & treze le Ieudy absolut en la sainte Semaine, le iour que le Sieur Guillaume de Dreux fut sacré en la grande Eglise de Rouen, le feu prit en la ville, & brusla 13. parroisses & les maisons d'icelles, auec plusieurs hommes & femmes & petits enfans, qui furent estouffez du feu.

L'an mil cent quatre vingt quatorze, aduint par permission diuine, que toutes les maisons des chanoines de nostre Dame furent abbatues & mises par terre.

L'an mil deux cens trois, enuiron vne heure apres minuict, le feu prit pres le pont de Robec, & brusla la grande Eglise de Rouen, l'Eglise sainct Maclou, & presque toute celle de sainct Denis, la vieille tour, & aussi la plus grande partie de la ville, & des Eglises d'icelle presént le Roy d'Angleterre, qui pour lors estoit à Rouen.

L'an 1204. ladicte Eglise de nostre Dame fut derechef toute bruslee, les cloches, les liures, ornemens, reliques, fiertes, & grande partie des autres Eglises & maisons de la ville.

L'an mil deux cens-dix, la nuict ensuiuant le iour de Pasques, le feu prit aux maisons de sainct Claude le vieil, qui fut cause que l'Eglise fut toute bruslee, auec celle de sainct Denis, tellement qu'il n'y demeura que peu de maisons qui ne fussent bruslees.

L'an ensuiuant le feu prit en la parroisse de sainct Maclou en la semaine de Pasques, d'où arriua que toute la ville fut bruslee, hors-mis les maisons & edifices de l'Archesque, lesquels furent miraculeusement conseruez. Les Monasteres de sainct Ouen & de sainct Lo furent à l'instant du tout bruslees, dont fut grand dommage, tant pour la sumptuosité des bastimens, que pour les biens meubles qui y furent perdus.

L'an mil deux cens vingt, tout le pont de Robec fut bruslé, & plusieurs autres maisons prochaines.

L'an mil deux cens vingt-huict, le iour sainct Laurens au mois d'Aoust, l'Eglise sainct Patrice fut bruslee, & toutes les maisons iusques à la riuiere de Seine.

L'an mil deux cens quarante & trois, le iour de Pasques fut esleu Odo Rigaut Cordelier, pour estre Archeuesque de Roüen, & ce dit iour le feu prit en la rue Beauuoisine, qui brusla les Eglises S. Laurens, sainct Godard, & de sainct Ouën.

L'an mil cinq cens quatorze, le quatriesme iour d'Octobre, qui est le iour sainct François, le feu prit en la haute tour, du milieu de l'Eglise nostre Dame de Roüen, & furent fondues les cloches d'icelle tour, & en tomba le clocher sur la voulte du chœur, & vint cheoir sur les chaires des chanoines: & fut bruslé tout le comble dudit chœur. Vn chanoine nommé maistre Estienne Haro, penitencier de ladicte Eglise, disoit la grande Messe pour lors: toutesfois (par la grace de Dieu) n'y eut personne blessé.

L'an mil cinq cens vingt & vn, la pestilence fut si grande à Roüen, qu'il sembloit voir par apres dedans la ville, qu'il n'y eust plus personne au monde, tant elle fut laissee deserte, par ladicte pestilence, l'herbe y estant d'vn pied de haut.

Non loin de Roüen fut iadis le petit Royaume d'Yuetot, erigé du temps de Clothaire deuxiesme

DE LA FRANCE. 187

du nom, lequel ayant tué sans aucun subject, le Seigneur Gaultier d'Yuetot (qui estoit à son seruice) par le faux rapport de quelques courtisans enuieux sur la vertu dudit Seigneur d'Yuetot, fut iceluy Clothaire excommunié par le Pape Agapit, s'il ne reparoit la faute ainsi temerairemēt commise. Adonc ledit Clothaire exempta de tout hommage, les Seigneurs successeurs dudict defunct Gaultier, auec pouuoir de battre monnoye & autres dignitez. Mais les hoirs masles defaillans en ceste maison ce priuilege s'est aussi perdu. Messieurs du Bellay sōt à present heritiers de ce lieu.

Enuiron l'an de grace mil soixante & quatorze, fut instituee à Rouen la feste de la Conception nostre Dame, à cause d'vne apparition qui se fit à vn Abbé voguant és perils de la mer durant la tempeste: Laquelle feste est specialiement solennizee à Rouen. Et y a prix & gage proposé à vn puy & eschaffault, qui y est ouuert à ceste feste, à tous Orateurs & Poetes en toutes langues, qui auront les plus doctement & mieux à propos celebré les louanges de la Vierge, sur la saincte Conception.

De la ville d'Eureux.

ENtre les peuples de la Gaule (selon les anciens Autheurs) ceux d'Eureux tiennent vne des premieres places, & s'appellent *Eburonicos*: La ville est bastie sur le fleuue d'Iton, autrement dit Esseline, du nom de la Comtesse Esseline, femme de Raoul iadis Comte d'Eureux.

Ceste ville est vn siege d'Euesché, & porte ce nõ d'*Eburonix*, qui signesie yuoire : à cause que la pluspart du terroir d'Eureux est blanchissant comme yuoire.

Le premier Euesque qui fut à Eureux, fut sainct Taurin, du temps de Domitian, apres la mort duquel Euesque, Richard Comte de ce lieu, feist bastir en son nom l'Eglise de sainct Taurin, & vn Monastere de Dames Religieuses.

Messire Iacques Dauy Sieur du Peron, à present Euesque d'Eureux, est l'vn des plus insignes & plus sçauant personnage de tout le Royaume : comme l'on peut voir par plusieurs œuures admirables de son inuention, & tres-grand zelateur de l'honneur de Dieu.

Eureux est limitté de la Seine à l'Orient, du terroir de Lysieux à l'Occident, au Septentrion des sinages de Rouen, & au Midy du Perche.

Au terroir d'Eureux sont les villes de Vernon, l'Aigle, Passey, Iurey, Tuillieres, Conches, Bretueil, Rugles, Bruin, & Hermenuille. Non loin d'Eureux fut la memorable bataille d'Iury, l'an 1590. La ville d'Eureux fut toute bruslee, l'an mil trois cens cinquante-huict, le feu ayant esté mis au fort d'icelle, par Iean Meudon pour lors Gouuerneur, afin d'empescher que l'ennemy n'en iouyst. Il y a Bailliage & cour de Presidiaux.

DE LYSIEVX ET AVTRES
villes.

LIſieux non loin d'Eureux, eſt vne ville Epiſcopale, ayant ces pays pour limites : Eureux à l'Orient, le pays d'Auge au Septentrion, & au Midy le Perche & Alençonnois, & l'Occident les finages de Sees. Et eſt le pays de Lyſieux fort ancien & bien cogneu par Cæſar.

Ceſte partie de la Normandie qui regarde les Armoriques eſt Celtique, n'y ayant de Belgique qu'vne partie du Roüennois, & le pays de Caux auoiſinant la Picardie. Lyſieux eſt baſtie entre Sees & Vernueil, aſſez loin de la mer.

Le pays Lexouien eſt arroſé du fleuue d'Iue, qui le ſepare d'auec celuy de Seez.

Non loin de Lyſieux eſt Ponteau de mer : & en ce cartier eſt l'Abbaye de Bernay, fondee par la femme du Comte Richard cy deuant nommé.

Apres eſt Honfleu ville maritime, portant ce nom à cauſe des eaux qui s'eſcoulent en la mer par ceſt endroict.

En ce pays y a pluſieurs monaſteres & Abbayes de l'ancienne fondation des Normands : comme ceux de Preaux & des Greſtain, & autres villes & places, comme ſont le Pont de l'Arche, la Boüille, ſur le bordage de la Seine.

Du pays de Caux.

CE pays est celuy que Cæsar appelle *Caletes*, & est de telle estenduë & plus en long qu'en large, ayant le terroir d'Aleuilie au leuant : au Midy le Beauuoisis, au Septentrion l'Occean, & à l'Occident la riuiere de Seine, auec partie du Rouennois.

Les villes plus fameuses de ce pays sont Gisors, sainct Cier sur Epte, Pontoise, Gournay, Aumale, maintenant Duché, appartenant à l'Illustre maison de Guise, Neuf-chastel siege Royal, Heu Comté appartenante aux heritiers des Ducs de Neuers, Arques, & le fameux port de Dieppe, l'vne des plus fortes places de la coste Belgique, ayant son nom d'vne petite riuiere laquelle y passe.

Le long de ceste coste Septentrionale de Normandie, est la place de S. Valery situeé sur la mer.

Fondation de Fescamp & autres.

EN ce pays de Caux est la fameuse & ancienne place de Fescamp, ainsi nommée comme qui diroit Champ de File, ou campagne publique, fondee par S. Vvandrille, receu du Roy Pepin; lequel ayant abandonné le palais Royal, se rendit Religieux, Il fonda aussi l'Abbaye de Fonterelles en Normandie, Richard 1. du nom, & Richard son fils Ducs de Normandie reedifierent ledit monastere, & y donna cestui-ci, la Baronnie d'Argences.

A Fescamp est bastie ceste grande, riche & memorable Abbaye, où furent iadis enterrez les Rois d'Angleterre, & Ducs de Normandie; tant pour la deuotion du lieu, que pour la sainčteté des hommes qui y celebroyent le diuin seruice; pource qu'ausi ils en auoyent esté les fondateurs.

En la Normandie Belgique est encor assise ceste forte & imprenable place du Haure de grace, seruāt de clef au Royaume de Frāce, pour faire teste à l'Anglois, laquelle le Roy François 1. du nom feit bastir.

Outre les villes susdičtes, sont encor au pays de Caux les villes maritimes de Harfleu, qui signifie autant que contre flux de mer, & Gaudebec, laquelle semble porter le nom du pays, bien qu'il y ait encor vne place nommee Cailly, se ressentant de l'ancienne apellation de Cales ruinee par les Romains. Caux est vn Bailliage ressortant au Parlement de Roüen, & ayant soubs soy les villes susdičtes, excepté celles qui sont subiečtes à leurs Comtes ou Ducs, & ayant leur Bailliage, vont respondre à la Cour souueraine.

En ce pays est vne loy par laquelle tant nobles que roturiers venant à mourir, il n'y a que l'aisné qui emporte l'heritage solidement, & sans que par partie aucune d'iceluy puisse estre conferee au puisné, sinon quelque prouision pour son viure.

Et ceste coustume est procedee des anciens Noruegiens & Danois, lesquels de tout temps faisoient leurs aisnez heritiers ganeraux de toute la succesiō & patrimoine. Et les autres enfans estoient enuoyez hors de leurs pays, pour conquerir leur fortune.

Ceste loy fut occasion que les premiers Normans qui passerent en Gaule, auoient quitté leurs pays, ne leur restant par la coustume que l'espee & le courage, pour s'en aller ailleurs chercher leur aduantage. Dequoy l'effect donne plus de foy qu'escriture qu'on en puisse monstrer. Voila pour la Normandie Belgique, reste encor la Celtique.

DV PAYS DE SEES ET d'Alençon.

DV terroir de Lysieux est voisin celuy de Sees, le peuple duquel s'appelloit iadis *Sessuuien*, ou *Sagien*. La capitalle ville de ce pays est située sur la riuiere d'Orne, laquelle se va ruer dans l'Occean, au dessoubs de Caen. Ceste ville est illustree de Siege Episcopal, ayant soubs soy plusieurs bonnes villes, & la plus-part de l'Alençonnois, auec partie du Perche.

La terre de Sees est au milieu de Normandie entre l'Orient & l'Occident, ayant le terroir de Lysieux au Leuant, le Bessin au Ponent, la Duché d'Alençon au Midy, & au Septentrion les Bailliages de Caen & d'Age en la basse Normandie.

L'Eglise cathedralle de Sees, est dediee en l'honneur de nostre Dame: le premier Euesque de laquelle s'appelloit Sigebolde, celuy qui tient à present le siege Episcopal, est nommé Mesire Claude de Morenne.

Alençon estoit iadis vn Comté, dont Pierre 4. fils de sainct Louys fut le premier Comte, lequel espousa Ieanne fille vnique de Iean de Chastillon, Comte de Blois.

Alençon

Alençon fut erigé en Duché foubs Charles 6. l'an 1414. Le Bailliage de ce lieu eft vn des plus grands de Normandie, ayant Iuges, Confeillers & autres gens de Iuftice.

FONDATION DE LA VILLE de Falaize, & autres.

Soubs le Diocefe de Sees eft la ville de Falaize, ainfi dicte, de *Fales*, ou *Feles*, mot Hebrieu, qui fignifie la languette qui tient vne balance en fon contrepoids; lequel nom fut iadis donné à cefte ville, par les enfans de Noé poffedans la Gaule; A caufe que ladicte ville eft fituee, comme en efgale diftance, au fond d'vn vallon, enuironnee de montaignes de toutes parts.

La figure de Falaize eft comme vne nef, eftant longue & eftroicte, n'ayant que trois rues, deux defquelles vont d'vn bout à l'autre de la ville, où le chafteau (qui fut faict baftir par Cæfar) eft comme la pompe de la nauire, eftant fitué fur vn roc, commandant à la ville; ayant des foffez fort profonds, & enuironné de deux eftangs, l'vn defquels ne tarift point, à caufe des fources qui y font.

En iceluy chafteau fe tenoient iadis les premiers Ducs de Normandie.

Il n'y a que deux paroiffes à Falaize l'vne fondee au nom de la tres-faincte & indiuiduee Trinité, & l'autre de S. Geruais. La ville de Falaize eft plus habitee de gens de Iuftice & Nobleffe que de marchands: Parquoy il n'y a pas grand trafic.

N

Non loin de Falaize est ce gros & fameux bourg nommé la Guybray, où se tient la foire tant renommée par toute la France & Germanie; laquelle se commēce le lendemain de la mi-Aoust, & dure huit iours. A vne lieuë de Falaize vers le Ponent est le mont surnommé d'Airienne où l'on prend les oyseaux de proye, & passagers: tels que sont Faucons, sacres, Tercelets, Espreuiers, Esmerillons, & souuent des Aigles, & plusieurs autres sortes d'Oyseaux.

Guillaume le Conquerant fils de Robert 1. du nom, Duc de Normandie estoit natif de Falaize.

Falaize est du Bailliage de Caen, comme aussi Bayeux & Vire, qui est vne assez belle ville, ayant chasteau & siege d'assises, & receptes de tailles & aides. Par ainsi les citoyens sont fort honorables.

Robert & Anthoine dicts le Cheualier freres sieurs d'Aigneaux Poëtes François (lesquels ont elegamment traduict les œuures de Virgile & d'Horace) estoient natifs de Vire. Le terroir voisin de ceste ville porte le nom de Vau-de-Vire, de laquelle & du susdict païs ont & tiennent leur nom les chansons anciennes & communes, appellees vulgairement Vau-de-Vires. Desquelles fut autheur vn appellé Oliuier Basselin.

FONDATION DE LA VILLE
& terroir de Bayeux.

BAYEVX est vne ville Episcopale, voisine de Sées: & des plus anciennes de la Gaule, & la capitale du Bessin. Lequel pays est limité du terroir de Sees à l'Orient, & du Costantin au Ponent, du Maine au Midy: Et du Bailliage de Caen au Septentrion.

L'estenduë du Bailliage de Bayeux est plus grande que celle de l'Euesché, ayans soubs sa iurisdiction la pluspart des villes de Sees.

Quelques-vns tiennent que Bayeux prend son nom de *Belus* 2. Roy de Babylone, estant venu surgir vers les parties du North du costé de la basse Normandie, là où il fonda ceste ville, appellee de son nom Belocase: comme qui diroit *Beli casa*, c. à d. la maison ou la demeure de *Belus*. Comme aussi ce peuple est nommé *Bellocassi*.

Ceux de Bayeux furent des premiers appellez à la cognoissance de l'Euangile par S. Exupere, qui fut enuoyé en ce pays du temps de Domitian l'Empereur, par S. Clement successeur de S. Pierre duquel il fut promeu, & vint comme Euesque à Bayeux prescher la parole diuine.

L'Eglise de Bayeux est des plus belles de Normandie, pour la magnificence de sa structure, & colomnes de toutes sortes: embellie de diuers ouurages: & les 2. tours de merueilleuse hauteur, & faictes en forme de piramides: estans soustenuës du corps de cest edifice, & au milieu est vne magnifique tour, ornee d'arches, & arcs boutants, & claires voyes, que feit faire Louys de Harcourt iadis Euesque de Bayeux, en laquelle tour est l'horloge de la ville qui est des plus exquis qu'on sçauroit desirer, marquant & sonnant les quarts, & demie heures d'vne agreable melodie, par le moyen de quelques clochettes sonnantes l'antienne. *Regina cœli, &c.*

Ceste Eglise est des bien seruie de la France, ayant son Euesque qui est vn Doyen entre les Prelats de Normandie, & lequel és assemblees publiques, est Lieutenant de l'Archeuesque ou Metropolitain.

Il y a cinquante Chanoines en ceste Eglise, y comprenant les douze dignitez telles que sont le Doyen, Chantre, Chancellier, Archidiacre, soubs Doyen, maistre d'Escole: puis les grands Vicaires, & grand nombre de Chappelains, & le Theologal, & la Salette, & enfans de Chœur.

Il y auoit de grands thresors & riches chasses où reposoient les sacrez ossements & reliques de plusieurs saincts, emportees l'an mil cinq cens soixante & trois, durant les troubles & guerres Ciuiles du Royaume. Soubs ce Bailliage & Viconté est la place de Thorigny qui n'est qu'vn petit bourg, & qui iadis estoit vne belle ville cōme les marques tant de murs que de portaux le font paroistre.

En ce païs est encor la ville d'Argenten, situee sur la riuiere d'Orne, de laquelle sont sortis plusieurs braues esprits. Non loin de laquelle est Hiesnes dicte *Oxinium*.

FONDATION DE LA VILLE
de Caen, &c.

Caen est appelee *Cadomus*, par les latins, cōme qui diroit *Caijdomus*, & non pas de *Cadinus*, cōme quelques-vns ont pensé: D'autant que le Dictateur Caïe Cæsar, en fut le premier fondateur, & est ceste ville située sur la riuiere d'Orne ou d'Aulne, & est la seconde en ordre entre les principales de Normendie, estimee des plus belles & plaisantes qu'on puisse voir à cause de son assiette.

La maison de ville de Caen est fort magnifique, bastie sur des pilotis en l'eau sur des arcs boutans, & faicte à quatre beaux & grands estages, & armee de quatre tours es quatre coins de l'edifice. La principale tour est celle de Befroy, en laquelle est la grosse horloge, où l'on void des cadrans pour cognoistre l'accroissement & decroissement de la Lune.

C'estoit en ceste ville que faisoit iadis sa demeure Guillaume le Conquerât auec son espouse Mathilde, & où ils feirent bastir l'Abbaye S. Estienne, & le monastere des Religieuses, dedié au nom de la sainte Trinté : auquel la premiere Abesse fut vne des filles du susdict Duc comme nous auons dict, & lequel y fut enterré, comme aussi sa femme. Les Epitaphes desquels y sont engrauez & leurs effigies dressees.

Ce Duc Guillaume secouru de Henry 1. de ce nõ, Roy de France, gaigna vne bataille aupres de Caen, en val de Dunes, contre les Comptes de Bessin & de Constâtin, qui le vouloient chasser de sa Seigneurie, comme illegitime. Apres ceste bataille il feit vne assemblee de Prelats à Caen, où presida Maurille Archeuesque de Roüen : & pource que les susdits Prelats auoient porté les reliques de leurs Eglises, & mises toutes en vn lieu : il feit depuis bastir en la mesme place vne Eglise, appellee l'Eglise saincte paix de Toussaincts : en l'an mil cinquante & cinq.

Le chasteau de Caen est haut esleué sur la ville, & est situé sur vn roc, & fortifié de son Dõgeon. Au

N iij

milieu y a vne tour fort haute & grosse, flanquee aux quatre coings de quatre autres grosses tours, & armee de fossez tres-profonds.

A Caen y a Bailly, Lieutenāt general, Ciuil, Criminel & particulier, auec les Conseillers, Aduocats, & procureurs du Roy, gardes des Sceaux, & autres Officiers necessaires. Il y a en outre vne chambre de Generaux, & la demeure des Thresoriers & Financiers & Esleuz, maistre des eaux & des forests, le Grenetier, Vice-Bailli, Vice-Admiral, chambre des monoys, & de la Court Episcopale de l'Euesché de Bayeux.

L'vniuersité y fut instituee, l'an mil quatre cents trente vn, auec fondation de plusieurs Colleges, regie par son Recteur, Chancelier, & conceruateur des priuileges, tant Ecclesiastiques que Royaux.

Les Ecclesiastiques sont tels, que l'Euesque de Bayeux en est Chancelier, & ceux de Lysieux & Costances Conceruateurs pour l'Eglise, Le Bailly de Caen l'est pour les priuileges Royaux.

Encor qu'on die qu'il ne croist de vin en Normandie, si est-ce qu'à Argences qui est enuiron quatre lieues pres de Caen, il y en croist quantité, cōme aussi en la haute Normendie y en croist de tres-bon, dont est fournie la plus part de la Prouince.

A Caen y a dix neuf ou vingt maisons consacrees à Dieu, tant en la ville qu'aux faux bourgs, c'est à dire Eglises, Conuëts, HostelDieu, & autres lieux saincts.

De Normendie reste encor le terroir de Costantin comprenant les Eueschez d'Auranches & de Constices, les deux pieces plus Occidentalles de toute la Normendie.

De la ville & pays d'Auranches.

LA ville d'Auranches est celle qui fut iadis chef des Ambiliates, renōmez par Cæsar, & est dicte en latin *Arborica*, ou, *Abrinck*, en nombre pluriel, pour la grande abondance des bois, qui iadis l'auoysinoient & qui depuis furent couppez.

Auranches est situee sur le sommet d'vne montagne, sur vn rocher assez difficile à monter du costé de la mer. Estant sur les murailles de la ville on descouure du costé du mont S. Michel plus de trois à quatre lieuës de terre blanche, ou greue: sur laquelle la mer vient flotter, iusques fort pres du rocher: lors qu'elle est en son plain flux, venant s'espandre sur vne petite riuiere nommee See, laquelle passe par le bourg de Ponts soubs Auranches.

Du costé de Septentrion l'on void le plat païs, couuert de bois de haute fustaye, en plusieurs endroicts; & celuy du parc à deux lieuës d'Auranches, appartenant au Seigneur Euesque de ce lieu; où il y a aussi vn fort beau chasteau, basti par Louys de Bourbon quarante-vniesme Euesque d'Auranches; lequel feit aussi bastir la maison Episcopalle d'Auranches, laquelle est l'vne des plus fortes & plus belles du Royaume: mais ce maignifique bastiment fut tout ruiné par le dedans (ne demeurāt que la superficie du logis) en mil cinq cens quatre vingt dix; ce qui fut faict pour fortifier la ville, qui estoit assiegee; les faux-bourgs de laquelle furent aussi presque tous ruinez.

De deſſus les murs d'Auranches l'on void le merueilleux rocher ſur lequel eſt ſituee dans la mer l'Egliſe & monaſtere de S. Michel, tant renommé par toute la France, & honoré des Catholiques, qui de loingtain pays y vont en voyage; n'eſtant diſtant d'Auranches qu'enuiron de trois lieues.

La figure d'Auranches eſt preſque toute ronde en ſa circonference, bien cloſe, muree, ayant des foſſez profonds, & larges, eſtant des plus fortes.

Les fauxbourgs ſont plus grands que la ville, contenans trois Egliſes parochialles: ſçauoir noſtre Dame des-champs: aupres de laquelle eſt le College (qui eſt vn des meilleurs & plus fameux de Normandie) apres eſt ſainct Geruais, & puis ſainct Saturnin où eſtoit autrefois le corps entier d'vn des Innocens martirizez par Herodes.

Ceſte ville eſt Epiſcopale: l'Egliſe cathedralle de laquelle eſt dediee au nom de ſainct André Apoſtre & diſciple de noſtre Seigneur: en icelle ont preſidé quarante-huict Eueſques: Le premier fut ſainct Leonce qui preſidoit dés le temps que les François commençoient à ſe domicilier en la Gaule. Le quarante-huictiéme, eſt Meſſire François Pericard, frere dudict Georges, à preſent tenant le ſiege Epiſcopal: qui eſt l'vn des inſignes paſteurs qui ſoit en la France, homme de ſaincte vie: lequel entreprit le voyage de Rome, l'an mil cinq cens nonāte ſept: enuiron la ſainct Michel, ſon retour fut l'an mil ſix cens à l'entree du careſme, au grand deſir & contentement de ſon troupeau, iceluy viſitant incontinent apres ſondit retour toutes les parroiſſes de son Diocese, faisant en chacun lieu de belles & sainctes exortations, conferant le Sacrement de Confirmation à vn chacun qui se presentoit; d'auantage il feit imprimer plusieurs beaux liures, tant pour l'instruction de son troupeau que pour le reglement de son Eglise. Ce qui a incité le peuple à grande deuotion. Bref, c'est vn pasteur qui peut veritablement dire & prononcer de soy ceste heureuse rencontre comprise soubs le voile de son illustre nom.

François Pericard Euesque d'Auranches
 Iacquers Paradis fecond en heur sacré
Multipliant tousiours d'vn fidelle deuoir
 Le sainct talent, duquel Dieu m'a voulu pouruoir.
A chercher le salut, la paix & l'asseurance
 De mon troupeau tres-cher, où mon soin est ancré:
L'augure de mon nom faict auoir croyance,
 Que I'ACQVERS PARADIS, FAECONDEN HEVR SACRE'.

Entre les Euesques Normands, celuy d'Auranches est le second en honneur és Conciles de la Prouince, & autres assemblees qui s'y font: pour le faict du Clergé (comme il est plus amplement porté és anciennes memoires.)

L'Eglise cathedrale d'Auranches est des mieux seruie, y ayant vingt chanoines (comprenant les dignitez ordinaires des Eglises cathedrales) lesquels viuent conuenablement à leur estat. Et entre iceux, y en a quatre qui sont comme les quatre lumieres, sçauoir maistre Iean Fortin Docteur en la Sorbone de Paris, Doyen & grand Vicaire du Seigneur

Euesque d'Auranches, homme des plus celebres & plus parfaicts de ce temps. Maistre Vincent le Got Docteur en l'vn & l'autre droict & Archidiacre, lequel est aussi assez cogneu par la France pour son sçauoir: Maistre Denis Luquin, aussi Docteur Theologal & Official, grand Orateur & des plus eloquens: Comme est aussi maistre Cristofle de saincte Geneuiefue, Penitencier en ladicte Eglise, lequel a passé la meilleure part de son aage pour profiter au public en la fameuse vniuersité de Paris, ainsi qu'ont faict les precedents nommez.

A Auranches y a siege de Bailliage, Vicomté, & Election, auec les Lieutenans generaux & particuliers, & autres gens du Roy fort signalez.

Enuiron sept lieuës d'Auranches, est la petite ville de Mortain, appartenante à Monsieur de Mont-Pensier, laquelle fut erigee en Comté, & donnee à Messire Pierre de Nauarre, en l'an mil quarante & vn. Il y a aussi Bailliage & Vicomté, dont les appeaux vont à la Cour de Parlement à Roüen. Aupres ceste ville sont deux Monasteres de Religieuses.

Au terroir de Mortain est aussi l'Abbaye de Sauigny, situee sur les bornes de la Normandie, de la Bretaigne Armorique, & du pays du Maine, dont est à present Abbé Messire Claude du Bellay, sorty de l'Illustre maison du Bellay.

Apres est encor l'Abbaye de Mont-morel, non loin du bourg de Ducey, appartenant au Seigneur de Mongomery, gouuerneur de la ville de Pont-Orson, qui est vne forte place arrosee de la riuire de Cœsnon, separäte la Bretaigne d'auec la Normädie.

A vne lieuë d'Auranches vers le midy, est le Pont-aubault fort remarkable, par soubs lequel passe la riuiere de Selune, qui se va ruer non loin de la en la mer Occidentale, ioignant le mont sainct Michel.

De plusieurs choses memorables aduenues d'Auranches.

L'An mil cinq cens soixante-deux, vn Lundy huictiesme iour de Mars, fut vendue & trahie la ville d'Auranches aux huguenots Caluinistes : lesquels ruinerent entierement l'Eglise cathedralle, & en emporterent tous les thresors & richesses, comme ausi des autres Eglises.

L'an mil cinq cens soixante sept, l'Eglise cathedrale d'Auranches fut poluë, par vn nommé le Preud'homme, lequel donna vn coup de cousteau à vn Sergeant nommé Noel le Follon, estant dans le Chœur de ladicte Eglise : laquelle fut reconciliee & rebenie par l'Euesque de Rennes le 29. iour de Iuillet audit an.

L'an mil cinq cens soixante dix-neuf, le iour de la Decolation sainct Iean, le feu prit en la rue pendante aux faux-bourgs d'Auranches, & brusla grand nombre de maisons.

L'an mil cinq cens quatre-vingts dix-sept, le feu prit le lundy de deuant Pasques en la ruë des trois Rois aux faux-bourgs d'Auranches, & y eut plusieurs maisons bruslees, & d'autant que le feu estoit si violent qu'on ne le pouuoit esteindre, à cause du grand vent qu'il faisoit, & que les forces humaines estoient trop foibles contre sa force, l'on alla querir auec grande reuerence le sainct Sacrement, & aussi tost que le peuple se fut mis en deuotion & prieres, le feu cessa & s'esteignit miraculeusement.

L'an mil cinq cens quatre vingts dix-sept, le vingt-cinquiesme iour d'Aoust, qui est le iour sainct Louys, vn nommé Iean Alix, aagé de vingt-huict ans ou enuiron, sourd & muet de nature: natif de la paroisse du Mesnilthoue, Diocese d'Auranches, Comté de Mortain, receut le don de l'ouye & de la parole dans l'Eglise sainct Pair le Seruain, paroisse voisine, où se faict le ser entre la premiere esleuation du corps de nostre Seigneur & celle du calice. Vn nommé maistre Pierre Foulques Prestre celebrant la Messe, en l'intétion dudit Alix, (lequel Alix presence de grand nôbre de peuple qui estoit assistant) vint à prononcer hautemét IESVS, IESVS, IESVS, misericorde, *Corpus domini*, &c. Monsieur S. Louys que i'aye la parole: Et lors luy fut aduis qu'il auoit sorty vn brandon de feu de sa bouche. Et du depuis a tousiours ledit Alix bien parlé & entendu. Et est ce miracles tres-veritable, comme plus amplement on peut voir par le docte discours, qui en a esté mis en lumiere, par maistre Anthoine de Morry, Conseiller & Aufmonier du Roy Henry quatriesme, lequel discours est dedié à sa Maiesté.

L'an mil cinq cens nonante & trois, vn Mercredy 15. d'Auril enuiron neuf heures de matin, le tonnerre tomba tout à coup, & contre la saison, sur la tour de l'Abbaye du mont S. Michel pres Auranches, laquelle estoit vne des plus hautes de France, & fut toute bruslee & plusieurs cloches fondues, auec vn dommage inestimable.

L'an mil six cens cinq, le sixiesme iour d'Auril, la mer Occidétale s'est tellement desbordee aux enuirons d'Auranches, Dol & sainct Malo, que l'on ne pourroit estimer les ruines & dommages qu'elle a faicts, n'ayant iamais esté veuës iusques où elle s'est estendue, tellement qu'elle a mesme entré dans la ville de sainct Malo par dessus les murailles d'icelle.

Du temps de sainct Louys, il tomba du Ciel, vne petite pierre dans le mont sainct Michel, sur laquelle estoit escrit le nom de Iesus; & d'icelle furent touchez les yeux de quelques aueugles, qui recouurerent incontinent la veuë, ainsi que rapporte R. Guaguin en la vie dudit sainct Louys.

Du pays de Costantin.

COstantin & Constances ne viennent pas de Constantin l'Empereur (comme quelques-vns ont pensé mal à propos) mais de *Castra constantia*, ainsi dit à cause que *Constanter*, c'est à dire presque tousiours, les soldats y estoient campez, comme sur les limittes, tant de la grande Bretaigne, que des Armoriques: lesquels donnoient beaucoup d'affaires aux Romains.

Le pays de Constantin est limité au Septentrion de la mer Occeane, au Midy du terroir de Sees, au Leuant des guez de sainct Clement de Thorigny, & de la riuiere de Vire, & au Ponent de la Bretaigne.

De la fondation de Carentem.

DV costé de la mer, allant du Ponent au Leuant, la premiere ville qu'on void est Carentem, fondee par vn ancien Colonel de Cæsar nommé *Cares*, & est ceste place tres-forte, quoy que petite, estant enuironnee de la mer & fort marchande.

Sainct Leon iadis Archeuesque de Roüen, estoit natif de Carentem, en son temps vn des plus celebres Docteurs, & signalez Lecteurs, de la faculté de Theologie de Paris. Estant Archeuesque de Roüen il eut commandement du Pape d'aller en Espagne, conuertir quelques-vns qui estoient disposez: Ce qu'il executa promptement & heureusement. Mais s'en reuenant il fut pris à Bayonne par des Pyrathes (gens sans mercy) lesquels apres plusieurs sortes de tourments & cruautez, le decapiterent & martyrizerent, & auec luy ses deux freres Philippe & Geruais, lesquels l'auoient asisté en son voyage.

Apres que ceux de Bayonne furent Chrestiens, ils prindrent pour leur patron ce sainct Archeuesque Leon, à cause des miracles que Dieu a faicts en ce pays, à l'inuocation dudit Sainct: duquel ils ont les reliques & de ses deux freres aussi.

De Carentem estoit aussi natif maistre Robert le Rocquez Docteur en Theologie, lequel laissa apres sa mort vn liure intitulé le miroir d'Eternité, comprenant plusieurs antiquitez & choses memorables, quoy qu'il soit en vers ressentant vn peu le vieil style. Lequel liure a esté mis en lumiere, par

Robert le Rocquez nepueu du fufdit maiftre Robert, homme d'affez galand efprit: comme l'on peut voir par quelques œuures de fon inuention, de nouueau imprimées.

Non loin de Carentem eft le clofet de Coftentin, abondant en pafturages, à raifon des eaux qui l'arrofent vers Penefme, & les ponts Douue. Et en ce pays eft encor la ville de Valongnes affez belle & remarquable où il y a vn fort chafteau, auec haute & baffe iuftice. Comme auffi le bourg de S. Saueur le Vicomte, lieu de remarque, tant pour fon eftenduë que pour vn fort chafteau y eftant, où paffe par le pied d'iceluy la riuiere du Pont Douue, arrofant plufieurs bonnes prairies là eftantes. Il y a auffi le bourg de Poiriers.

FONDATION DE LA VILLE de fainct Lo.

La ville de fainct Lo eft renommée d'vn Euefque de Conftances portant ce nom: l'Eglife duquel lieu eft de la fondation de Charlemaigne (felon l'opinion de quelques-vns) lequel l'auoit premierement dediee au nom de faincte Croix, en l'an de noftre Seigneur 815. pour vne vifion qu'eut ledit Charlemaigne.

Cefte pauure ville fut faccagee par les anciens Normands, lefquels tuerent & mirent en pieces les pauures citoyens : quoy qu'ils fe fuffent rendus à compofition, & y maffacrerent auffi vn Euefque de Conftances nommé Algerunde.

Cefte ville fut aufsi afsiegee du temps des troubles, & encor vne autre fois peu apres.

FONDATION DE LA VILLE
de Conftances.

CEfte ville (comme dit eft) porte le nom de *Ca-*
ftra Conftantia, à caufe que les foldats Gaulois y
refiftoient conftamment toufiours contre les Romains. Quelques Autheurs ont voulu dire qu'Augufte Cæfar luy donna les premiers fondemens : & que *Conftantius Cæfar* quarante-deuxiefme Empereur de Rome, l'appella Conftances de fon nom: par ce qu'il y faifoit ordinairement fon feiour. Et mefme qu'il mourut en Normandie à Eureux.

Conftances eft comme champeftre & fans murailles ny clofture quelconque, dont eft dommage, eu efgard à fa beauté & fituation: Toutesfois elle a efté autresfois fermee de murailles, qui furent abbatues apres que les Anglois en furent chaffees en l'an quatre cens.

Au cofté d'Occident de cefte ville au bas d'vn vallon fe voyent plufieurs pilliers, fort hauts & d'vn bel ftructure, induftrie & artifice: faicts comme vn pont à plufieurs arcades, & furent anciennement baftis par les Seigneurs du nom de Paifnel. Par deffoubs ces pilliers, paffe vn ruiffeau nommé Bullard, & par deffus vne fontaine qui vient de demie lieuë loin de là, conduite par des canaux de plomb, iufques au milieu de la ville.

L'Eglife cathedralle de Conftances eft vne des
plus

plus belles, & plus admirablement bastie de tout le Royaume.

Dans icelle ont presidé 76. Euesques depuis l'Eglise primitiue: le 76. est Nicolas de Briroy, Pasteur tres-digne de sa charge, tant pour son integrité de mœurs que pour la liberalité dont il vse enuers les paures: estant vn des plus ausmoniers de la France selon son reuenu: & lequel a faict vne infinité d'autres œuures pieuses, qui tesmoignent assez sa Preud'homie, il fut pourueu à Rome par le Pape Clement huictiesme apres la reconciliation des troubles de la France; le seiziesme en Septembre 1597. & consacré à la chappelle nostre Dame à l'Abbaye sainct Germain Des-prez à Paris, par les Sieurs Euesques d'Amiens, de Digne & de Beauuois; le dimanche septiesme de Decembre 1597. Il a tousiours resídé & reside en son Euesché faisant ses fonctions, visitant les paroisses d'iceluy, où l'on estime qu'il a conferé le Sacrement de Confirmation à pres de trois cens mil personnes.

Il y a aussi bon nombre de Chanoines en l'Eglise cathedrale de Constances, lesquels se gouuernent prudemment en leurs charges, & y en a de signalez en doctrine, assez cogneus en la France pour leur merite.

La ville de Constances est grande & fameuse, & en laquelle y a grand nombre de riches marchands faisant trafic tant par mer que par terre. En icelle est aussi le siege Presidial de Costentin fort recommandable pour la bonne iustice, qui est en ce lieu fort equitablement gardée à l'endroit d'vn chacun. Il y a maintenant vn President, homme de grand & singulier merite nommé monsieur Poirier, auec douze Conseillers, en outre sont les Lieutenants Ciuil & Criminel pour le siege du Bailliage.

Quand pour le faict de la police, il y a vn Seneschal. D'auantage sont les sieges de Vicomté & Eslection.

Du bourg de Ville-Dieu.

ENuiron sept lieuës de Constances, est le bourg de Ville-Dieu, & y est vne commanderie des Cheualiers de Rhodes, iadis instituee par le Roy d'Angleterre Richard troisiesme du nom, lequel y feit de fort belles fondations. Il y a Bailliage.

Les habitans de Ville-Dieu sont fort grosiers pour la plus-part: neantmoins il y en a de fort ingenieux entre les autres. Ils sont principalemét adonnez au trafic de paellerie, estant presque tous fondeurs de cloches, paelles, chaudrons, & autres ouurages de metal & de cuiure.

DE LA LANDE D'HEROVLD,
iadis place remarquable.

TOut aupres de Ville-Dieu, est la Lande d'Herould, ou d'Airou, qui n'est maintenant qu'vne simple paroisse. Anciennement y auoit vn bourg contenant enuiron demye lieuë de long, fort superbement basty sur le grand chemin tendant à Auranches, mais il est ruiné, & n'en reste plus que fort peu d'enseignemens. Il y auoit aussi vn beau chasteau, dont on aperçoit encor quelques vestiges ; le champ voisin est proche d'iceluy, s'appelle encor le pré du chasteau.

Enuiron deux traicts d'arbaleste du bourg susdict ست sur le grand chemin vne petite Chapelle, des plus anciennes, où il y auoit autrefois vn Monastere de Religieux, qu'on appelloit S. Leonard des bois; à cause qu'il estoit situé en vn bout du bois de la lande Herould.

L'an de grace mil cent cinquante & huict, vn samedy de la semaine de Pasques, enuiron midi s'esleua e terre à la Lande d'Airou vn grand tourbillon, qui nleuoit auec luy tout ce qu'il rencontroit : & en fin haussant en l'air, s'apparut vne sorme de colomne montant auec le tourbillon, laquelle estoit couree de bleu & rouge, & s'arresta en l'air. Cependant on voyoit des fléches & dards qui s'eslançoiét contre ceste colomne: sans qu'on veist ceux qui tioient ces coups: & au haut du tourbillon qui estoit r la colomne, on voyoit crier & voltiger vn grand ombre d'oyseaux de diuerses sortes.

Bien tost apres ce prodige, aduint vne estrange ortalité au peuple de ce lieu (dont le Seigneur ourut des premiers) & s'espandit ceste cruelle maladie par toute la Normandie & regions circonuoisines.

De Grand-Ville & autres places.

Nuiton sept lieues de ce pays est la forte place de Grand-Ville qui est vn bon port de mer: seruant comme de clef & defense de ce costé, contre s incursions des Anglois.

Le long de la coste de la mer, le pays de Costentin est orné d'infinis chasteaux & quelques villes, &

premierement on void vne presque Isle, dict[e]
Hogue, par les Latins *Ogigies*, qui est infertil[e]
seruant qu'a transporter de la marchandise de l[à]
autres lieux, sçauoir en terre ferme. Apres est M[ont]
bourg, où il y a vne belle Abbaye de la fonda[tion]
d'vn nommé de sainct Benoist nommé Roger [de]
saincte Croix qui en fut le premier Abbé, & les f[rais]
en furent faicts par Henry premier Roy d'An[gle]
terre & Duc de Normandie.

Ce Monastere estant passé, on void la Hog[ue]
sainct Vast, & puis Barfleu, où y a vn Conuent d'[Au]
gustins.

FONDATION DE LA VILLE
de Cher-Bourg, & autres.

NOn loin de Barfleu, est la fameuse place [de]
Cher-bourg, en Latin *Cæsaris Burgus*, d'auta[nt]
que Cæsar la feit bastir: ayant aresté son camp [en]
ceste basse marche de Costentin. Ceste ville & ch[a]
steau fut la derniere ostee aux Anglois par Char[les]
septiesme: lors qu'il les chassa du tout de la Fran[ce]
l'an mil quatre cens quarante-neuf. En memo[ire]
dequoy se faict procession generale le douzies[me]
iour du mois d'Aoust, par toutes les Eglises plus [si]
gnalez de la Normandie.

Apres ceste place sont encor Breual ou Barfle[ur]
Briquebec, (où l'on a descouuert puis vn an qu[el]
ques mines d'argent, cuiure & autres metaux:)
Hambie qui appartient à la maison d'Estouteui[l]
& iadis appartenoit aux Paisnels: mais en fin Iea[n]
Paisnel estant mariee à Louys d'Estouteuille: icel[uy]

feit paffer cefte grande succession en sa famille.

Le Bourg de la Haye Paisnel porte encor le nom de cefte ancienne famille.

Non loin de là eft vn petit bourg dit Gauuray, où l'on void les ruines d'vn ancien chasteau fur vne petite montagne fort haute & admirable, qui eftoit iadis vne infigne foretereff.

A Hambie y a vne Abbaye de la fondation des Seigneurs d'Eftouteuille, qui de tout temps y ont esleu leur sepulture.

DES ISLES QVI SONT AV pays de Coftentin.

LE pays de Coftentin y a quelques Ifles, comme Iarfay ou Gerfay. Apres font encor les Ifles de Grenezay & de Sere qui eft fortifiee d'vn fort contre les Pyrates: lefquelles Ifles ne recognoiffent en rien l'obeiffance deue au fainct Siege, voila tout le raict de la Normandie & fes Bailliages, dont ceuy-cy de Coftentin eft le dernier, lequel comprẽd encor foubs foy les chaftelenies qui enfuiuent, sçauoir Briquebec, Moyon, fainct Sauueur le Vicomte, fainct Sauueur Lendelin, la Haye du Puys, Cerances & Ville-Dieu, lefquels reffortiffent à Conftances. Et de là les appeaux vont en la Cour fouueraine de Rouen. Du reffort de Conftances eft auffi le bourg de Poiriers: auquel y a Bailliage, Vicomté & Eflection.

Or les Lecteurs pourront icy deffus voir fuccinctement defcritte vne des plus belles, riches, & florissantes Prouinces du Royaume, & terres subiectes au Roy de France: eu esgard au grand nombre de noblesse, à la fertilité du pays & bonté de la terre, à laquelle ne manque chose qui serue pour la vie & l'entretien de l'homme : & où l'on descouure maintenant des mines propres pour faire l'argent & autres metaux, sçauoir en la forests de Briquebec, & à trois lieues d'Auranches en vne paroisse nommée Caroles. La mer de son costé donnant toute sorte de trafic & commerce, la terre y fournissant les viures, le Ciel y departant son influence aux hommes, qui sont des plus accords, subtils & spirituels de la Gaule, difficiles à estre trompez, affables, courtois, grands harengueurs, adonnez aux lettres & à leur profit, sincerement Catholiques non subiects aux loix ny coustumes d'aucuns estrangers, vaillants en guerre : & qui ont tousiours faict paroistre en quelques lieux qu'ils ayent esté leur vertu, & la force de leurs armes, & mesme parmy les nations estrangeres. Leur entreprises se sont faict voir en la conqueste de l'Angleterre, laquelle ils oserent entreprendre, leur Duc n'estant encor seurement establi en son heritage.

Mais sur tout sont à admirer les conquestes des enfans de Vallongnes, au pays de Costentin & de Haute-fueille: sçauoir Robert surnommé Guischard, (c'est à dire en langage Normand ingenieux & rusé) auec ses freres puisnez de leur maison, qui n'estant que simple Gentil-homme, se feit neantmoins par sa vertu & proüesse, Seigneur & Duc de Calabre & la Poüille, & se voulant (qui plus est) faire Empereur de Constantinople, ledict Robert dreſſa vne groſſe armee, & combatit contre les Venitiens & trouppes Imperiales par deux fois & les vainquit. Mais s'eſtant retiré à Caſsiopoly Promontoire de l'Iſle de Corfu ſurpris d'vne fiefure tres-aiguë, finit en ce lieu-là ſes iours au mois de Iuillet l'an mil octante-deux. Ceſte tres-noble & illuſtre famille des Normands Guiſchards print lamentable fin, l'an mil cent nonante cinq en Guillaume, que l'Empereur Henry ſixieſme feit chaſtrer, afin de ne produire plus lignee, & luy feit en outre perdre la lumiere des yeux, auec des baſsins eſchauffez & ardans, leſquels il le contraignoit de regarder directement, iuſques à ce que la reuerberation de la chaleur luy euſt peu à peu oſté la veuë, laquelle cruauté iceluy Empereur commiſt, afin que nul de ceſte race ne luy donnaſt empeſchement au Royaume de Sicile.

O iiii

BRITANNIA

Milliaria Gallica
10 15 20 25

DV PAYS DE BRETAIGNE,
iadis nommé Armorique.

CE pays s'appelloit autresfois Armorique, & encor du temps de Cæsar, depuis il a porté le nom de Bretaigne, mais les Autheurs modernes & mieux approuuez reietent l'oppinion de l'Annaliste Breton, lequel veut forger ie ne sçay quel *Brutus* Troyé fugitif, quatriesme descendant d'Ænee, auoir donné telle appellation à ce pays. Et soustiennent les susdicts Autheurs que les peuples Bretons sont descendus des anciens Gaulois, & leurs Princes des Romains : & que la Bretaigne peut bien auoir ce nom, pour la grande nourriture de bestail & brutes que l'on faict en ceste terre, laquelle est diuisée de la Normandie par la riuiere de Cœsnon.

La Bretaigne est presque toute enclose d'eau, & contient quelque six vingt lieues en longueur, ayant le pays du Maine à l'Orient, & vne partie de l'Aniou, au Septentrion la mer Britannique, & partie du Costentin : au Ponent la mer Occeane, & au Midy le Poictou.

Ce pays est diuisé en littoral & maritime, & en terre ferme : de sorte que les Dolois, Leonois, Briocois, ceux de Triguier, & sainct Paul, anciennement nommez Diablintres, sont le long de la mer Septentrionale appellee Britannique, & les autres sont en terre ferme.

La Bretaigne donc est diuisee en trois langues, sçauoir en Breton Bretonnant, dont les Dioceses sont Cornoüailles (les habitans de laquelle sont dits Cornubiens) sainct Paul & Triguier.

Apres sont les Bretons Gallots (qui semblent estre ainsi nommez, comme qui diroit Bretõs Gaulois, ou descendus des Gaulois) lesquels parlent François, sçauoir Dol, Rhennes, & sainct Malo.

Les trois autres sont meslez, parlant tantost le langage Breton : tantost le François, sçauoir Nantes, Vannes, & sainct Brieu : qui sont en tout neuf Eueschez en Bretaigne, & dependans de l'Archeché de Tours.

De la ville de Dol.

DOl n'estoit anciennement qu'vn chasteau, pres lequel fut fondee vne Abbaye, qui estoit asise sur vn mont. A present il n'y a qu'vne petite chappelle dédiee au nom du glorieux Archange sainct Michel.

Dol fut erigé en Eueschéan uiron l'an cinq cens soixante six. Le premier Euesque du lieu fut sainct Sanson, auquel succeda sainct Magloire, le corps duquel gist à Paris.

De la ville de sainct Malo, & lieux qui en dependent.

LE terroir de sainct Malo se nommoit anciennement Alete, & le premier par qui fut changé le nom fut sainct Malo premier Euesque de ce lieu parent de sainct Sanson, la memoire duquel estoit si agreable aux habitans de ce pays, qu'ils attribuerent son nom à ceste ville.

De la ville de sainct Malo estoit natif ce grand & illustre pilote Iacques le Cartier, lequel soubs le regne du grand Roy François, descouurit le pays & Isles de Canada & autres terres en la mer Septemtrionale, auec honneur & gloire immortelle.

Ceste ville est situee sur la mer & comme en vne Isle ; en icelle y a grand trafic principalement sur la mer.

Soubs le Diocese de sainct Malo sont comprinses les Abbayes de Beau-lieu, Monfort & de la Pree, & de là on vient au port de Cancale, puis à Cambourg, Sambriard, & à Dinan.

FONDATION DE LA VILLE
de Dinan, & autres.

Dinan est vne fort belle ville, anciennement le seiour & plaisir des Ducs de Bretaigne, situee sur le fleuue de Meuse, lequel se va couler en la mer, non loin de là : qui est occasion que la ville est de grand trafic. Il y a quelques Autheurs qui tiennent que ce pays est ainsi nommé, à cause de la Deesse Diane, & que certains peuples estranges se vestans de peaux de bestes, & viuans des fruicts des arbres, d'herbes & de fueilles, bastirent vne ville nommee *Dinnacum*, au milieu d'vne forests qu'on appelloit la forests du Faigne : Et enuiron l'an du monde trois mil cinq cens vingt, les Flamands enuahirent ces peuples & les meirent à mort: ayant mesme destruit leur cité, & le reste qui se sauua, rebastit encor vne autre ville au nom de la Deesse Diane, qui est à present la ville de Dinan.

Non loin d'icelle est le Liege ou il y a de belles foires, & renommees par la France.

Apres les places susdictes, est la ville de Lambales & terroir Lambalois, que plusieurs pensent estre le vray pays des anciens Ambiliates, iadis appartenant à la maison de Clisson.

A Lambales y a plus grand trafic de parchemins qu'en ville de France, à cause de l'abondance du bestail. Ce terroir depend de l'Euesché de S. Brieu, dont il faut faire la description.

FONDATION DE LA VILLE
de sainct Brieu, & autres places.

CEste place est assez ancienne, les habitans de laquelle estoient iadis appellees Biduceens, & n'y auoit qu'vne Abbaye, laquelle fut erigee en Euesché du temps du Pape Pelagie, enuiron l'an de grace cinq cens cinquante-deux: le premier Pasteur ou Euesque fut sainct Brieu, lequel auoit esté nourry & instruit par sainct Germain Euesque de Paris, au nom d'iceluy est appellee ceste ville sainct Brieu.

Au bon Euesque sainct Brieu, succeda sainct Guillaume, lequel fut banny par son peuple: parce qu'il reprenoit les vices. Et ayant demeuré long-temps en Poictou, en fin ce sainct personnage reuint mourir en son Euesché.

A Sainct Brieu est l'Eglise sainct Michel bastie sur vn fort haut rocher, lequel sert d'abry aux Nauires contre les vents & orages. Sur iceluy rocher est vn fort chasteau pour la garde de la ville, y ayãt vn Capitaine, & morte-payes ordinaires, pour la deffence des vaisseaux qui sont au port.

Es enuirons de sainct Brieu, sont encor les places de Lambales (dont nous auons parlé) puis la ville & chasteau de Quintin, où y a grand trafic de toiles, & tout aupres est l'Abbaye de Cormorue, non loin de laquelle est vne forests ayant ix grandes lieuës d'estenduë. En outre est la ville de Iungon, qui fut iadis vne chambre Ducale à present presque ruinee: aupres de laquelle est la forests de la Hunaudaye, au milieu de laquelle est l'Abbaye de sainct Aubin des Bois, où il y a des Religieux de Cisteaux, & non de là est le chasteau de Corlay, puis la ville d'Auaugour ancienne place de la maison des Ducs de Bretaigne. Apres est Guingamp appartenante aux heritiers des anciens Comtes d'Estampes, issus par alliance de la maison de Bretaigne, puis est Morlais tout contre la mer Britannique.

I'oubliois à faire mention parlãt de sainct Brieu, du Seigneur Iean du Tillet, homme de singuliere & rare doctrine, grand historien & fort versé en l'Antiquité, lequel en ce dernier siecle a presidé dans le siege Episcopal de sainct Brieu, & depuis a esté Euesque de Meaux: non sans grand regret des Bretons, qui honoroient fort ce bon personnage.

FONDATION DE LA VILLE
de Treguier, autrement dicte Lantreguet ou Quinpercorcutin.

LA ville de Treguier ou Lantreguet, iadis nommee Trecorenſe, eſt ſituee comme au milieu des eaux, & ſouuent arroſee de la mer, lors qu'elle eſt en ſon flux & ruflux, & où les vaiſſeaux abordẽt auec grand profit pour ceux du pays.

L'Egliſe de Lantreguet ou Quinpercorentin, fut erigee en Eueſché, par vn nommé Thudual natif d'Angleterre, qui commandoit pour lors au païs Armorique, & en fut iceluy premier Eueſque. Laquelle Egliſe long-temps apres, (ſçauoir du temps que Philippes le Bel regnoit en France) fut faict rebaſtir par ſainct Yues Official de Quinpercorentin, en ſon temps grand Iuriſconſulte & patron des Aduocats & autres gens de Iuſtice, lequel fut canoniſé par Clement ſix ieſme du nom.

De la ville de Vennes.

CEſte ville eſt des plus ancienne de Gaule, ſituee contre la mer Occeane, & qui fut iadis fort puiſſante, tant par mer que par terre, ayant meſme liuré la guerre aux Romains. On faict grand trafic en ceſte ville, principalement ſur la mer.

La ville de Veniſe en Italie, fut baſtie par les peuples deſcedus du pays de Vennes.

Ceste ville est embellie du chasteau qu'on nomme d'Hermine, qui seruoit de Palais & maison de plaisir aux Ducs de Bretaigne, iceluy chasteau fut basty par le Duc Iean de Mont-fort.

A Vennes y a plusieurs belles Eglises, & principalement la Cathedrale, en laquelle ont presidé plusieurs grands & insignes Prelats, le premier desquels fut sainct Paterne, appellé par les Bretons S. Poix, lequel feit bastir la susdicte Eglise Cathedrale au nom de la tres-sacree vierge mere de Dieu, & des Apostres sainct Pierre & sainct Paul.

A Sainct Paterne ou sainct Poix, succeda sainct Gobrian gentil-homme de grand maison, qui feit plusieurs miracles, tant en son viuant qu'apres sa mort.

De Vennes fut natif sainct Melan ou Melaine, Euesque de Rennes : & Aubin Euesque d'Angers, & Vincent grand personnage, & insigne Predicateur de l'ordre de sainct Dominique, mourut à Vennes.

De la ville & pays de sainct Paul,
iadis appellé Leonnois.

TOut aupres de la mer est situee la ville de sainct Paul, maintenant ainsi appellee, à cause d'vn S. Euesque qui y presida, lequel pour sa saincteté a esté occasion qu'apres sa mort la ville a porté son nom.

Leon fut erigé en Euesché l'an de nostre Seigneur cinq cens septante; seant à Rome Iean troisiesme. Le Roy Chilperic regnant en France, & le premier Euesque fut le susdit sainct Paul, qui auparauant estoit Abbé en l'Eglise du Monastere de Leon: laquelle fut erigee en Cathedrale.

A Sainct Paul, succeda sainct Germain lequel mourut à Rhennes: son corps gist en l'Abbaye S. Melaine de Leonnois, ou sainct Paul fut iadis Seigneur de Tristan, duquel les liures fabuleux racontent tant de folies. Toutesfois ce Tristan estoit de maison illustre, & des premieres de Bretaigne, comme aussi Lancelot du Lac.

Les Seigneurs de Rohan estant descendus du susdict Tristan, ou bien luy succedant par alliance, ont possedé le Vicomté de Leonnois pres de sept cens ans: iusqu'à ce qu'enuiron l'an de nostre Seigneur mil deux cens cinquante quatre, vn Seigneur de Rohan le vendit à Iean premier du nom Duc de Bretaigne. Ce qui faict foy que la maison de Rohan est tres-ancienne, & qu'elle est sortie des premiers Princes Chrestiens.

Au Diocese de Leon ou sainct Paul, sont les Abbayes de Gerber, dicte de Relignes: celle de S. Mathieu de fin de terre, & celle de saincte Marie de Carler, qui est des Moines de Cisteaux.

DE LA VILLE ET PAYS
de Cornouaille.

Cornouaille anciennement dicte Curiosolite, est encor vn Euesché de basse Bretaigne: & est ceste place de grande antiquité, & dont le fondateur est incertain: Quoy que l'Annaliste Breton, & autres

autres Autheurs non assez approuuez, veullent dire que Cornoüaille soit de la fondatiõ de ie ne sçay quel *Corineus* fugitif de Troye.

Ce premier Euesque de Cornouaille fut sainct Herué, lequel est en si grande recommandation entre les Bretons, & sa memoire si agreable, que ces peuples font imposer à leurs enfans (pour la pluspart) le nom de Herué. En la basse Bretaigne sont encor les villes & places de Hennebont, Auray, Malestroict, Iosselÿ, Rohan, Guimenay, Landerneau, le Conquest, Brest, le Four, le Pont, Fontenau, Quemperlay, Ponsecorf & autres.

DE LA VILLE DE RENNES
capitale ville de Bretaigne.

LA ville de Rennes est Episcopale, & situee sur la riuiere de Villaines : non loin de Chambourg & de la Guerche, & est des plus anciennes de la Gaule fort bien recogneuë par Cæsar : il y a haute & basse ville.

Le Parlement de Bretaigne fut institué à Rennes, par le Roy François premier du nom : la ville de Rennes fut saccagee & bruslee par les Bretons mesme, s'estans mutinez les vns contre les autres, du temps du Roy Chilperic.

En ceste ville a esté ceste presente annee 1604. estably vn college des Peres Iesuistes, pour instruire & enseigner la ieunesse, au grand contentement de tout le pays, & de tous gens de bien, par la liberalité du tres-Chrestien Roy de France Henry 4.

FONDATION DE LA VILLE
de Nantes.

Nantes est aussi vne des villes capitales de la haute Bretaigne, fondee par Nanner l'vn des arriere nepueux de Noé, pere de Rheme, qui bastit la ville de Rheims, & est situee sur la riuiere de Loire, il y a grand trafic sur mer en icelle.

Ceste ville est Episcopale, dont le premier Euesque fut sainct Cler.

L'Eglise Collegiale de nostre Dame de Nantes fut fondee par Allain Barbe-torte, Duc de Bretaigne.

Nantes est le siege des Ducs de Bretaigne, & tousiours fort fidele au Roy de France : en ceste ville y a chambres de Comtes.

L'Abbaye de Ville-neufue pres Nantes, fut fondee par Constance fille de Conan premiere Duchesse de Bretaigne, femme en secondes nopces de Guy Vicomte de Thouars : apres la mort de Geffroy, Comte de Richemont son premier mary.

Aupres de Nantes est vn beau Monastere de Chartreux, lequel est dedié en l'honneur de sainct Donatian.

Il y a grand nombre d'autres Monasteres & Abbayes, tant en la haute qu'en basse Bretaigne, sçauoir Rhedon (qui porte encor le nom des anciens Rhedons, és finages de Rennes) saincte Melaine, sainct Meen, au tombeau duquel se font encor tous les iours plusieurs grands miracles : Quemperlay place notable fondee par Allain Caignard Comte de Cornouaille. Le conuent des Iacobins de Quemperlay est de la fondation de Blanche, fille de Tribaud Roy de Nauarre: en l'an mil deux cens cinquante & quatre.

Apres sont encor les places & Abbayes de sainct Iagu, sainct Mathieu, Landeuenec, Latenac, Ruis, sainct Guelidas, le Tronchet, la Chaume, Blanchecouronne, Bugar, Busay, Prieres, sainct Aubin, Banguien, Langonnet, Meleray, Lauraux, sainct Marsault, la Vieux-ville, sainct Iacques pres Montfort, Beau-lieu, sainct Iean des-prez, saincte Croix, Doulgas, Porinc, Beau-port, Kaermauonem, Geneston, & Critinaloen.

Il n'y a que deux Seneschauffees en Bretaigne, sçauoir Rennes & Nantes, de ceste derniere estoit natif Pierre Bouaystuau Seigneur de Lausnay, homme de singulier & rare sçauoir.

Il y a plusieurs villes & places remarquables qui restent encor en la haute Bretaigne, comme Laual, (dont nous auons parlé traictant du pays du Maine) laquelle est situee sur les frontieres de Bretaigne & du Maine, Garende, Chasteau-briant, sainct Lazare, Laual, Giron, la Roche-besnard, Vitré qui est vne forte place. Fougeres fondee par vn Seigneur nommé Raoul de Fougeres, en laquelle y a vn beau chasteau fortifié de deux grosses tours, puis Ancenis situee sur Loire, és finages du terroir de Nantes, dont le chasteau fut basty par Aremburge, femme de Guerec comte de Bretaige: & autres places en grand nombre.

Le premier Prince de Bretaigne fut Conan, le

P ii

quel y fut constitué & estably par l'Empereur Maximin.

Soubs iceluy Conan furent martirizees les vnze mille Vierges, desquelles la feste est solennizee par les Catholiques, le 21. iour d'Octobre.

La Bretaigne est fort fertile en toutes sortes de commoditez : les hommes y sont complexionnez selon les contrees, les vns plus ciuilizees & mieux appris, les autres moins: d'autant que ceux qui sont pres la mer, ne sont pas si courtois que les autres. En general tous les Bretons sont assez sociables & de bonne conuersation : ils ayment leur profit, & ne hayent point les tauernes, ayant de coustume d'y traicter la plus-part de leurs affaires. Ils sont gens religieux & fort Catholiques : car combien que plusieurs grands Seigneurs se ressentant du Caluinisme ayent possedé de grandes terres en ce pays, toutesfois il n'a esté en leur puissance d'esbranler tant soit peu ce peuple bien affectionné à l'Eglise Romaine.

DV PAYS DE POICTOV.

LE pays de Poictou est de grande estenduë, ayant plus de cent lieuës Françoises en longueur, sçauoir depuis le Limosin iusqu'au comté de Nantes, qui est du Midy au Septentrion : & en largeur il contient depuis le Berry, iusqu'à la mer, vers le lieu de S. Michel en l'Her qui est de l'Orient à l'Occident : ayant mil deux cens paroisses contenuës en trois Eueschez, sçauoir de Poictiers, Luçon, & Millezais, dont nous parlerons cy apres.

POICTOU

Les Poicteuins ou habitans de Poictou sont descendus de certains peuples nommez Scythes & Agathirses: lesquels se fardoient les cheueux & le visage, & pour ceste cause appellez *Picti*, qui signifie Painčts. Ces Pictes estant sortis de leurs pays par seditions, & vagabonds par le monde, vindrent en Angleterre, & de là descendirent en Acquitaine, où ils bastirent vne ville qu'ils nommerent *Pictauis*, sçauoir Poictiers, plus de mille ans deuant la Natiuité de nostre Seigneur.

En Poictou y a cinq villes Royales ayant siege de Iustice, sçauoir Poictiers, Niort, Fontenay, Mommorillon & Lusignan: & puis Ciuray erigé en Seneschaussee, & plusieurs autres villes & places, dont toucherons quelque chose en passant.

FONDATION DE LA VILLE
de Poictiers, & autres places.

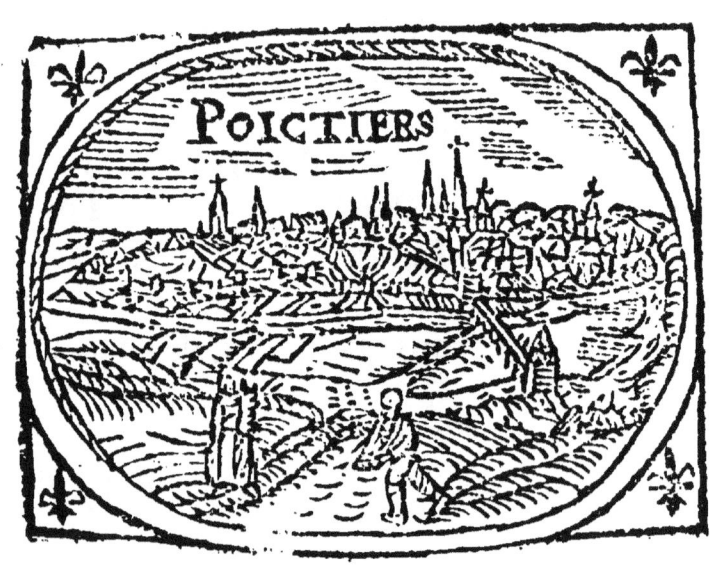

A ville de Poictiers fut premierement bastie, à vne lieuë de Chastelleraut, en vne place qu'on appelle encor de present le vieil Poictiers, où l'on trouue souz terre des vestiges, & reste de grandes murailles: mais ayant esté ruinee, elle fut rebastie au lieu où elle est de present (sçauoir sur la riuiere de Clin) par les Poicteuins mesmes: soubs l'Empire de *Claudius* successeur de Caligula qui leur permist, & depuis accreuë par plusieurs fois: ceste ville est fort grande, & y a dans icelle plusieurs iardins & places vagues,

La cité de Poictiers est vn siege Presidial, de plus grande estenduë qu'aucun du Royaume, ayant vn Seneschal, les Lieutenans General, ciuil, criminel, & particulier, auec les Conseillers & autres gens de Iustice: puis le conseruateur de ceste ancienne Vniuersité, qui rend ceste ville fameuse par toute l'Europe, & y a plusieurs beaux priuileges.

Le Palais de Poictiers fut basty par vn Comte de Poictou nommé Guillaume Geffroy, & aussi l'Abbaye de Monstier-neuf aux faux-bourgs, & le Prieuré & paroisse de sainct Paul. Iceluy ayant commandé soixante cinq ans en Aquitaine, mourut l'an de grace mil quatre vingt-six.

L'vniuersité de Poictiers fut fondee & establie l'an de nostre Seigneur mil quatre cens trente-vn, soubs le regne de Charles septiesme, & fut auctorisée par les bulles du Pape Eugene quatriesme du nom.

Les Poicteuins furent conuertis à la foy de l'Euangile par sainct Martial premier Euesque de Poictiers: lequel preschant vn iour publiquement au lieu où est de present l'Eglise cathedrale: & en faisant sa predication, fut ouye vne voix qui dist, *Martial ie suis ton maistre Iesus-Christ, qui t'aduertis que ce iourd'huy mon bien-aymé Apostre Pierre, a esté crucifié pour mon nom à Rome: Et veux qu'à l'honneur d'iceluy, & en commemoration de son martyre tu faces icy bastir vne Eglise.* Laquelle fut tost apres commencee à faire edifier par sainct Martial: toutesfois non en telle grandeur qu'elle est à present: iusqu'au temps de Henry deuxiesme du nom Duc de Normandie, depuis Roy d'Angleterre & vnziesme Duc d'Aquitaine,

P iiii

lequel ayant espousé Marguerite fille du Roy Louys le Ieune, feit accroistre la ville de Poictiers du circuit qu'elle est à present, & au mesme temps qui fut enuiron l'an mil cent soixante & douze, il feit recommencer & accroistre auec magnificence ladicte Eglise sainct Pierre, par la priere & suasion de son Espouse : laquelle Eglise ne fut parfaicte iusqu'à plus de deux cens ans apres, & ne fut poursuiuie suiuant la premiere entreprise, parce que la voulte du milieu deuoit estre faicte auec arcs boutans, par dessus les deux autres voultes, ainsi qu'on peut voir par les pilliers qui estoient bastis à ce dessein.

Enuiron trois cens ans apres la premiere fondation de l'Eglise sainct Pierre par sainct Martial, y eut vn concile à Rome contre les Arriens : auquel sainct Hylaire assista & disputa vertueusement. Et en son voyage ayant declaré comme la susdicte Eglise de Poictiers auoit esté fondee par reuelation diuine, il demanda quelques reliques de S. Pierre, ce qui luy fut accordé: & apporta auec luy partie de la barbe de sainct Pierre, qui est en la grande chasse de ladicte Eglise, laquelle fut acheuee l'an mil trois cens soixante & dix-neuf, & fut dediee & consacree le dix-septiesme d'Octobre par l'Euesque dudict lieu nommé Maumont, & y assisterent tous les Abbez du Diocese, & autre Clergé.

Le susdict Pasteur des Poicteuins fut S. Hilaire, & le dixiesme en nombre, lequel fut le plus grand Docteur de son temps, & mourut l'an trois cens septante-deux : ayant esté fort affligé & persecuté en son viuant, chassé, banny, mocqué, puis en fin fut restably en son Euesché. Il feit infinis miracles apres sa mort, & pendant qu'il vescut, laissa plusieurs liures pleins de grande doctrine, lesquels il auoit composez.

Le Roy Robert feit bastir l'Eglise de S. Hilaire à Poictiers, en l'honneur du susdict Euesque.

L'Abbaye de sainct Cyprien de Poictiers fut fondee par vn Euesque nommé Frotaire, auparauant Pasteur à Bordeaux, & puis par transport Archeuesque de Bourges, neantmoins fut contrainct par le Pape de retourner en son premier siege.

Les Prieurez de sainct Nicolas & de la Celle à Poictiers, furent fondees par Guillaume surnommé Teste d'estoupe, & Agnes sa femme.

L'Eglise nostre Dame la Grande fut fondee enuiron l'an mil cent soixante quatorze, par Richard Comte de Poictou, & Duc d'Aquitaine.

L'Abbaye de la Trinité de Poictiers fut fondee par vn Comte de Poictou nommé Eblé, successeur de Guillaume le Debonnaire: & y mit des Religieuses qui estoient à sainct Pierre le Pueillier, & vn College de Chanoines à sainct Pierre, en la place desdictes Religieuses.

Le Monastere de saincte Croix de Poictiers fut fondé par le Roy Clothaire, à la premiere requeste de sa femme saincte Radegonde, laquelle y meit deux cens Religieuses yssuës des plus grandes & nobles maisons de France. Ledict Clothaire y fonda aussi vne Eglise Collegiale de Chanoines au nom de nostre Dame, où saincte Radegonde fut enterree: à cause dequoy ladicte Eglise est ores nommee saincte Radegonde.

Le Conuent des freres Mineurs de Poictiers fut fondé par Hugues & Guy de Luzignen, & augmenté de beaucoup par Alphons Comte de Poictou, enuiron l'an 1267.

En la ville de Poictiers y a plusieurs autres Eglises & Monasteres iusqu'au nombre de trente deux ou enuiron. On trouue qu'il y a vingt sept Abbayes au Diocese de Poictiers.

Au siege Presidial de Poictiers ressortissent Luzignen, place bastie par Mellusine Dame de Melle & de Lusignen, Chastelleraut, qui est vn Duché bastie non loin du fleuue de Vienne, Mommorillon, la basse Marche, Ledorat, comprenant vn traict de Limosin & de Berry, Fontenay le Comte Niort, qui est vne bonne ville & marchande, Ciuray & sainct Maixent, qui n'estoit iadis qu'vn petit Hermitage ou Cellule, là où demeuroit sainct Maixent, duquel ceste place porte le nom.

Il y a encor plusieurs autres villes, comme Thouars Vicomté, auoisinant le pays de Touraine & d'Aniou: qui estoit autresfois de l'ancienne maison d'Amboise, Melle, la Roche Surion, principauté appartenante à la Royalle maison de Bourbon, Chizé, Chauuigny, Angle, Lussac, Oyruan, sainct Lou, Bressuire, le Blanc qui est du ressort de Mommorillon, quoy qu'il soit du Diocese de Bourges, Charoux lieu celebré, à cause qu'en l'Abbaye d'icelle ville estoit la chair coupee du Prepuce de nostre Seigneur à sa Circoncision, Gençay, & vn nombre infiny de Chastellenies & grosses Bourgades: telles que sont la Chasteigneraye, sainct Mesmim, sainct Gilles sur vin, Paluyau, les Sables, Aulonne, Mareuil, saincte Hermine, Montagu, la Motte, sainct Beraye, Coué, qui est vne vil'e close, Viuonne ancienne & illustre famille, Chastellacher, sainct Hilaire, Mortemer maison iadis fort honorable, & qui a esté en authorité, & alliee en Angleterre. Lezay, sainct Sauin, l'Isle, Iourdain, sainct Benoist du Sault, Bourganeuf, Maigné, Brigueil l'Asne, Vouuent, Meruent, Chief-betonne, Tusson, Villefaignant, Marcilhac, Chasteau-neuf, Ville-neufue la Comtesse, Dompierre, Puygarreau, Gironde, Iarnac, Argenton, Puy Belliard, la Greue, Cheze le vicomte, Moteachard, Aspremond, Comiquiers, Ric, sainct Michel en l'Her sise en vne solitude non loin de la mer, & pource dicte en l'Her, comme qui diroit en l'Hermitage : puis sont encor Bournizieaux, la Canache, Mauleon, Mortaigne, Tiffauges, Roche Seruiere, Aunay, & la Roche Chouard, des plus anciennes maisons de Poictou. Les Esars, Pouzanges, la Flereliere, Bazoges, Chasteaumur, Prahec, Mongamer, le Fou, Menigouste, Bonniuet, & autres places fortes, comme Talmond ancienne principauté appartenante à l'Illustre maison de la Trimoille, laquelle place semble estre ainsi nommee : comme qui diroit Talon du monde, pour estre sur l'extremité de la Gaule Aquitanique. En Poictou est aussi la ville & chasteau de Sanzay, sise sur vne petite colline entre deux riuieres és limittes d'Aniou & Poictou.

Il y a eu grand nombre de sçauans & illustres personnages qui ont sorty de Poictiers, excellents en toutes facultez, entre lesquels a esté Gillebert Poretan 60. Euesque de Poictiers, homme de grandes lettres, neantmoins soupçonné d'heresie au concile de Rheims: pource qu'il escriuoit les passages de la saincte Escriture auec trop d'obscurité: comme s'il eust voulu cacher quelque venin par telles obscuritez.

A Poictiers l'on void les ruines d'vn ancien Theatre nommé les Arenes basty par les Romains, & les vestiges de plusieurs cauernes & prisons souzterraines, où l'on mettoit les bestes sauuages: aupres estoit vn Palais, dit le Palais Galienne, basty par Galien Empereur.

Guillaume cinquiesme du nom Comte de Poictou, s'estant sagement gouuerné au commencement de son aage, deuint fort meschant sur le milieu, se bendant contre le Pape, & deposant les Euesques de son pays, pour y en mettre en son plaisir. En fin il se conuertit & amenda sa vie se rendant Hermite, & passa le reste de ses iours auec grande austerité. Ce fut luy qui fut le premier fondateur de l'ordre des Blancs Manteaux, qu'on appelle de son nom Guillemins.

L'Abbaye de Fronteuaux, au Diocese de Poictiers, fut fondee par le Seigneur de Monstreul-Bellay: Et du depuis grandement accreuë & enrichie par Henry Roy d'Angleterre, qui espousa Madame Alienor Duchesse d'Angleterre.

La ville de Poictiers a esté ruinee & saccagee par plusieurs fois, tant par les Romains, Goths, Vandales, que par les Huns, Danois, Saxons, Normands & Anglois. Et en fin ayant esté prise par les

Proteſtans, l'an mil cinq cens ſoixante-deux: les biens des citoyens rauis & emportez, & la ville tóbee en extreme miſere: Mais le Roy ayant repris ceſte place, elle fut encor aſiegee par Gaſpar de Coligny (lors Admiral) & ſes complices, battue, canonnee & tourmentee, mais vaillamment defendue par Henry de Lorraine Duc de Guiſe, & autres Seigneurs & Capitaines: ſi bien que l'ennemy fut contrainct de ſe retirer: Ce fut en l'an mil cinq cens ſoixante-neuf.

L'annee meſme & peu de temps apres, fut donnee la bataille de Mont-contou, ſur les fins de Poictou vers la haute Bretaigne, au grand deſaduantage de ceux de la Religion.

Les Iſles de Ré & d'Oleron, ſont auſsi de la contribution & finages de Poictou.

FONDATION DE LVSON EVESché contenu au Poictou.

LVçon ne fut iadis qu'vne Abbaye dediee au nom de noſtre Dame, par *Lucius* fils de ſaincte Helaine: lequel ayant tué ſon frere aiſné fut banny du pays, & candamné à tenir Religion perpetuelle, & pour ce faire, ſon pere le meiſt ſur mer en vn nauire garny de grandes richeſſes, & de reliques, auec pluſieurs Preſtres & autres deuotes perſonnes, qui ſe rendirent par permiſsion diuine au lieu de preſent nommé Luçon pres la mer: où *Lucius* ayant pris port, y feit baſtir la ſuſdicte Abbaye, & l'appella de ſon nom Luçon, & en icelle paſſa le reſte de ses iours fort vertueusement, & en toute sainéteté de vie, auec les Prestres qui estoient auec luy.

Ladicte Abbaye fut erigee en Euesché, enuiron l'an mil trois cens soixante & vn, soubs le Pape Iean vingt deuxiesme: tenant le siege Episcopal de Poictiers Arnaut d'Auches, qui fut Cardinal.

LA FONDATION DE MAILLEZAIS.

Ceste ville n'estoit ausi anciennement qu'vne Abbaye, laquelle fut fondee l'an sixiesme du regne du Roy Robert, sçauoir l'an de nostre salut mil & trois, par Guillaume Duc d'Aquitaine surnommé Teste d'Estoupe, & Adomalde son espouse: ayant iceux faict assembler à Poictiers au mois de Iuin l'Euesque dudit lieu, nommé Gilbert Gombault Archeuesque de Bordeaux, & autres Euesques touchant la fondation de ladicte Abbaye.

Ceste place fut erigee en Euesché au mesme temps que Luçon, & par le mesme Pape.

Les villes & places contenues soubs Luçon & Maillezais, sont au denombrement des villes de Poictou cy dessus.

FONDATION DE LA ROCHELLE
& Comté d'Aulnis.

LE pays Rochellois, qui est le Comté d'Aulnis, s'estent plus en largeur qu'en longueur, & est limitté de Poictou au leuant & Septentrion, & au Midy d'vne partie de Saintonge au ponent de la mer Occeane.

La ville de la Rochelle est situee sur vn bras de mer, receuant deux fois le iour le flux & reflux de la mer, & de toutes pars presque enuironnee de marests, ayant vn bon port, & vn pays voisin des plus fertilles de la Gaule : & est ceste place presque imprenable, & des plus fortes qu'on sçache voir. Les habitans d'icelle tiennent la doctrine Euangelique.

Ceste place ayant esté gouuernee ancienement par des chefs Anglois, fut remise en l'obeissance du Roy de France par les citoyens, qui chasserent les Anglois. A cause dequoy furent octroyez plusieurs beaux priuileges à ceux de la Rochelle par le Roy Charles cinquiesme, l'an de grace mil trois cens soixante deux : à present ils ne veulent recognoistre aucuns Seigneurs.

A la Rochelle y a siege Presidial auec les Conseillers & autres gens de Iustice.

Ceste ville a esté bastie depuis six à sept cens ans, par les Rois de France, pour la commodité du port, & pour faire testes aux Pirates, qui escumoiét toute la coste Armorique.

La Rochelle est appellee par les anciens Autheurs, *Santonum Portus*, c. à. d. le cap, ou Promontoire des Saintongeois.

DV PAYS DE SAINTONGE

LE pays de Saintongeois est d'assez belle estédue, duquel les villes principales sont Saintes, qui est la capitale, sainct Iean d'Angely, Merennes, Soubise, Blaye, Ponts, Bourg, Barbesieux, & autres villes & chastellenies en grand nombre.

Ce pays est fort ancien: les Saintongeois estant nombrez par graues Autheurs entre les premiers de la Gaule. Et est limité à l'Orient du pays Engoulemois, au Ponent de l'Occean, où sont les Isles d'Oleron & de Marennes, au Septentrion du pays de Rochelois, & au Midy du Bordelois, & pays d'entre deux mers selon la riuiere de Dordonne. Le pays de Saintonge est du ressort de Bordeaux.

De la ville de Saintes.

CEste ville est la capitale du Saintongeois, bastie par les anciens Gaulois, & laquelle fut iadis appellee *Mediolanium*, mais ce peuple ayant esté subiugué par Cæsar, & les Capitaines Romains, le nom de la ville fut changé.

Saintes est situee sur la fertille riuiere de Charente, laquelle prend sa source en vn lieu appellé Charemac, entre Limoges & Engoulesme.

Pour tesmoignage de l'antiquité de Saintes, on void encor les ruines d'vn Amphiteatre, qui rappote à celuy qui fut à Perigueux hors de la ville,

pres

près l'Eglise S. Eutrope, qui fut le premier Euesque Saintongeois (enuoyé par S. Clement) lequel ayant conuerti ce peuple à la foy Euangelique, fut martirizé soubs Domitian l'Empereur.

Sur le pont de Charente, deuât la ville de Saintes, y a vn arcade fort antique, & remarquable, à vn costé, & duquel sont escrits ces mots *Cæsari Nep. Diui Iulii Pontifici Auguri.*

Et de l'autre costé y a encor plusieurs lettres, à demi effacees, d'où l'ō ne peut tirer aucune substance. Il y a aussi quelques ruines d'aqueducts à Saintes, & conduits de fontaines, qui conduisoient l'eau en la ville, qui furent iadis rompus.

L'an mil quarante sept, Geffroy Comte de Saintonge, & Agnes son espouse fonderent le Monastere des Religieuses de Saintes au nom de nostre Dame.

Le trentiesme Euesque de Saintes nommé Pierre de Confoulant, feit faire la maison Episcopale, en l'an mil cent deux, & feit aussi reedifier les murailles de l'Eglise Cathedrale.

DE LA VILLE DE BLAYE, ET
de celle de Bourg.

BLaye est vne place tresancienne portant le titre de chasteau, premier que les François fussent habituez en Gaule, de laquelle place fut Seigneur ce fort & vaillant Pallatin Rolland, du temps de Charles le Grand, lequel Charles y feit bastir vne Eglise au nom de S. Romain.

Vers le port Saintongeois est aussi la ville de Bourg, assez belle & en bonne situation & forte.

DES PLACES DE MARANS
ET DE PONTS.

MArans n'est qu'vn gros bourg deffendu d'vn fort chasteau, par le milieu duquel passe vn coulant d'eau de mer, & pource le lieu porte le titre du port de Marans.

A quatre lieuës de Saintes est la ville de Ponts, bastie comme en arcade, entant que posee sur vne petite montaigne ou colline: elle couure le sommet & pendant d'icelle. Au plus haut de laquelle est le chasteau, fortifié de bons murs, & bien fossoyé, qui est cause qu'on ne s'est soucié de fortifier la ville, au pied de laquelle passe la riuiere de Seugne par trois diuers cours.

La ville de Ponts est diuisee en haute & basse ville, & celle partie qu'on nomme S. Viuian est maintenant presque deserte: parce que les Iuifs s'y tenans iadis, & y ayans pendu vn Croisé de l'Hospital, le Seigneur les ruina tous, sans en auoir pitié quelconque. L'autre partie de la ville vers le Septentrion est dicte les Hairs & S. Martin, & est embellie de plusieurs Eglises, Couuents & lieux d'oraison, tels que les maisons des Iacobins & Cordeliers, (le Conuent desquels fut fondé par vn Seigneur du lieu nommé Regnaut, du temps de Charles cinquiesme) les Moines de S. Benoist, & celuy des Freres de S. Iean de Hierusalem (fondé par Guy d'Engoulesme) trois paroisses, & trois hospitaux, dont y en a deux pour les estrangers, & vn pour ceux du païs, du reuenu duquel l'on auoit de coustume d'entretenir les escoles.

L'estenduë de la iurisdiction de Ponts est de cinquante deux paroisses, & deux cents cinquante fiefs nobles. Ceux de la maison de Ponts en sont Seigneurs, lesquels leur origine des Ponces anciens Romains, & d'où ladicte ville a son nom, comme il se void plusieurs marques qui en donnent tesmoignage, comme en des medalles de Bronze trouuees en quelques mutailles: entre lesquelles y en auoit vne sur laquelle estoient ces mots, *Ælius Pontius, Nepos Pomp. Magn. Tumul.*

FONDATION DE LA VILLE DE S. IEAN D'ANGELY.

Sainct Iean d'Angely est vne ville assez moderne, quoy qu'elle soit des principales, & plus grandes & mieux bastie de Saintonge.

Ceste place porte le nom d'vne Abbaye qui y est fondee en l'honneur de S. Iean: dont la fondation est du regne du Roy Pepin, qui se tenoit au Palais Angerien (où l'on void qu'il n'y a changement que d'vne lettre d'Angeri à Angeli) sur le fleuue de Boutonne, & au terroir d'Aulnis.

Il y eut quelques Religieux venans de la terre saincte lesquels aporterent en ce lieu-là le chef de S. Iean Baptiste, par la venuë desquels le Roy auoit obtenu vne grande victoire sur ses ennemis, qui fut cauſe que pour recognoiſſance d'vn tel ſecours, il fonda au meſme lieu où eſtoit ce ſien Palais Angerien, vne Abbaye au nom de S. Iean : & y eſtablit des Religieux bien rentez, pour y ſeruir Dieu à perpetuité.

Par ce moyen le peuple y abordant, & faiſant baſtir à l'étour de l'Abbaye; peu à peu on y feit vne ville, telle qu'on void à preſent, laquelle porte le nom de S. Iean, & retient encor ſon ancienne appellation.

Tout ceci aduint enuiron l'an de noſtre Seigneur ſept cents ſoixante huict ; lors que Pepin auoit guerre contre Gaifer Roy d'Aquitaine : contre lequel il r'emporta la victoire, comme il eſt porté dans l'hiſtoire de la fondation de ceſte Abbaye.

DE LA VILLE DE BARBESIEVX.

BArbeſieux eſt à neuf lieues de Saintes & à cinq d'Angouleſme, de Coignac & de Ponts. Et eſt vne ville qui fut autre fois fort belle & b'ē cloſe de murailles, ainſi que les ruines & reſtes de murailles le demonſtrent, ſituee en païs fort fertil, quoy qu'elle ſoit eſloignee de riuieres.

En ceſte ville y a deux paroiſſes, l'vne au nom de S. Mathieu, iadis dediee à noſtre Dame, l'autre dediee à S. Eumachie en latin *Imas*. Le Chaſteau eſt fort beau lequel fut rebaſti par l'ayeulle d'vn des Comtes de Rochefault, il n'y a pas long temps:

d'autant que c'est de ceste maison que sont sortis les Seigneurs de Barbesieux. Il y a encor d'autres villes en Saintonge.

DV PAYS D'ENGOVLESME.

LE païs Royal d'Engoulesme contient vingt quatre lieues de long, & seize de large, estant limité au leuant du Limosin, au Ponent de Saintonge, au midy du Perigord, & de partie du Saintonge, & au Septentrion du Poictou.

Les villes principalles de ce païs sont Engoulesme, qui est la Capitale, puis Chasteau-neuf & Coignac, Sieges Royaux ressortissants à celui d'Engoulesme. Apres sont encor les villes d'Aubeterre, la Rochefaut (qui est vne fort ancienne maison, & bien signalee iadis Baronnie, laquelle commença à porter tiltre de Comté, lors qu'Engoulesme fut erigee en Duché, comme la premiere Barónie du païs, & des plus illustres & notables races de Guyenne) Mathon sur le Gandiat, apartenant à vn des puisnez de la maison de Rochefoucaut; comme aussi faict Blanzac, Villebois, & Marcil.

DE LA VILLE D'ENGOVLESme, & autres lieux.

LA ville d'Engoulesme est fort ancienne, ainsi qu'il est aisé à voir ; & la capitale de tout le païs, ayant siege de Seneschal & Presidiaux, Esle-ction & Chastellenie, y ayant plusieurs villages despendans des droicts Chastelains; & ayant son Hostel de Ville, auec le Maire & Escheuins iouissans de grands preuilleges, immunitez & franchises.

Ceste ville est bastie sur vn promontoire, & lieu fort à merueilles, qui faict comme vn coin d'vne grande & longue plaine esleuee & estendue entre les riuieres d'Engenie & Charente, qui s'assemblent en ce lieu. Ce qui rend ceste place plus admirable, c'est que le mont n'est estédu qu'autāt qu'il est besoin, pour la circonference des murailles d'icelle: estant reuestue de tous costez d'vn roc naturel, qui se continue par tout l'enceint, en vn lieu plus aspre, & en l'autre moins: de sorte qu'il faut monter de tous costez qu'on y arriue, excepté du costé de sainct Martial.

L'an mil cinq cents soixante deux, ou enuiron, les Caluinistes ruinerent deux belles Abbayes aux faux-bourgs d'Engoulesme, l'vne de religieux, & l'autre de Religieuses.

En la ville fut encor plus grande pitié, car ils ruinerent l'Eglise cathedrale de sainct Pierre, vn des plus beaux vaisseaux de Guienne, ayant vne des plus hautes tours & aiguilles de France, qui luy seruoit de clocher, & laquelle on tient auoir esté bastie par Clouis premier Roy Chrestien.

Apres furent encor ruinees celles de Sainct André, parroisse Sainct Gibard, Sainct Vincent, nostre Dame de la Penne, Beaulieu, les Cordeliers, les Iacbins, & S. Martial, ou ce sexe de Caluinistes dissipa tout, rauissant les ornements, profanant les vases sacrez,& bruslant les ossemens de plusieurs saincts. La Compté d'Engoulesme est vnie à la couronne de France. Ce grand personnage André Theuet, excellent Cosmographe, estoit de ce païs. La forest de Braconne, voisine d'Engoulesme, plus grande qu'aucune de la contree contient 14500. iournaux de terre. Aupres de la ville est vn bon bois taillis appellé la Garenne, autant plaisant que profitable, proche de Charente fleuue principal du païs.

Pres d'Engoulesme est ceste source, ou plustost abisme admirable de Touure, si profond qu'il n'a iamais esté possible d'en trouuer le fond,& ne sçait on d'où vient ceste source. Le peuple d'Engoulemois (i'entends ceux de la ville) sont gens de bon esprit, tenans quelque conte de leur reputation, assez hauts à la main, se vantans volontiers, se plaisans peu au trafic, la pluspart viuans de leur reuenu; & faisans des gentils-hommes. Ils ayment les lettres, sont megnifiques & courtois, se plaisent à choses nouuelles.

Au plat païs ils sont grosiers & rudes, ressentans la lourderie de leurs voisins, addonnez au trauail, opiniastres & testus ; au reste propres aux armes, de grand courage, & fort hardis.

Les maisons signalees d'Engoulesme sont Corlieux, les Fenestres, Voyons, Balols, Arnauts, Estinales, Iauuiers, Tillets, Poiriers, Terrassons, Nemons, les Piles, la Place, & autres.

Q iiij

De la ville & pays de Perigueux.

LE pays de Perigord est fort salubre, & des plus cogneus & renommé de l'Aquitaine, & mis en regiſtre par les Romains.

Le Perigord eſt ſeparé de la Gaſcogne, au coſté du midy par la riuiere de Dordonne. Et eſt ce pays limitté du Limoſin à l'Orient, & de l'Engoulmois au Ponent, comme auſsi d'vne partie de Saintonge, au Septentrion de l'Engoulmois, (dans lequel il s'enclaue) comme auſsi ce pays luy eſt limitrophe au Midy ſelon la riuiere de Dordonne.

Le Perigord eſt vn pays montaigneux, pierreux, aſpre, & raboteux, pour la plus-part chargé de boſcages, y ayant principalement forces chaſtaigniers, qui ſont de grand profit au peuple. En ce pays y a grand nombre de forges à fer & acier.

L'air de ce pays eſt tellement bon & ſubtil qu'on n'y void que bien rarement la peſte & maladies contagieuſes. Ce qui eſt cauſe que le terroir eſt peuplé à merueilles, & que les hommes y ſont ſains, diſpos, fort gaillards, & de longue vie, pour leur naturelle ſobrieté: car ils ſe contentent de peu, & font de grands exercices, ils ſont fort affables en ce pays, accords, propres à toutes honneſtes actions & exercices, ſoit aux lettres, armes, arts mequaniques, ou autres perfections.

Le pays de Perigord eſt arroſé de pluſieurs belles & bonnes riuieres, ayant d'vn coſté la Dordonne, laquelle prend ſa ſource en Auuergne, & arroſe partie du Quercy, costoye l'Agenois & laue le Perigord: s'allant en fin rendre dãs vn bras de mer, au dessoubs de Libourne, non loin du chasteau de Fronsac.

Outre la Dordonne sont encor les riuieres de l'Isle, Vezere, Hosuezere, Dronne, qui passe par Brantomme, puis Bandiat, qui passe à Montron: & y a plusieurs autres gros ruisseaux & torrens d'eaux viues, plains de carpes, brochets, truites, perches, anguilles, & plusieurs autres sortes de poissons fort sauoureux.

Toutes les petites riuieres sont d'emolument singulier au pays, tant pour les martinets & forges à fer, que pour les paelliers & chaudronniers, & mesmes pour les moulins à bled qui y sont en grand nombre, & pour les papetiers, & mesmes sur la Couze, qui n'ayant qu'vne lieuë de cours, faict neantmoins moudre six vingts moulins, tant à bled qu'à papier.

La riuiere de Dronne a vne infinité de forges à fer & celle de Bandiat, qui ne luy cede en mesme commodité.

Il y a grãd nombre de fontaines desquelles prouiennent tant de ruisseaux, que ce n'est sans occasion que l'Aquitaine porte son nom, à cause de l'abondance des eaux.

D'entre ces fontaines y en a de soulphurees & fort grandes, & pource beaucoup medecinales: il y en a aussi d'autres allumineuses: comme est pareillement vne qui fut faict bastir par Charlemaigne, dont elle porte le nom.

Enuiron demie-lieue de là, est vne autre fontaine merueilleuse pres le bourg de Marsac, laquelle a son flux & reflux, comme le bras de mer qui passe par Bordeaux, quoy qu'elle en soit esloignee de deux grandes iournees. Et pres de la Linde, qui est vne petite ville situee sur la riuiere de Dordonne, y a aussi vne fontaine sortant d'vne tour carree, haute de dix pieds ou enuiron, & ayant demie toise de largeur, carree au dedans en sa circonferéce; la source de laquelle regorge ordinairement & sans cesse tant d'eau, que deux moulins à bled en meulent en toute saison, mais par vn estrãge façon, car l'eau estant sortie de la tour, elle cour quelque cinquante pas d'icelle, & estant empeschee de passer outre, à cause de la terre qui est là naturellement esleuee, elle retourne au pied de la mesme tour, d'où elle auoit sorty, & à son retour elle faict moudre les moulins, lors qu'elle se va ruer dans la Dordonne.

Pres de Miramont, qui est aussi vne petite ville en Perigord, se void vne cauerne ou grotesque (que ceux du pays appellent Cluzeau) de laquelle ceux qui y sont entrez racontent merueilles, disant qu'elle va par dessoubs terre de cinq à six lieuës: & qu'au dedans sont plusieurs belles salles & chambres, les vnes estant pauees de pierre menue, & diuersifiees en couleur à la Mosaïque, & là on void quelques Autels, & des painctures en plusieurs endroicts. Ceux qui y sont entrez disent qu'il y a plusieurs fontaines & ruisseaux, & entre autres vn qui a de cent à six vingt pieds de large, lequel court d'vne grande roideur & vistesse : estant fort creux & profond : outre lequel on n'ose passer, quoy qu'il y ait encor vne grande estendue en la grotesque. Et ne peut-on entrer en ce lieu qu'à grandes troupes, auec force torches, flambeaux & lanternes, à cause qu'il n'y a clarté ny lueur quelconque sinon par l'entree: & faut porter des viures, afin de s'en seruir si d'aduanture l'on s'esgaroit.

Non loin des monts de Pirence, fut trouué vn tel lieu soubs-terrain en Cominge; mais non si grād ne si obscur, dans lequel estoit encor l'Idole de Venus, & plusieurs figures de Priapees, & autres saletez.

Le pays de Perigord est fort propre pour les Herboristes, à cause du grand nombre de simples & herbes fort rares qui s'y trouuent. D'auantage y a grande abondance de mineraux fort propres pour la santé.

Enuiron quatre lieuës de Perigueux, est vne place nommee la Roche, appartenante au sieur de Trigonnau, où il y a vn creux large dans vn rocher, pres la maison du susdit Seigneur, d'où l'on tire grande abondance de Boliarmenic pour les Apoticaires.

FONDATION DE LA VILLE
de Perigueux.

LA ville de Perigeux est situee au milieu du pays sur lequel elle commande, & est en vn plaine, enuironnee de montaignes & costaux, & est de la fondation des anciens Gaulois descendus de Noé: comme il se pourra voir cy apres. Elle a esté ainsi appellee, du nom *Petragorensis*, qui vient de *Petra*, en

François Pierre, à cause (comme dit est) que ce pays est fort pierreux & montaigneux.

Perigueux est erigee en Euesché dés le temps des Apostres, & s'appelloit anciennement ceste ville Iaphet, d'où l'on peut voir qu'elle est tres-anciéne, & que les enfans ou arriere-nepueux de Noé venant en Gaule, peu apres le Deluge, la bastirent & luy donnerent ce nom de Iaphet. Elle estoit iadis de fort grande estendue contenant enuiron septante arpens de terre, où il s'en faut beaucoup que la moderne n'en approche. L'on void encores des voustes antiques, de vieux pilliers, & autres ruines de sa premiere fondation, lesquelles sont tres-remarquables.

Ceste ville fut aussi nommee Vessune, lequel nom est encor demeuré à vne vieille tour ronde distante enuiron cinquante toises de la cité, & est ceste tour bastie de fort ciment, de chaux & tuille. L'on tient que c'estoit vn Temple de Mars, ou de Venus.

Ioignant la ville de Perigueux vers le Septentrion sont les ruines d'vn Amphiteatre, fort magnifique en forme d'ouale, long de trente toises, & large de vingt ; au dedans l'on y void encor les caues où l'on mettoit les bestes furieuses pour combatre, & donner plaisir aux Spectateurs.

L'Eglise cathedralle est fort magnifique, ayant la tour faicte en piramide, & est dediee au nom de sainct Estienne premier martir.

Il y a de belles immunitez & priuileges en la ville de Perigueux, octroyez par Charles 5. comme de tailles, subsides, & autres imposts: pour auoir esté tres-fidelles au Roy. La ville est separee de la cité enuiron de cinquante pas.

Le Chapitre de Perigueux estoit iadis Seigneur de la ville, prenant encor de present les droicts de l'Aoust, & ventes, receuant hommage du Maire & des Consuls de la ville.

La ville pour le faict de la police est regie par vn Maire & six Consuls, y esleus & changez annuellemēt par les habitans du païs S. Front. Quand pour la Iustice Royalle, comme la spiritualité elle despend de Bordeaux. Perigueux est siege de Seneschal & Court de Presidiaux, y ayant pour Iuge le Seneschal, les Conseilliers, Lieutenant General, Ciuil, & Criminel, & autres gens du Roy. Les appeaux vont au parlement de Bordeaux.

L'Eglise collegialle de saint Front à Perigueux, n'estoit anciennement qu'vne Abbaye seculiere, laquelle est maintenant vn des beaux bastiments qu'on puisse voir, composé de forts materiaux, & ressentants grandement leur antiquité, & est voustee à sept faces, & contient encor soubs terre vn grand traict de beaux edifices, voustez & soustenus de pillers massifs; & y a vn fort magnifique clocher à piramide ronde, situé sur vne tour carree, portant le nom de sainct Front premier Euesque de ceste ville, lequel y fut enuoyé annoncer l'Euangile par sainct Pierre, duquel il auoit esté baptizé en vne cité d'Asie, nommee Ianie, d'où ce sainct estoit natif.

DE PLVSIEVRS VILLES ET places de Perigord.

Sarlat & Bregerat sont deux Euefchez qui dependent du pays de Perigord, esquels y a siege Royal : & sont du ressort de la Seneschaussee de Perigueux : outre lesquelles y a vne infinité de petites villes, comme Linde, Mussidan (en laquelle fut tué le Comte de Brissac, en l'an mil cinq cens soixante-neuf) l'Isle, Riberac, Aubeterre, Nontron, & autres.

Branthomme est vne petite ville de Perigueux sur le fleuue de Dronne, où il y a vne des plus belles Abbayes, & mieux bastie de l'Aquitaine, posee au pied d'vn roc: duquel sourcellent vne infinité de fontaines, & y a vn beau bois au dessus.

Il y a plusieurs autres belles Abbayes & Prieurez au pays de Perigord, tant de Moines que de Religieuses.

Non loin de Perigueux est vn petit village ou bourg appellé Cadoin, où estoit le sainct Suaire de nostre Seigneur.

DV PAYS DE LIMOSIN ET DES villes & places qui en dependent.

LE pays de Limosin, est diuisé en haut Limosin & bas Limosin, & est fort abondant en boscages, & n'a iamais changé son nom fort remarqué par Cæsar & autres Romains. Et n'y a qu'vn gouuernement dependant du Parlement de Paris.

Le haut pays de Limosin est arrosé de la riuiere de Vienne que les Limosins appellent Viguenne, & a quarante deux lieuës Françoises de longueur.

FONDATION DE LA VILLE de Lymoges.

Limoges est la cité capitale du haut pays de Lymosin, vne des plus anciennes & fameuses des Gaules, situee partie en vallon, & partie sur la croupe d'vne petite montaigne, du costé de sainct Martial: & le vallon est vers la riuiere de Vienne, où est la cité & l'Eglise cathedrale, dediee au nom de S. Estienne, par le glorieux Apostre de Guyenne, S. Martial.

Ceste ville suiuant l'opinion de quelques Autheurs à son nom d'vn ancien Gouuerneur des Gaules nommé Lemouix, de la race des Gomerites & successeurs des enfans de Noé.

Elle estoit iadis plus grande qu'elle n'est à present, comme l'on peut voir par des remarques & vestiges de murailles que l'on void hors de la ville, ayant esté ruinee par plusieurs fois.

Au pays de Limosin les hommes sont de grand trafic, actifs, & ennemis de l'oysiueté, grands Catholiques: & ont esté les Limosins tousiours fort fideles au Roy de France.

Iean Daurat Poëte Royal & le Roy des Poëtes, & Marc Anthoine de Muret estoient natifs de

Limoges, lesquels auoient esté precepteurs de cest autre excellent & insigne personnage monsieur de Belle-forests, Muret fut faict citoyen Romain.

Les paysans du pays Limosin abhorrent la friandise, & se contentent de peu, & pour ce sont alaigres & dispos, viuant longuement: de sorte que l'on void quelquesfois vn vieillard voir ses enfans iusqu'à la quatriesme generation. Ils se maintiennent si bien en amitié, que l'on void des maisons en ce pays où il y a plus de cent personnes demeurans tous ensemble sans faire partage: & viuant comme en vn college.

En ce haut pays Limosin y a plusieurs villes assez bonnes & marchandes, comme sainct Yrier, la Perche iadis hermitage, sainct Iunien, où il y a Eglise collegiale, sainct Leonard Abbaye renômee, Salloignac, la Soubs-terrane, Bencuent, Pierre Bussiere, Segur, ancien siege du pays Limosin, appartenant aux anciens Comtes de Perigord, Chaslus, lieu remarquable pour la grande foire de Guyenne. En ce pays estoit aussi la ville de Bré, laquelle fut ruinee & rasee par les Anglois.

L'Abbaye de grand Mont au haut Limosin, fut instituee l'an de nostre Seigneur mil sept cens six, par vn Auuergnac nommé Estienne, homme noble & sainct personnage, lequel enhorta plusieurs personnes à se retirer hors du monde.

Les maisons illustres du haut Limosin, sont celles de Pierre Bussiere, Chasteau-neuf, les Cars, maintenant erigee en Comté, Vauguion, Roche Chouard, des plus anciennes de Guyenne, Magnac, & autres.

Lo

Le bas pays Limosin est arrosé de la riuiere de Dordonne, qui le separe d'Auuergne; il est aussi laué du fleuue Vesere.

Ce pays, quoy que grand, n'a que trois villes de remarque: toutes trois Royalles, Tulle, Vzerche, & Briue; lesquelles sont ordinairement enquerelles pour la preeminence & authorité, chacune protestant d'estre la premiere.

FONDATION DE LA VILLE de Tulle.

CEste ville n'estoit autres-fois qu'vne Abbaye, laquelle fut erigee en Euesché par le Pape Iean vingt deuxiesme, auquel lieu sainct Martial prescha, & mesme feit plusieurs miracles au chasteau de ce lieu, comme aussi il prescha à Bruiasac, & à Rossignac.

A Tulle y a siege presidial, & y est l'Election du bas Limosin, & la recepte des Tailles, & deniers du pays; y ayant grand trafic en icelle: par ce que sur tous autres de ce pays, les citoyens de Tulle sont laborieux, subtils, & fins au possible, aymans les procez, lesquels ils fondent sur la pointe d'vne espingle: & qui pis est on les blasme du mestier de tesmoings à gage.

Ceste ville estoit iadis fort grande, & y auoit plusieurs Temples des Dieux des Payens, abbatus par le moyen & predication de saint Martial.

La ville est située entre des montaignes & pays raboteux & montaigneux, fertile & portant de bons vins, & abondant en noyers, d'où ils tirent grand profit pour les huilles. Le peuple y est fort deuot & Catholique.

En l'Eglise cathedrale, y a vne esguille & pointe pyramide du clocher, qu'on estime des plus belles de France; sans excepter celle de sainct Michel à Bordeaux ou celle de S. Geruais à Lectoure.

DE LA VILLE D'VZERCHE.

Vzerche, est vne ville belle, plaisante, & bien aërée, asise sur le Vezere, qui est vn torrent impetueux, & enuironné d'eaux de toutes parts; de sorte qu'elle semble du tout imprenable.

On tient que le Roy Pepin bataillant contre Vvaifet Roy d'Aquitanie, feit bastir ce lieu & forteresse, armée de dix-huict tours, & belles deffences. Il y a siege Episcopal establi par ledict Pepin.

Il y a vne belle Abbaye de l'ordre de S. Benoist, en laquelle estoit la nappe sur laquelle nostre Seigneur feit la Cene: il y a aussi quelques corps de saincts personnages, où se font plusieurs miracles: & mesmes deuant S. Leon, & S. Coronat, où les insensez faisans leurs neufuaines, recouurent santé & entendement.

Puis est encor Vinadiere, dependant de S. Iean de Hierusalem. A deux lieües de là est la Chartreuse de Glandieres.

Les citoyens de ceste ville ayment plus les armes que la marchandise : aussi sont-ils tousiours fort belliqueux.

Ce païs est fort fertil en bleds, vins, & chastaignes, & la riuiere en bon poisson, & sur tout en truistes.

DE LA VILLE DE BRIVE.

LA troisiesme ville fameuse du bas Limosin est Briue la Gaillarde, situee en vne belle & fertile Campaigne, ayant bois, vignes, terres labourables, prairies, & tout ce qu'on sçauroit souhaitter pour la vie des hommes.

Ceste place est ancienne estant desia du temps que les François vindrent en Gaule, n'estant pour lors qu'vn village.

Il y a de present vne Seneschaussee, qui la faict plus riche & frequentee. Elle estoit iadis du ressort de Perigeux, mais le Roy Charles 6. la ioignit au Limosin. Ce qui est cause de grands procez entre ceste ville, & celle de Tulle, & d'Vzerche, comme auons dict.

Il y a plusieurs autres villes au bas Limosin, comme Trignac, Donsenac, Allasac, Beau-lieu, Messac, Vllet, sainct Angel, & Beaumont, iadis rasee par les Anglois.

Les illustres maisons de ce pays sont celles-cy Vendour, Combort, Turenne, Ponpadour, Maumont, Rostignac, Silal, Gemel, & autres.

Du pays Limosin sont sortis cinq ou six Papes, plusieurs grands Prelats, nombre infinis de braues Cheualiers & Capitaines, plusieurs autres hommes de grand & rare sçauoir.

L'an mil cent nonante neuf le Roy Richard ayāt esté aduerti qu'vn Cheualier Limosin auoit trouué soubs terre les Images d'vn Empereur, sa femme, & ses enfans, asfis à vne table, le tout de fin or; Ce qu'il voulut auoir & retirer dudict Cheualier, lequel nioit auoir rien trouué: mais ayant entendu que le Roy le vouloit faire mettre prisonnier, il se retira au Vicomté de Limoges en son chasteau de Chassus, où ledict Roy le feit asieger, à mauuaise heure pour lui, car il receut vn coup de flesche dans l'œil, dont il mourut par apres: & ne laissa aucuns enfans pour lui succeder.

Les Limosins sont gens accords, graues, sages, & fins, n'estans hastifs en leurs actions, diligens neantmoins en leurs affaires, laborieux, prompts à faire plaisir, vn peu chiches, & sordidez chez eux, excepté les gentils-hommes, lesquels y sont magnifiques & genereux, & les citoyens des villes, qui sont mieux ciuilisez & appris que la populace.

DV PAYS D'AVVERGNE
& places y comprises.

Avergne estoit iadis region separee & faisant vn peuple particulier à soy, depuis que les Romains la subiuguerent. Elle est mise au denombrement de l'Aquitaine, à cause qu'elle est entre Loire & la Garonne.

Ce païs est diuisé en haut & bas. Celui qui est en la Campaigne s'appelle Limaigne, & l'autre la haute Auuergne.

Le pays d'Auuergne est limité au seuant du pays de forest & Lionnois, & est posé vers le Midy entre Vellay & Geuoudan, au Septentrion il est enclaué entre le Bourbonnois, & la Marche Limosine: cóme encor le haut Limosin lui sert de limites à l'Occident.

Les Auuergnats sont vrais Gaulois d'origine, sans rien dissimuler, & a present composez du sang Goth & Romain.

L'an cinquiesme du regne de Childebert, la region des Auuergnats fut affligee, & tourmentee de grands & estranges deluges: de sortte que par l'espace de douze iours, il ne cessa d'y plouuoir abondamment ; & le fleuue de Lyman desborda tellement, qu'il empescha plusieurs d'ensemencer leurs terres.

Limaigne est la plus fructueuse contrée de l'Auuergne, & de tout temps chef des autres, la ville capitalle (qui est Clermont) y est aussi posee.

Ce pais est ainsi appellé, selon l'aduis de quelques vns, du limon & terre grasse, ou comme tiennent les autres, du mot *Alimonia*, qui signifie nourriture; à cause de sa fertilité, ou finablement est dict Limaigne, à cause du fleuue Liman, qui se rend dans celuy d'Allier.

DE LA VILLE DE CLERMONT.

Lermont est la capitale ville d'Auuergne fort renommee, belle & de grande antiquité, & s'appalloit anciennement Gergonie, & estoit de beaucoup plus grande estenduë qu'elle n'est à present: comme l'on void par les ruines & vestiges des antiques bastimens, qui encor apparoissent demie lieuë à l'entour, comme medailles de toutes especes de metaux, colomnes, chapiteaux, cornices, & bases de colomnes anciennes.

Or ceste ville est situee au bout du plat pays sur le haut d'vn costau, d'où sortent plusieurs ruisseaux.

Non loin d'icelle, sçauoir aupres de la cité, qui

est separee de la ville, on a trouué plusieurs antiques tombeaux, entre lesquels y en auoit vn, sur lequel estoient ces mots.

IVLIA PAVLINA TITI LA-BIENI VXOR.

Au lieu où sont ces vieilles ruines, & où estoit proprement la cité de Gergonie, l'on void encor des voustes soubs-terraines, par lesquelles on pouuoit aller plus d'vne lieuë soubs terre, mais auec clarté. On n'y peut aller à present, à cause que l'eau y degoute du haut du roc. En ce lieu on tient qu'estoit campé Cesar : mais quelques-vns sont d'opinion qu'il estoit faict au parauant.

L'Eglise cathedrale de Clermont est dediee à l'honneur de la vierge Marie, & fut premierement bastie par S. Martial. Le premier Euesque de Clermont fut S. Austremonie, qui fut disciple de nostre Seigneur.

Le quatorziesme Euesque de ce lieu fut sainct Sidonie Apolinaire, tresdocte personnage, du temps des Gots.

Au deuant de la maison Episcopale de Clermont on void vne des plus belles fontaines de Gaule, laquelle est conduicte d'vn lieu nommé Royac, qui est comme vne source, des ruisseaux & fontaines arrosans la ville, & le pays voisin.

Il y a des Conuents de Iacobins, Cordeliers & Carmes. Il y a en outre vne Eglise nommee nostre Dame du Port, premierement fondee par S. Auit, destruitte par les Normands, & rebastie par Sigon Euesque d'Auuergne.

Au dessous de ceste Eglise y en a vne soubs-terraine, aussi grande & spatieuse que celle d'enhaut. Il y a plusieurs autres belles Eglises, & vn somptueux Hospital fondé par Guillaume du Prat Euesque de Clermont.

En outre est vne belle Abbaye de sainct Allire qui estoit cinquiesme Euesque d'Auuergne.

Ces Monesteres iadis estoient enclos dans la ville, mais les guerres ayans tout ruiné de temps en temps, la ville a esté mise & reduite en plus petit circuit; & sont à present ces Eglises & monasteres hors de l'enclos.

En l'Abbaye de sainct Allire est le tombeau de deux Amans, dont Gregoire de Tours faict mention au liure de la gloire des Confesseurs.

Au dedans de ceste Abbaye passe vn fleuue iadis nommé Scatcon, maintenant Tiretaine, sur lequel est vn merueilleux Pont de pierre naturelle faicte de l'eau d'vne fontaine, qui s'endurcit en pierre, non sans estonnement des grands & admirables effects de nature; laquelle fontaine est loin de la susdicte riuiere de 300. pas.

Le susdict Pont a trente brasses de longueur, & six d'espoisseur, & huict de large.

Ceste fontaine est dicte Saulse, est allumineuse, & despend de l'Abbaye, qui est fort magnifique, ayant de belles tours & destences, comme vn chasteau; & y sont plusieurs colomnes, sepulchres, & Autels de marbre, & de iaspe, de diuerses couleurs à la Mosayque. En icelle est la chapelle de sainct Venerand, où reposent les corps de plusieurs Martyrs & saincts personnages.

Aux faux-bourgs de Clermont sont encor le

Prieuré de sainct Bonnet, & hors la porte sainct Pierre, vn Monastere de Religieuses & vn vieil edifice nommé la tour des Sarrazins. En vn autre fauxbourg est l'Abbaye de sainct André iadis Prieuré, où est vn tombeau clos & couuert d'vn cuir rouge, qui est plein d'os d'vne desmesuree grandeur : & tient-on que ce sont les os des premiers fondateurs de ce Prieuré.

Non loin de ceste place est le village de Chamailleres, iadis faux-bourg de l'ancienne cité d'Auuergne, où il y a vne Eglise fort ancienne dediee à nostre Dame, & fondee par saincte Tecle. En outre est le Prieuré sainct Marc en vn vallon : où il y a deux bains, l'vn d'eau calcineuse, l'autre de sulphuree, & au dessoubs vne fontaine ayant goust de vin, mais fort mauuaise à boire. A Chamailleres est encor vn vieil chasteau, que l'on dit auoir esté à Gannelon.

A Clermont se faict du meilleur papier de France, tant à escrire qu'à imprimer.

Deux conciles ont esté tenus à Clermont, l'vn Prouincial, en l'an de nostre Seigneur 540. où assisterent quinze Euesques de Gaule, l'autre general, l'an de grace mil nonante cinq, par l'authorité du Pape Vrbain 5. natif du Limosin.

Les estats furent tenus en ceste ville soubs Charles cinquiesme l'an mil trois cens septante quatre.

Pres Clermont est vne petite montaigne où le Bithume coule comme d'vne fontaine, noir au possible & gluant.

DE LA VILLE DE RION,
ET AVTRES.

Rion deuxiefme ville de Limaigne, eſt riche & opulente dicte en Latin *Reoticum*, ſituee en la fertilité du pays, en laquelle y a cour de Preſidiaux, eſtablie par Henry 2. du nom, & eſt la Seneſchauſſee du bas Auuergne.

Du Preſidial de Rion dependent les ſieges de Mont-ferrand, vne des belles villes d'Auuergne: où il y a cour de generaux pour les finances: Apres ſont encor Combraille, Montaigu, Aigueperſe, & Montpenſier appartenant à la maiſon de Bourbon.

Les autres villes de Limaigne ſont Bilhon & Yſſoire, Brioude, Angeon, Langheac, ſainct Germain, ſainct Lambron, Aigueperſe, Eubreuſle, ſainct Pourſain & Cuſſet, qui ſont auec les ſuſnommez traize villes en nombre, ſans d'autres villes & gros bourgs, villages, & chaſteaux, appartenans à pluſieurs grands Seigneurs, comme Montaigu, Mommorin, Monguaçon, Entragues, Chuzeron, Randan, Rauel, Fontanilles, & autres.

La ſource du fleuue Allier eſt quatre lieues au deſſoubs de Brionde, & paſſe pres d'Vſon, où l'on trouue vne belle mine d'or & d'azur.

LA haute Auuergne a pour ville capitale ſainct Flour, qui eſt vn Bailliage & ſiege Preſidial, ſituee ſur vn haut lieu eſleué & entaillé tout à plomb. C'eſtoit iadis vn Prieuré fondé par les Sieurs de

Bresons: l'an mil trois cens deux, sainct Flour fut erigé en Euesché par le Pape Boniface huictiesme. L'autre ville principale de la haute Auuergne est Orilhac, qui est vn siege ancien du Bailliage, & y a cour de Presidiaux, d'où dependent les sieges d'Orilhac, sainct Flour, Carlat, & Murat; auec les villages de Sallers, Mauriac, sainct Martin de Marmarons & autres, qui n'ont autre trafic que du bestail qu'ils nourrissent.

Les montaignes de Cantal en Auuergne, sont perpetuellement chargees de neiges, à cause de leur hauteur.

Pont Gibaut est vne petite ville à quatre lieuës de Clermont, ayant pres d'elle vn village nommé Rore: là est vne mine d'argent abondante.

Dome est vne montaigne fort plaisante, à vne lieue de Clermont, & des plus hautes de la France, fertile en pasturage, & simples autant exquis que Medecin pourroit souhaitter: au sommet de laquelle on void encor plusieurs ruines & fondemés, qui font paroistre qu'il y eut iadis quelque somptueux bastimens : Il y a aussi les montaignes de Frumental, la Vedrine & le Girene.

Pres du mont de Cosme, lequel est aussi fort estimé, est vn lieu nommé la Cherre, où est vne fontaine, qui est glacee durant les plus grandes chaleurs de l'esté: & lors que l'hyuer est plus violent, elle desgele & est chaude, sortant d'icelle des fumees & exhalations comme d'vne fournaise.

Le mont d'Or abondent en fontaines, de l'eau desquelles sort la riuiere de Dordonne. Il y a des bains fort salutaires en ceste montaigne.

Prés ce mont est la ville de Besse, à demie lieuë de laquelle on void vn lac de grande estenduë, & presque au sommet d'vne montaigne, duquel on n'a peu trouuer le fonds, & est fort admirable à voir, & encor plus effroyable: car si l'on iette quelque pierre dedans, on se peut tenir bien tost asseuré d'auoir du tonnerre, des esclairs, pluyes & gresles.

Non loin de là est vn creux ou abisme nommé Soucis, rond à son ouuerture, sans fonds qu'on aye peu trouuer presque pareil au precedent.

En ce pays est la chappelle de Voisiniere, où se font de grands miracles.

Il y a aussi en ce pays vne fontaine dicte Vichy, l'eau de laquelle est naturellement chaude, iettant sans cesse de gros & assidus boüillons, d'où vient qu'auprès y a des bains souuerains en Auril, May, & en Septembre.

A chaudes Aiguës, qui est dix lieuës de sainct Flour, y a de pareils bains & fontaines.

A Roche Dagou, qui est aussi dix lieuës de Clermont en vn village ainsi appellé, se trouuent des pierres pareilles au diamant & fort admirables.

Au bas des montaignes qui tirent vers Limaigne, est vn estang nommé Montœil Dégelat, du nom d'vn village où il est, ayant des sablons & arenes luisant comme or limé ; duquel les financiers se seruent sur leur escriture: l'eau duquel estang est tres-claire.

Le pays d'Auuergne est illustré des Abbayes qui s'ensuiuent: la Chaize Dieu, sainct Allire, sainct André, Môt-peiroux, le Bouchet, Mauriac, Champoing, sainct Gilbert, Ebreüsle, Tiers, Yssoire, Menat, Maulieu, Feniers, & Bellaigne.

Les Religions des Dames, sont Cusset, Beaumont, Lauoine, Megemont, Lesclache, Corpiere.

Les Prieurez plus fameux sont Saueillanges, S. Poursain, les Celestins, Augeroles, Mont-ferrand, Sauuigny, de Ris, Cullat, la Chartrouse, & Moissac.

DV PAYS DE BOVRBONNOIS.

APres l'Auuergne viennent les Boyes (maintenant Bourbonnois) fort renommez, lesquels auec les Cenomans ou Manceaux, donterent iadis les Toscans, s'emparans de leurs Seigneuries, & establissant vne demeure perpetuelle en Italie, qui est maintenant nommee Romaigne, par les anciens Latins *Gallia Togata*, pource que les Gaulois ià faicts Romains s'y estoient domiciliez: ils donnerét aussi le nom au pays de Bauiere, & de Boesme, & mesme celle de Boulongne.

Le pays Bourbonnois est limitté au Septentrion du Niuernois, selon Loire, au Midy, d'Auuergne, à l'Occident du Berry: & au Ponent de la Bourgoigne.

Ce pays est arrosé de deux grands fleuues, sçauoir de Loire & d'Allier, riuiere naturelle d'Auuergne.

L'an mil trois cens trente ou enuiron, la Seigneurie de Bourbon fut erigee en Duché par le Roy Philippes de Valois, & en fut le premier Duc Louys Comte de Clermont, fils de Robert Comte de Clermont, fils du Roy sainct Louys.

Les Comtes de Flandres sont yssus du sang de Bourbon de la premiere lignee. Plusieurs grands Roys & Princes ont desiré l'alliance de ceste Royalle & illustre maison.

DES VILLES DV PAYS Bourbonnois.

La capitale ville de ce pays est Moulins, iadis nommee Gergobine par Cesar, & est situee sur le fleuue d'Allier, & l'ancien siege des Seigneurs & Ducs du pays, & depuis le plaisir des Rois de France. Il y a siege Presidial, pour la Seneschaussee de Bourbonnois, erigé par le Roy François premier du nom.

Apres est sainct Pierre le Monstier place moderne, neantmoins belle & remarquable, où il y a aussi siege Presidial, comprenant le Bailliage de ladicte ville, & les sieges de Douziois, Xainçois, Cusset, & autres pieces qui sont partie en Auuergne, partie en Niuernois.

La ville de Bourbon est fort ancienne, & de laquelle le pays prend son nom: Elle est situee entre les fleuues d'Allier & du Chet, & bien cogneue & renommee dés le temps de Charlemaigne.

De l'ancien Royaume & pays d'Austrasie ou Prouince des Mediomatrices.

Le pays d'Austrasie a esté de grande estendue, comprenant depuis la Meuse iusqu'au Rhin, sçavoir depuis Colloigne iusqu'au pays d'Elsace, ayant la cité de Mets pour capitale, d'où aduint que ce Royaume se nommoit plustost de Mets que d'Austrasie.

La premiere consideration du traict de ce pays est contenue soubs la Gaule Belgique, qui auoit iadis deux Metropolitaines, la premiere Treues, l'autre Rheims.

FONDATION DE LA VILLE DE TREVES.

CEste ville a iadis vaincu en gloire toutes celles de Gaule, & est situee sur la riuiere de Moselle. Le premier fondateur d'icelle fut vn Asirien nommé Trebote, fils de Nine premier du nom, lequel persecuté par sa belle mere Semiramis (laquelle vsurpoit le Royaume Babilonien qui luy appartenoit) passa par mer & s'en vint en Europe, trauersant tant de pays, qu'en fin il s'arresta sur le Rhin, puis passa outre iusqu'à la Moselle, pres laquelle ayant trouué vne vallee tres-plaisante, se meit à y bastir vne cité, qu'il appella de son nom.

Ceste ville a esté tres-puissante & des premieres en l'amitié des Romains. Elle a esté ruinee & saccagee plusieurs fois par les Vvandales, Bourguignons, & les François, les edifices renuersez & ruinez, & les citoyens massacrez & taillez en pieces par les Barbares. Elle a esté rebastie fort magnifiquement, sauf pour la construction de plusieurs bastiments. En icelle se void encor vn palais faict de Brique, dont les murs sont si forts qu'on ne les peut rompre, & du tout semblable au bastiment des anciens murs de Babilone en Assirie.

Treues est la cité Metropolitaine du pays Belgique, dont l'Archeuesque est Electeur de l'Empire. Elle fut conuertie à la foy par sainct Eucharie, disciple de sainct Pierre.

DE LA VILLE DE METS.

LA premiere cité dependante de la premiere Belgique est Mets, portant ce nom des Mediomatrices, parce que les peuples s'y tenant auoient trois villes, & que leur Metropolitaine estoit au milieu d'icelles, sçauoir que Mets estoit entre Toul, Verdun, & Treues,

ues. Ceste ville en vn mot à pris le nom du peuple, habitant en ces finages.

Mets fut capitale d'Austrasie; Elle est grande & forte, arrosee du fleuue Moselle, & de la Seine.

Il y eut plusieurs Eglises & autres edifices abbatuës, auec la plupart des faux-bourgs, lors qu'ils furent assiegez par Charles le Quint; parce que les assiegez voyoient ces bastimens leur estre par trop nuisibles.

Dans la ville furent aussi abbatus les Eglises de S. Martin, au pied de la coste de S. Quentin, saincte Croix, S. Eloy pres la porte de Pontesroy, & sainct Syphorian, & la citadelle dans la ville.

La ville de Mets fut conuertie à la foy par S. Clement oncle de Sainct Clement Pape, lequel y fut enuoyé par Sainct Pierre. Iadis l'Euesque de Mets estoit Seigneur souuerain, establissant la Iustice à son vouloir, & ayant puissance de faire battre la monnoye. Eleuthere Chäcelier de France du temps du Roy Thierry 2. fonda le Monastere des Dames de Mets.

En ce païs on ne plaide point par loy escrite, ains la coustume y est seullement obseruee: de sorte que les Iuges & autres exerçans la Iustice, ne sçauent lettres quelconques: & le plus souuent ce sont gens de mestier, qui sont les Iusticiers. S'il y a quelques hommes signalez, ils ne sont pourtant Legistes, Adnocats, ni Procureurs, & y est le seul Seigneur du pays President pour les loix & pour en iuger.

A Mets n'y a Bailliage, ni Preuosté, sauf que l'Euesque à son Bailly pour son droict, mais les plaids

S

se font à vie, entât que les citoyés ne veulent souffrir autre Iustice que la leur, & celle de leur Prince.

Le pays est gras & fertille, abondant en bleds, vins, chairs, poisson, foings, sel, bois, & mineraux.

Le peuple y est rude & grossier ressentant desia son Allemand, dont ils sont proches.

DE LA VILLE DE VERDVN.

LA seconde ville des Mediomatrices est Verdun assise sur vn costau, le long de la riuiere de Meuse, belle, riche, & en pays fort plaisant & de grande antiquité nommee par Cesar: *Viroduum*.

S. Denis y enuoya Sainctin son disciple pour conuertir ce peuple, lequel y profita beaucoup & y bastit vn oratoire au nom de S. Pierre & S. Paul hors la ville, & la fut son premier siege Episcopal; depuis ceste Eglise a esté dediee à S. Vanne, & y ont demeuré les Euesques enuiron l'espace de trois cents ans, iusques à ce que le grand & superbe temple dedié, en l'honneur de nostre Dame, ait esté basti & erigé en Eglise cathedrale. Ceste dicte Eglise fut fondee par S. Pulchronie cinquiesme Euesque du lieu, lequel assista au Concile de Calcedoine, l'an 455. où l'on condamna l'erraur de ceux qui nioyent que la vierge Marie fust mere de Dieu.

Le susdict Euesque, apres le Concile, feit faire vn image de nostre Dame, ayant vn serpent soubs les pieds, signifiant qu'elle a domté les Heretiques, supposts & ministres de l'ancien serpent, ennemy de l'humain lignage; ayãt à l'entour de ceste image: *Gaude Maria virgo, cunctas hæreses sola interemisti vni-*

uerso mundo. Ce qui auoit esté ordonné au susdict Concile de chanter par toutes les Eglises.

Le 58. Euesque de ce lieu appellé Iacques. Docteur en Theologie, fut Patriarche de Hierusalem, & en fin Pape soubs le nom d'Vrbain quatriesme. Il estoit natif de Troye en Champaigne, fils d'vn courayeur ou sauetier.

DE LA VILLE DE TOVL.

LA troisiesme cité des Mediomatrices est Toul en Lorraine, qui receut l'Euangile, aussi tost que S. Pierre fut à Rome. Le premier Euesque fut Mansuet enuoyé en Gaule, auec S. Clement Euesque de Mets.

Ceste ville est situee sur la Moselle au dessous de Pont à Mousso ville fort anciéne, en vn pays fertil.

Pape Leon neufiesme du nom fut Euesque de Toul, auparauant nommé Baunon, & fut saint personnage; lequel feit des miracles en son viuant, il estoit natif du pays d'Allemaigne.

DV PAYS DE BOVRGOI-
gne & places y comprises.

LEs Bourguignons sont descendus descendus des anciens Gaulois, & iceux (du téps q̃ Druse & les Tiberes enfans adoptifs d'Auguste Cesar domterent la Germanie) se tenoiét en la Cãpaigne par cartiers, s'estans multipliez en nombre fort grand & populeux, & ayans basty

276　DESCRIPTION

plusieurs hameaux le long des limites, lesquels ils apelloyent Bourgs, à cause dequoy ces peuples sont dicts Bourguignons. Il y a d'autres opinions, mais trop longues à deduire, & comme ils furent chassez de leurs sieges, & comme long temps aprés ils se r'habituerent; & en fin se seirent Chrestiens, en l'an 434. Surquoy on pourra voir les Annales & Histoires de France.

FONDATION DE LA
ville de Dijon.

LA ville de Diion n'estoit anciennement qu'vn chasteau, du temps que S. Benigue 1. Apostre des Diionnois vint en ce pais; qui fut l'an de nostre salut mil sept cents. Et est de la fondation des anciens Gaulois, qui luy donnerent ce nom de Diion ou Diuion (au raport de quelque vns) du mot Dii, ou Dmi, à cause qu'en ce lieu y auoit autresfois plusieurs temples des Dieux.

Ceste ville fut accreuë par l'Empereur Aurelian, & est situee presque sur les frontieres & derniers limites de France, en vne belle campaigne, qui se continue iusques à Marseille, & sur laquelle croissent les meilleurs vins de la Gaule. Et est ceste ville forte d'asiette, & plus encor d'artifice, à cause des grands bouleuers & fortifications qu'on y a faictes, pour seruir de rempars contre les aduersaires des Roys de France : desquels sont tresloyaux seruiteurs les Diionnois.

Le chasteau de Diion estoit iadis armé de trente trois tours, & fortifié de belles murailles, ayans trentes pieds de hauteur, & quinze de largeur.

Le chasteau qu'on y void à presēt fut rebasti par le Roy Louys vnziesme, s'estant emparé legitimement du Duché.

S. Benigue fut le 1. Pasteur des Diionnois, lequel souffrit martire sous l'Empereur Seuere, l'an de nostre salut mil sept cents. Long temps apres la mort de ce bon Euesque, fut trouué son corps par S. Gregoire, lequel y bastit vne Eglise & Monastere.

Il y a plusieurs Eglises à Diion, iusques au nombre de seize.

La saincte Chappelle y fut fondee par le bon Duc de Bourgoigne Philippes, lequel y meist la S. Hostie, que le Pape Eugene luy enuoya l'an mil quatre cents trente. Ce mesme Duc institua le Parlement en ce lieu, & y fonda le Conuent des Chartreux, où il gist, auec plusieurs autres Ducs releuez en marbre.

En l'Eglise S. Benigne est enterré vn Roy de Polloigne, qui estant Moine, fut tiré de son Abbaye, pour estre faict Roy, & voulut apres sa mort y estre porté & inhumé. Il s'appelloit Bosdelaus; son epitaphe y est. Il mourut en l'an mil trois cents quatre vingts vn.

Les edifices signalez de Diion sont la maison du Roy, (où est vne forte & haute tour presque ruinee) la maison de la chambre des Comtes, qui est le logis des Estats, & l'hostel de ville. Apres sont les maisons des Seigneurs s'y tenās du temps des Ducs de Bourgoigne, comme sont les logis d'Orenge, le Vergi, Russé, Conches, Saux, Luc, & celui du Mareschal de Tauennes, Ventou, Senecy, le logis du Marquis de Rotelin, & du Seigneur de Pleuuot. Puis y sont les maisons de Cistaux, Cleruaux, Auberine, Merimond, Oigny, & autres.

Les Estats de Bourgoigne se tiennent de trois ans en trois ans à Diion, où il y a Parlement depuis que le Duché est vni à la couronne.

Au Parlement de Diion ressortissent les Bailliade Diion, Authun, Chaslon, Auxois, & la Montaigne.

Le Bailly de Diion a soubs luy quatre sieges, sçauoir Beaulnes, Nuits, Auxonne, & S. Iean de l'Osne. En outre ceste Iustice est encor le siege & chambre des Comtes, le Bailliage, la Gruerie, la Monnoye, & le Gouuerneur de la Chancelerie.

La ville est gouuernee pour le faict particulier par vn magistrat Politique, apellé Vicomte Maieur de la ville & est annuel & electif, par la pluralité des voix: & se fait l'eslection trois iours deuāt la S. Iean.

Le Maire de Bourgoigne est appellé Vicomte, à cause que la ville à iadis achepté le Vicomté, & est perpetuel chef du tiers estat de tout le païs de Bourgoigne.

C'est à la requeste du Maire de Dijon que les Roys entrans en ceste ville, iurent en l'Eglise Saint Benigne de conseruer & cõfirmer les priuileges inuiolables de ladicte ville: & reciproquement icelui Maire iure au Roy fidelité & secours, pour & au nom de tout le païs: en signe dequoy ce Maieur ou Maire, lie vne banderole ou ceinture de tafetas blanc à la bride du cheual du Roy, & le conduict iusques à la saincte Chapelle, estant accompagné de 21. Escheuins.

A Dijon y auoit iadis vne iurisdiction qu'on nommoit la Chrestienté, à laquelle releuoient tous les sieges du païs; en memoire que la foy Euangelique auoit premierement esté annoncee en ce lieu. Le chef de l'Eglise parochiale de S. Iean se nommoit encor Doyen de la Chrestienté.

Les Dijonnois ont priuileges de tenir fief, sans payer finance ou indamnité quelconque, & l'estrãger y peut habiter sans droict d'Aubenage. Tout aupres de Dijon est la merueilleuse forteresse de Talant, situee sur vn costau ; & sur vn autre costau est la chasteau & village de Fontaines; d'ou estoit natif ce grand Docteur S. Bernard, chef de l'ordre de Cleruaux issu d'ancienne & noble race.

S iiij

FONDATION DE LA VILLE DE BEAVLNE, & autres lieux.

LA ville de Beaulne n'eſtoit iadis qu'vn ſimple chaſteau; mais l'Empereur Aurelian le feit accroiſtre & embellir, comme il auoit faict Diion.

Beaulne (ſuiuant l'oppinion de quelques-vns) eſt ainſi nommee pour ſa beauté, & fertilité, eſtant preſque ſituee au millieu du pays, & pres d'vne mantaigne, en vne belle plaine: ayant le terroir & fertil, & principalement en gras, bons vins, & des plus exquis de France.

Ceſte ville eſt voiſine d'vn lac, fortifiee de bonnes murailles & foſſez, & preſque imprenable, ayant vn fort chaſteau, que le Roy Louys 12. feiſt baſtir aux quatre coings principaux de ceſte place, y a quatre boulevets, d'vn artifice admirable & eſfroyable: pour ceux qui la voudroient aſſieger.

En ceſte ville y a vn Hoſpital, qui reſſent pluſtoſt vn chaſteau Royal que le logis des pauures, lequel fut fondé par Raulin Chancelier de Philippes 3. du nom, Duc de Bourgoigne.

Le Monaſtere des Chartreux de Beaulne fut fondé par le Duc Eude, l'an de noſtre ſalut 1332.

Au terroir de Beaulne eſt le fameux Monaſtere de Ciſteaux (ainſi appellé à cauſe de l'abondance des ciſternes) fondé par Duc l'an 1098. Lequel Monaſtere eſt chef de 180. autres Monaſteres de Religieux, & de preſque autant de Vierges ou Nónes voilees, pour le ſeruice de Dieu.

Non loin de Dijon est la ville de Nuits, où il y a Bailliage, laquelle est de la fondation des Nuitons, peuples descendus d'Allemaigne auec les Bourguignons, s'estant domiciliez en la Gaule.

DE LA VILLE
D'AVTVN.

CEste ville est de tres-grande antiquité, fondee par Samothes premier Roy des Gaules, ainsi que tiennent quelques-vns. Elle s'appelloit anciennement Bibracté, puis fut nōmee Hedus à cause des Heduens, peuples fort renommez par Cesar. Et est situee au pied des monts de Senis, sur le fleuue Arroux: & est fort vague & esparse sans edifices, sinon vers le chasteau, où est l'Eglise cathedrale dediee au nom de sainct Lazare, en laquelle ont presidé plusieurs dignes Euesques, desquels le premier fut sainct Amateur, du temps de l'Empereur Aurelian.

Aupres de ce lieu est le fort nommé Marchault, qui estoit le champ de Mars, plus bas que le chasteau, iadis en latin *Campus Martius*.

Auprés l'Eglise cathedrale, est aussi vne Eglise collegiale dediee à la Vierge: & est de la fondation de Raulin Chancelier de Bourgoigne. Il y a aussi vne Eglise pour les Mendians, & deux Monasteres, l'vn au nom de S. Symphorian, fondé par Euphronie Euesque d'Authun.

En outre est le Monastere & Abbaye de sainct Martin, de l'ordre de sainct Benoist, de la fondation de la Roine Brunehaut.

Le Bailliage d'Authun est vn des principaux du ressort du Parlement de Dijon: Soubs lequel Bailliage neantmoins ressotissent ceux du Mont-Cenis, Bourbon, Lancy, & Semur en Brionnois.

Pour la Police de la ville il y a vn Maire auec les Escheuins, qui iadis iugeoient des causes ciuiles & criminelles.

A Authun y auoit anciennement vne assemblee iudiciaire de Druides, le lieu s'appelle encor Mont Dru.

Il y auoit aussi vn Capitole en ceste ville, & plusieurs temples des Dieux. Comme aussi le lieu de Genestoye se deuroit nommer selon nostre langue Ianitect: parce qu'il y auoit vn temple dedié à *Ianus*, & aux autres Dieux.

Non loin d'Authun estoit aussi vn lieu nommé *Mons-Iouis*, d'autant que Iupiter y estoit adoré, on l'appelle maintenant Mont-Ieu.

DV PAYS AVXOIS ET VILLES
y contenues.

CE pays a prins sa denomination de la ville d'Alxie, iadis fort renommee par Cesar, laquelle estoit située sur le haut du mont qu'on appelle encor Auxois, mais elle fut ruinee par le mesme Cesar, & n'en reste maintenant aucun enseignement. Le peuple s'appelloit Mandubiens.

Au bas de la montaigne est le village d'Alise, qui retient encor presque le nom de la susdicte ville emólie, & y a vne Eglise dediee à saincte Regne, laquelle y auoit esté martirizee, & dedans icelle y a vne fontaine prouenante du mont Auxois, l'eau de laquelle guerit miraculeusement plusieurs sortes de maladies.

Le pays d'Auxois est montaigneux, mais fort fertile, tant en vins, bleds, que bestail, & grande quantité de bois.

L'Auxois est limitté au leuant du Dijonnois, au midy de l'Authunois, au ponent du Niuernois, & au Septentrion de l'Auxerrois, & de la montaigne. Et contient ce pays vingt lieuës en longueur, & presque autant en largeur, & a plusieurs villes & gros bourgs.

De la ville de Semur, &c.

Semur est la capitale du pays d'Auxois, située au milieu de la contree, sur le fleuue d'Armanson, & enuironnee de montaignes de tous costez, fors du costé d'Orient, & en son enceint elle comprend trois clostures de parties diuerses, & si bien conioinctes qu'on les iuge pour vne mesme ville, & enclos de murailles, le premier enclos porte le nom de Bourg, celuy du milieu est dit le Donion, & le troisiesme est le Chasteau, par ainsi l'on void quelle a esté bastie à trois fois, le Bourg est le plus peuplé, & où se tiennent les plus riches citoyás de la ville, & est imprenable.

L'Eglise de nostre Dame de Semur est admirablement bastie, en ce que les murs, bien que haut, ne sont que de la largeur d'vne seule pierre, sauf les piliers qui fouſtiennent la vouſte de l'edifice. Il y a vn Prieuré de Religieux de ſainct benoiſt, & ſert encor de paroiſſe à la ville.

Dans le chaſteau de Semur qui eſt de forme ronde, & armé de tours de 15. pas en 15. pas, y a pluſieurs beaux logis, auec vn Prieuré de Religieux dedié à ſainct Maurice. En iceluy chaſteau ſe trouuent plus de quarante puits d'eaux viues qui ne ſeichent point, le plus profond ayant trente pieds de creux, & n'y a coſté de la ville qui ne ſoit embelly de ſon faux-bourg.

Il y a conuent des freres de l'ordre de noſtre Dame du mont Carmel, duquel ſont ſortis pluſieurs grands perſonnages, & qui ont tres-bien trauaillé en la vie Eccleſiaſtique.

Au Donion eſt vne chappelle dediee à ſaincte Marguarite, en laquelle faut que les Religieux de ſainct Iean de Rhodes facent le ſeruice, ayant leur reuenu aſsigné ſur les ſalines de Salins, en la Franche-Comté de Bourgoigne.

La police de la ville eſt adminiſtree par le Maieur & ſix Eſcheuins, & le Procureur de la ville, eſlectifs d'en en an.

L'an 1477. la ville de Semur fut bruſlée & ſaccagee par Meſsire Charles d'Amboiſe, Lieutenant general de l'armee du Roy Louys vnzieſme.

Les autres villes & Bailliges du pays Auxois, ſont Auallon, Arnay le Duc, Noyers, Sau-lieu, Flauigny (qui eſt vne ville aſſez ancienne, de la fondation de Claude Flaue Empereur, en laquelle y a vne belle Abbaye) Moulibard, Viteaux, Ranieres, mont ſainct Iean & autres, comme Miſsery, hafil l'Euefque, Motigny fur Armançon, Thoillon, Saumaife le Duc, Bourbilly, Efpoiffe, Raigny & autres.

Il y a plufieurs belles Abbayes & Prieurez en ce pays, comme Monftier fainct Iean, Fontenois, Flauigny, Oigny, Vaulfe, Vaularifant, noftre Dame de Semur, & plufieurs autres.

De la ville de Chalon & pays Chalonnois.

LE pays Chalonnois eft voifin d'Auxois, & porte le nom de fa cité principale qui eft chalon fur Saone, anciennement nommee Cabillon & Caualone, en laquelle eftoit le grenier des Romains, du temps de Cefar : lequel y meit Q. Ciceron, & P. Sulpice, pour la prouifion des viures : mais cefte ville n'eft baftie en telle forme qu'elle fut autrefois.

Cefte ville eft Epifcopale, & des premieres conuertie à la foy par fainct Marcel, qui y prefidoit du temps de fainct Policarpe, en l'an de noftre falut 1060. ayant efté mené prifonnier à Lyon, auec S. Photin (premier Euefque du lieu) par commandement d'Anthonin Vere, il en fut miraculeufement deliuré, & apres alla prefcher à Tournus, & à Mafcon, & en fin à Chalon.

L'Eglife cathedrale de Chalon fut premierement dediee au nom de Dieu & de la Vierge, foubs le tiltre de fainct Eftienne, depuis ayant efté ruinee, le Roy Childebert premier du nom la feit rebaftir, & y ayant apporté d'Efpaigne plufieurs reliques de sainct Vincent, la feit dedier au nom d'iceluy. Il y a plusieurs autres Eglises comme celle d sainct George qui est collegiale & paroisse, l'Abbaye de sainct Pierre: Il y auoit aussi quatre Prieurez qui estoient iadis de beaux Monasteres, sçauoir de sainct Cosme, de saincte Croix, saincte Marie, & sainct Laurens.

En outre sont deux conuents des Mandians, l'vn des Carmes aux faux-bourgs de sainct Iean de Moizeau: l'autre de Cordeliers aux faux-bourgs sainct Laurens, fondez par Philippes Duc de Bourgoigne. Aux faux-bourgs saincte Marie, y a vn Monastere de Religieuses de l'ordre de sainct Benoist, &c.

A Chalon y a vn Hostel de ville auec le Maire & Escheuins.

En ceste ville sont plusieurs maisons des Seigneurs du pays à cause des beaux & anciens priuileges pour la Noblesse, laquelle y est fort accomplie en toute perfection & honneur.

La Iustice est diuisee à Chalon, en sorte que l'vne est pour le Roy, & l'autre pour l'Euesque qui iadis estoit comte de Chalon.

Ceste ville fut ruinee par Attile Roy des Huns, mais le Roy Gontran la feit rebastir.

En ce païs est le magnifique chasteau de la Baronnie de Senecey, l'vn des plus beaux & plus forts de Bourgoigne situé en vne plaine sur le grād chemin de Diion allant à Lion: & est distant de la Saone enuiron d'vne lieuë.

Tout aupres de ce chasteau est vne perriere d'où l'on tire des pierres des plus belles & polies qu'on sçauroit desirer, tant les couleurs y sont diuerses, &

par le seul artifice de nature.

DE LA VILLE DE TORNVS.

TOurnus est arrosee de la riuiere de Saone de tous costez, & est situee en vn terroir fertil, elle est plus longue que large, & est voisine de quelques montaignes & collines abondantes en bons vins. Elle n'est de la fondation des Troyens, ains des anciens Gaulois.

Ceste ville fut iadis diuisee en trois parties, ayãs nom diuers: le premier Apostre ou Pasteur de laquelle fut sainct Valerian, lequel fut martirizé deuant vne maison à present nommee Verius.

Il y a vne Abbaye à Tournus qui approche plustost de quelque insigne forteresse, que non pas d'vne Abbaye, estant situee au plus haut de la ville, & separee par murs particuliers.

Ceste susdicte Abbaye est chef de plusieurs Prieurez, tant en Masconnois, Bourbonnois, Dauphiné, Velay, Auuergne, Poictou, le Maine, qu'en Aniou, & en Bretaigne. Les Religieux sont de l'ordre de sainct Benoist.

Hors la ville de Tournus y auoit vn fort magnifique Hospital, basty par Marguerite femme en secondes nopces de Charles Roy de Sicile, laquelle du temps de Philippes le Bel s'y retira, & y seruoit elle mesme les paures passant, & leur guerissoit leurs playes, forçant les portes du Ciel auec ses œuures tant pitoyables.

De la ville De Mascon, & pays Masconnois.

TOut auprés du terroir de Tournus est celuy de Mascon, qui en est du Bailliage : & est ce pays Masconnois limité au leuant de la Saône, & pays de Bresse, à l'Occident du pays de Forests, au Septentrion du Charrolois, & au Midy du Beauioulois.

Ce pays est renommé de la ville principale nõmee Mascon fort ancienne, iadis appellée *Matiscon*, *Matissane*, & Matiscence, & est situee le long de la Saone ou fleuue Arar, & qui prend sa source aux montaignes de Voge.

Ceste ville a esté ruinee & rasee plusieurs fois, tant par Atille que par les François, & par Lothaire fils de Louys le Debonnaire : de sorte qu'on ne peut remarquer aucune chose de son antiquité. Il y a siege Episcopal.

Ceste ville fut rebastie du temps de Philippes Auguste en l'an 1222, les citoyens l'ayant faict reclorre tout de nouueau, & y ayant mis six portes.

L'Eglise cathedrale de Mascon est dediee à l'honneur de sainct Vincent, depuis que Childebert premier du nom y eut donné des reliques dudit sainct. Il y a plusieurs autres belles Eglises, Abbayes & conuens à Mascon, lesquels ressentirent la rage des guerres en l'an 1562. & 1567. comme le beau conuent des freres Prescheurs, iadis basty par sainct Louys: fut aussi ruiné celuy des Cordeliers, l'auditoire l'auditoire de la Iustice, le College, les prisons, & presque toutes les Eglises de ce lieu.

Le 1. Euesque de Mascon fut Placidie, le 2. Nicier ou Nicerie, & le 3. fut S. Iust.

Mascon fut anciennemēt vn des quatre premiers Bailliages de France; duquel despendoient Lyon & Chalon. Il y a siege presidial. Pierre Tamisier excellent Poëte de nostre temps, y a esté President.

Guillaume l'Alleman Comte de Mascō fut iadis emporté par le Diable, en corps & en ame; pour auoir affligé les Eglises:Iceluy Comte estoit sorti vn fils nommé Regnard, lequel voyant l'horrible & espouuentable fin de son pere, se rendit Religieux.

DE LA VILLE DE LYON
& pays Lyonnois.

LYon fut anciennement de la contribution de Bourgoigne, maintenāt du ressort de Paris, aueç le païs de Forests & Beauioulois.

Le pays Lionnois est limité de la Bresse au Septentrion, au Leuant de la Sauoye, selon le cours du Rhosne, au Midy du Dauphiné & Languedoc, & à l'Occident des pays de Forests & d'Auuergne.

Lyon est la capitale ville de ce païs située sur les confluences & conionctions des deux grandes riuieres de Saone & du Rhosne, sur vn mont; quoy que sa premiere fondation fut insulaire, au lieu qui est prés d'Esnay, où il se void encor des vestiges de ceste antiquité. Ceste ville est des plus belles, riches, grandes & marchandes de la Gaule, renommee par tout le monde.

La riuiere de Saone ou Sagone, s'appelle ainsi (car elle n'est cogneuë par les anciens que soubs le nom d'*Arar*, ou *Araris*, en latin) à cause de l'horrible & cruel martire, lequel y fust faict de dixhuict mille martyrs en la ville, sur vn costau dict la Croix Decole. L'effusion de sang fut si grande que la susdicte riuiere de Saone deuint toute sanglante iusques à Mascon. Le pont de Saone fut faict bastir par vn Archeuesque du lieu nommé Hubert.

Il y a plusieurs opinions sur la fondation de Lion, mais la plus commune est que *Lugdus* Roy des Celtes, qui viuoit l'an du monde 2335. fut le premier fondateur d'icelle ville, long temps auant la naissance de Moyse. Mais ayant esté ruinée elle fut rebastie par Numatie Plance, Gentil-homme Romain, lequel n'en changea point le premier nom.

La place d'Esnay en Lisle Lionnoise, fut fondée par les Atheniens, au raport de quelques-vns, d'où elle est encor dicte *Athenacum*, maintenant il y a vne belle Abbaye, qui fut faict bastir par la Royne Brunehaut.

Iadis à Lyon y auoit vn Autel dedié à Minerue, duquel Iuuenal parle en ces termes.

Palleat vt nudis pressit qui calcibus anguem
Aut Lugdunensem Rhetor dicturus ad aram.

Deuant iceluy Autel les Orateurs plus fameux de la Gaule, venoient declamer à l'enuy, pour y gaigner l'honneur; mais le prix estoit fort dangereux pour les vaincus: car ils estoient precipitez dans la riuiere prochaine, ou bien contraints d'effacer tous leurs escrits declamez, auec la langue ou auec vne esponge.

Lyon fut iadis la capitale des Segusiens : & en icelle faisoient battre la monnoye d'or & d'argent les gouuerneurs Romains: comme en la plus excellente & renommee de Gaule, où il y auoit aussi vn magnifique temple basty en l'honneur d'Auguste Cesar, des ruines duquel a esté faicte l'Eglise cathedrale dedice au nom de S. Iean Baptiste, laquelle est seruie des plus honorablement de tout le Royaume de France, par Gentils-hommes nobles, de sept races de pere, & trois de mere. Elle fut bastie par sainct Alpin 14. Euesque Lionnois, au nom de S. Estienne, depuis elle a changé S. Photin disciple de S. Policarpe y aporta la Foy, & en fut le 1. Euesque, auquel succeda S. Irenee.

L'Eglise S. Irenee hors la ville de Lyon fut edifiee par le vingt-troisiesme Euesque du lieu nommé Pierre.

Saint *Sacerdos* trentiesme Euesque de Lyon fonda l'Eglise collegiale S. Paul, & celle de S. Eulalie à present nommee S. George.

Le temple Couentuel de S. Iust & l'Eglise saincte Croix furent basties par l'Euesque Arigié, auquel aiderét les Seigneurs de Tournon; à cause dequoy les aisnez de ceste maison portent le titre de S. Iust.

L'Eglise & Monastere des Dames dedié au nom de S. Pierre est de la fondation de sainct Annemonde martir, les ossements duquel reposent en l'Eglise S. Nicerie.

Le Roy Childebert feist bastir l'Hospital de S. Iust, dans lequel reposent les ossements dudict S.

Il y a plusieurs memoires de grande antiquité à Lyon, comme arcs triomphaux, aqueducts, & autres raretez, ainsi qu'est encor le lieu de Foruiere, iadis appellé *Forum Veneris*.

Clement cinquiesme fut couróné Pape à Lyon, lequel fut auparauant 84. Euesque du lieu, & se nommoit Bertrand Delgel.

Il auoit aussi esté Archeuesque de Bordeaux, & Primat des Aquitaines, & puis Cardinal, & en fin Pape.

Lyon est siege presidial auquel ressortissent les sieges de Forests, Mascon, & pays Beauioulois.

DE PLVSIEVRS CHOSES
Memorables aduenues à Lyon.

L'An mil deux cents cinq, Clement 5. fut creé Pape à Lyon, pour certains differens qui estoiét entre les Cardinaux de Rome, touchant l'eslection. Et comme tout le monde estoit empesché & attentif à voir faire les ceremonies, il tomba vne grande lōgueur de muraille, au lieu où se faisoient lesdictes ceremonies, qui tua plus de mille personnes. Entre lesquels estoit le Duc de Bretaigne, & plusieurs autres grands Seigneurs. Et la foulle du peuple qui s'en fuyoit feit tomber le Pape de dessus son cheual, & fut bien blessé, & en danger de perdre la vie.

L'an mil cinq cents septante, le deuxiesme iour de Decembre, sur les vnze heures de nuict, la riuiere du Rhosne commença à se desborder fort estrāgement & continua l'espace de deux iours; de sorte qu'elle renuersa plusieurs edifices, tant en la ville qu'aux enuirons, submergea grand nombre de personnes, & mesmes de bestail; tellement que les habitans pensoient estre tous perdus, lesquels on voyoit par la ville, de tous costez espars, crians misericorde, ne sçachans ou se retirer, tant ils se sentoient surpris, & si peu ils esperoient de salut en ceste misere.

L'an mil cinq cens septante huict, le vingt-vniesme iour de May, sur les quatre heures de soir arriua vn grand & espouuentable tremblement de terre à Lyon, & aux enuirons.

L'an mil cinq cens octante quatre arriua encor vn fort grand tremblement de terre à Lyon, Genesue, & Mascon.

DES VILLES ET PLACES VOI-
sines de Lyon, & du pays de Forests.

DOmbes est vne seigneurie voisine de Lyon, laquelle appartient à la Royale maison de Montpensier. Est vn pays fort Montaigneux.

Le pays de Forests voisin de Lyon, est dict *Forum*, & non pas des bois ou Forests: & la ville de Feurs porte encor le nom de *Forum*, iadis le marché des Segusiens, estoit situé sur Loyre où est encor S. Estienne de Furam.

Le pays de Forests contient quarante villes closes, & enuiron autant de gros bourgs.

Ce pays est limité au Leuant du Beauioulois, au Ponent de l'Auuergne, au Septentrion du Bourbonnois, & au Midy du pays de Velay.

Les villes principales sont Mont-brison, où il y a Bailliage ressortissant à Lyon. Apres est S. Galmier, aux faux-bourgs, de laquelle place y a vne fontaine allumineuse, dicte par ceux du pays la Font-forte. Puis est S. Germain-Laual ville fertile & recommandee pour les bons vins. En ce pays est aussi sainct Bonet le Chastel, où l'on faict des forces à drap, le trafic desquelles est fort grand par tout le Royaume.

Roanne est aussi vne bonne ville, sur le grand passage de Lyon sur Loire; comme est aussi sainct Rambert.

Les principales maisons de la Noblesse de Forest sont celles d'Vrfé (où il y a vn tres-ancien chasteau, situé en vn haut lieu, d'où l'on void tout le pays) puis Cosam, appartenant à la tres-ancienne maison de Leui.

DV PAYS DE DAV-PHINE'.

LE pays de Dauphiné est diuisé en haut & bas, il fut le premier assailly par les Romains, d'autant qu'il est voisin des Alpes.

Les riuieres qui arrosent le Dauphiné sont le Rhosne, prenant sa source des Alpes Penines, par vne largesse abondante de fontaines.

Ce pays est limité du Lyonnois au Septentrion, & de costé est le bas Dauphiné (dont Vienne est la ville Metropolitaine) au Ponent luy gist le Rhosne, qui separe ce pays du Lyonnois, Viuarez & Velay; au Leuant la Sauoye, & au Midy la Prouence, & ceste partie est nommee le haut Dauphiné; dont Embrun est la ville Archiepiscopale.

FONDATION DE LA VILLE
de Grenoble, & autres du bas
Dauphiné.

GRenoble s'appelloit iadis Accusion, iusques au temps de Diocletian & Maximian qu'on luy donna le nom de Cullarone, mais ayant esté aggrandie par l'Empereur Gratian, elle fut appellée Gratianopolis, en François Grenoble.

Ceste ville est presqu'en figure d'ouale, situee en vne plaine, des plus fertiles qu'on sçache voir, vn peu esloignee des montaignes, & arrosee du fleuue d'Isere.

Du costé de Septentrion est le pont sur Isere des plus magnifiques qu'on sçache voir.

Du costé de Midy passe le Drac, qui est vn torrent fascheux & violent, qui souuent par son desbordement, gaste tous les champs voisins, sans qu'on puisse aucunement empescher son rapide cours.

Non loin de Grenoble est aussi vne merueilleuse fontaine flamboyante & boüillante sans cesse, laquelle brusle & consomme tout ce qu'elle attouche.

Du costé du faux-bourg S. Laurens l'on void des montaignes & costaux esleuez vis à vis du soleil, sur lesquels il croist des meilleurs vins de la France.

Sur ces montaignes & precipices est bastie la fameuse & Religieuse maison des Chartreux bastie par sainct Bruno premier fondateur de cest ordre, lequel se vint retirer en ce lieu, pour fuir les fraudes & embusches du diable.

A Grenoble y a vn Parlement pour le pais de Dauphiné, lequel y fut establi, l'an mil quatre cens cinquante trois, par le Roy Louys vnziesme. Auparauant n'y auoit qu'vne chambre de conseil, instituee par Humbert Dauphin de Vienne, lequel (comme nous auons dict cy deuant) vendit le Dauphiné à vn Roy de France, puis se rédit Religieux, & en fin fut Patriarche de Hierusalem.

Il y a Chambre de Comtes à Grenoble. Grenoble est siege Episcopal subiect au Metropolitain de Vienne.

Il y a de belles Eglises à Grenoble, comme nostre Dame Eglise cathedrale, sainct André où est vne tour piramide fort haute, puis sainct Laurens, la Magdaleine, les Iacobins, sainct Cler, & autres.

Le Roy François premier auoit proposé d'accroistre ceste ville, mais apres sa mort son dessein ne fut poursuiuy.

L'an mil cinq cens cinquante-neuf, vn Conseiller du Parlement de Grenoble, fut tellement espris de l'amour d'vne Damoiselle, qu'il quitta son estat pour la suiure par tout où elle alloit. Mais se voyāt mesprisé d'elle, il se negligea tellement que les poux l'accueillirent si estrangement qu'ils sortoient de son corps comme d'vne charroigne pourrie. Finalement quelques iours deuant sa mort, se voyant touché de la main de Dieu, il entra en desespoir, & resolut de se laisser mourir de faim, & finit ainsi mal'heureusement ses iours, comme vne beste enragee, de la grande abondandance des poux qui entrerent iusques dans sa gorge.

La ville de Romans est aussi du bas pays de Dauphiné, situee sur le fleuue d'Isere, & nombree entre les plus belles & plus riches, & sont d'aduis quelques-vns qu'elle est de la fondation des Romains. Il y auoit plusieurs belles Eglises en ceste ville, qui ont esté ruinees par les ennemis de l'Eglise, sçauoir celle de sainct Bernard, sainct Nicolas, sainct Romain, saincte Foy, les Cordeliers, sainct Rus. Sur le pont est vne fort belle Eglise dediee à nostre Dame.

Ceste ville fut bastie par vn Roy des Gaules nommé Romus, fils d'Allobrox.

DV PAYS DE VIENNOIS.

LE pays Viennois est proprement le bas Dauphiné, le long du Rhosne ; c'est l'ancien heritage des Dauphins Viennois.

Le Viennois est limité de la Sauoye au leuant, du Rhosne & pays Lionnois au Ponent, au Midy du pays & Duché Valentinois, & au Septentrion luy gist encor le Lionnois.

FONDATION DE LA VILLE DE VIENNE.

VIenne est la capitale ville du pays Viennois des plus anciennes de Gaule, situee sur le Rhosne, en laquelle fut iadis le souuerain siege de Gaule.

Ceste ville est Metropolitaine & contient soubs soy les Eueschez de Geneue (à present siege des Caluinistes (Grenoble dont nous auons parlé, Maurienne, Die, Valence, le dernier suffragant est celuy de Viuarez.

On tient que Vienne est de la fondation d'vn nommé *Veneri*, Affricain, fugitif & banny de son pays, lequel la feit bastir en deux ans : à cause dequoy elle fut appellée Bienne, *quia Biennio confecta fuerit*, depuis elle a esté dicte Vienne.

Ce fut du temps de *Lycurgus* l'Egislateur de Lacedemone, & du temps du Prophete Elisee.

Long-temps apres ceste ville fut dicte Senatoire par les Romains l'ayant conquise, lesquels y auoient vn Senat, auec cinq garnisons à l'entour, qui estoiét de chacune vne legion. L'Empereur Tybere feit bastir le pont de Vienne sur le Rhosne : & feit faire des chasteaux à chacun bout du pont, enuiron cent quatre vingt ans deuant la venue de Iesus Christ.

Les Romains y feirent faire plusieurs autres bastiments, comme l'on y void encor vne tour, où l'on dit que Pilate mourut, & vn Amphiteatre encor tout entier par dedans. Non loin de ceste ville estoit sa maison, & y a encor à present des Seigneurs en ce pays appellez de son nom les Seigneurs de Pila, comme i'ay entendu d'vn ieune homme Viennois, qui estoit leur Vassal.

Sainct Crescon fut le premier qui apporta la parole diuine à Vienne, y ayant esté enuoyé par sainct Paul.

L'Abbaye de vienne fut fondee par Robert Comte de Dreux fils de Louys le Gros, auquel il gist.

De la ville de Valence, & pays Valentinois.

CEste ville n'est de la fondation de Valens ny de Valentinian (comme quelques-vns ont voulu dire) car plus de trois cens ans deuant ces Empereurs, elle estoit recogneue soubs ce nom, lequel toutesfois est Romain. Elle fut iadis appellee Dution, & y auoit vne collonie de Romains.

Plusieurs villes portent le nom de Valence, l'vne en Espaigne, l'autre en Gascoigne, pres de Condon, & puis celle-cy.

Valence est Euesché fort ancien, dont les Euesques sont nommez Comtes du pays Valentinois. Le premier Euesque de ce lieu fut sainct Felix.

Ceste ville est situee sur le long du Rhosne, en vn terroir fort abondant & fertil.

Non loin d'icelle sont les fontaines de Charan, faictes en voustes, où vn homme peut aller debout, de l'vne desquelles on ne peut trouuer le bout ny la source.

Il y a siege Presidial à Valence, & vne belle vniuersité, où florissent les loix, autant qu'en ville de France, Iacques Cujas la fleur des Iurisconsultes de nostre temps, y a leu publiquement.

Les Eglises de Valence furent toutes ruinees, sçauoir sainct Appolinard, sainct Iean, la Ronde, qui s'appelloit iadis le Pantheon, sainct Martin, sainct Iacques, les Cordeliers, les Iacobins: Au cloistre desquels on void le pourtraict d'vn grand Geant qui auoit quinze coudees de haut, & y a encor des ossemens de cest homme monstrueux. Hors la ville fut aussi ruinee l'Eglise sainct Pierre, & celle de sainct Felix, la Magdaleine, sainct Vincent, sainct Victor, & le mont de Caluaire. L'Abbaye de sainct Rufs fut aussi demolie, qui estoit vne des belles du pays, dont les pilliers estoient de marbre.

Il y a plusieurs colomnes & restes de tombeaux, & autres pieces où l'on void de l'escriture fort antique à Valence.

En l'Eglise sainct Felix estoit le tombeau d'vn

cheualier Romain & de sa femme, auec leur Epitaphe.

Hors la ville vers la porte sainct Felix, en vne vigne fut trouué vn sepulchre de pierre il y a quelque temps, sur lequel estoient grauez ces mots.

D. IVSTINIA M.

Lequel estant ouuert, on y trouua le corps d'vne femme, ayant à chacune oreille vne bague d'or, en l'vne desquelles estoit enchassee vne esmeraude, & en l'autre vne tourquoise cassee, aussi tost que ce corps sentit l'air, il fut reduict en pouldre.

Il y a encor plusieurs autres villes au bas du Dauphiné, comme Die, & Gap, qui sont Eueschez, vers la riuiere de Drome, & de grande ancienneté. Apres sont encor Crest, Briançon, Monthelimard (qui est vne ville fort marchande, & où l'on void des marques d'ancienneté) Thiuy sur le Rhosne, appartenant au sieur de Tournon, sainct Anthoine de Viennois, sainct Valier, la Coste, le Monestier, & chasteau Dauphin, duquel on estime que ce païs est nommé Dauphiné.

FONDATION DE LA VILLE d'Embrun.

LA ville d'Embrun est la Metropolitaine du haut Dauphiné, ayant soubs soy les Eueschez de Digne, Senez, Glandesue, Nice, Vence, & la Grace: pas vn desquels n'est en Dauphiné, sinon la Metropolitaine. Gap est soubs l'Archeuesché d'Aix, & sainct Paul trois chasteaux soubs celuy d'Arles.

Embrun dicte par les Latins *Ebredunum*, est sur vne roche au milieu d'vne belle valee, d'où l'on descouure tout le pays voisin, & est de tous costez enuironnée de montaignes abondantes en bleds, bons vins, & fruicts. Ceste ville est des plus hautes de la France, & fut iadis Imperiale.

En plusieurs lieux l'air y est si doux & serain que la manne & rosee mielleuse y tombe du Ciel, voire la meilleure de tout l'vniuers. Comme aussi ces monts portent l'agaric & tormentine, & autres simples aussi rares qu'on puisse trouuer.

Quelques-vns veulent dire que ceste ville a pris son nom d'vne Idole nommé *Ebris*, qui fut anciennement adorée en ce lieu. Les autres tiennent qu'elle est dicte *Embrum*, de la brisure ou rupture du mont, qui est plus vray semblable, veu que le mot latin *Dunum*, signifie en vieille langue Françoise, mont, & pour ceste cause elle est appellee *Ebredunum*, comme dessus.

L'Eglise cathedrale d'Embrun est dedice à nostre Dame, au deuant de laquelle est vn Dome basty depuis quelque temps d'vne magnifique stature. Le premier Archeuesque ou Prelat de ce lieu fut sainct Nazaire.

Il y a plusieurs autres Eglises, comme de sainct Marcellin, sainct Pierre, sainct Donat, sainct Hilaire, sainct Vincent, saincte Cecile, les Cordeliers.

Le reuestement du maistre Autel de l'Eglise cathedrale d'Embrun, est tout d'argent, releué en personnages de pris inestimable.

La maison Archiepiscopale est fort belle, où l'on void vn puits taillé dedans le roc fort profond,

& y a vne belle tour.

Les maisons anciennes & signalees d'Embrun, sont Bressieux, Bontieres, sainct Valiers, Maugirons, Gordes, Clauezons & autres.

Le peuple Embrunois est doux & paisible, non remuant ny cauteleux, aymant sa conscience, fort soigneux, & adonné à labourer la terre, & bons Catholiques.

DV PAYS DE PROVENCE.

LA Prouence seule peut representer toute la fertilité qui est en la Gaule Belgique, & en la Celtique: car en Prouence y a des contrees si abondantes en toutes choses, & mesme en bled, que l'Isle de France ne les pourroit mesme surpasser, & sur tout la Carmagne d'Arles, qui est vne langue de terre pleine & champestre, enfermee entre deux bras & canaux de la riuiere du Rhosne, contenant 7. grandes lieuës Prouençales, qui en vallent plus de douze Françoises, & est ce lieu ainsi appellé, à cause que Caïe Marie s'y estoit campé & retranché, ayant le Rhosne pour sa defence.

En la plus-part de la Prouence, on void vne abondance infinie de fruicts & arbres odoriferants, comme orenges, citroniers, oliuiers, grenadiers, & figuiers: & le vignoble des plus beaux qu'on puisse souhaiter, & fermé en plusieurs endroicts de hayes de grenadiers & coigners, afin que la closture soit plus profitable que ce qui est dedans.

Les landes & autres terres vagues sont couuertes

de rosmarins, myrthes, geneuriers, sauges, & autres arbres fort odoriferands, on y void aussi des palmiers portans d'excellent & tres-bon fruict.

En Yeres y a maintenant des caues à succre, le saffran, le ris, le pastel y abonde en p'usieurs lieux. Les huiles d'oliues y sont meilleures qu'en ville de l'Europe. On y recueille la manne la plus singuliere que le Ciel puisse donner.

En quelques lieux de Prouence, comme à l'Escale, Semé, Colmars, Castelaüme, & autres lieux voisins, n'y croist nullement de vin, mais le pays est couuert de vignes de haute branche, à la façon de Normandie, sçauoir poiriers, pommiers, noyers, & chasteigniers. Ceste partie Prouëçale est froide, à cause des montaignes, qui toute l'annee sont couuertes de neiges.

Il y a fort peu de bois en Prouence. L'on y void neantmoins en quelques places des pins masles portans les pommes & pignets bons à manger auec leurs amendes.

En certains endroicts comme à Freins, & Antibe, on y void des grãds arbres portans le liege auec grand profit pour ceux du pays.

A Berres, Yers, l'Estan, de la Vallanch, y a de belles & riches salines. En la saison qu'elles ont cuit & caillé leur sel, cent mille hommes ne suffiroient à les espuiser.

Il y a encor des vestiges des anciennes salines que les Romains auoient faict bastir en ce pays.

DE

DE LA VILLE DE NICE.

LA premiere ville de Prouence du costé du Leuant est Nice (quoy qu'elle ne soit de la succession des Roys de France.) Elle sert de palais & citadelle aux Ducs de Sauoye.

Ce fut à Nice que se feit l'entreueuë du Pape Paul 3. de l'Empereur Charles cinquiesme, & du Roy François premier.

Ceste ville est posée sur la riuiere de Pallon tresforte, au pays iadis nommé des Saliens, qui la bastirent.

Ceste ville est Episcopale, & despend de l'Archeuesché d'Embrun. Les Eglises sont S. Reparade Euesché, puis sainct Dominique, sainct François & les Augustins.

FONDATION DE LA VILLE
d'Antibe, &c.

PAssant es terres Françoises la premiere place est ville de France, puis l'ancienne colonie Antibe, dicte par les Anciens *Antipolis*, de mesme fondation que Nice en la Prouince Narbonnoise, & est situee sur le bord de la mer en place tres-forte, qui iadis seruoit de rempart aux Romains.

En ceste ville se trouuent de grandes antiquitez & entre autres fut trouuée vne pierre auec ces mots escrits.

v

*Pueri Septentrionnis annorum xij. qui
Antipoli in theatro biduo saltauit & placuit.*

Par là on peut voir qu'il y auoit vn theatre en ceste ville, & que c'estoit le siege du Preteur Romain.

On y trouua aussi soubs terre vne table de cuiure, où estoiēt grauez ces mots, & fut presentee au grād Roy François estant à Nice.

*Viator intus ædi.
Tabula est Ænea
Quæ te cuncta perdocet.*

Antibe fut autresfois ville Episcopale, mais les Antibois ayans mal traicté leur Euesque, par ordonnance du S. Siege cest honneur leur fut osté, & transporté à la ville de Grasse.

A l'obiect de ceste ville est l'Isle S. Honorat, iadis nommee Leron ou Lirins, & porte encor le nō de Lerins. De ceste place estoit natif Vincent Lirine en tres-grand & insigne personnage en doctrine, duquel les escrits sont encor en lumiere; Il viuoit l'an 450. soubs l'Empire de Martian.

De la ville de Freius, &c.

LEs Massiliens bastirēt ceste ville en premier lieu où il y a beau haure, & se nommoit Placee, mais depuis elle fut appellee *Forum Iulium*, cōme qui diroit le marché de Iules. Elle est maintenant Episcopale. L'on y void aussi des tesmoignages de grande antiquité aux iscriptiōs de plusieurs pierres & tōbeaux.

Aux Isles d'Eres ou Yeres, soubs le promontoire de Gercel, se forme du plus beau cristal, qui croisse en la mer Ligustique.

Tholon est aussi vn Euesché, & s'appelloit iadis cette ville *Trocentiñ,* ou *Thauruntium.* Elle est fameuse.

FONDATION DE LA VILLE
de Marseille.

Marseille est vne ville tref-riche & tref-ancienne & cité Grecque, & la plus frmeuse & sçauante qui fust en Gaule, où les lettres florissoient anciennement, comme en Athenes, & où les Romains enuoyoient leurs enfans pour estudier.

Ceste ville est lauee par trois costez des eaux & ondes de la mer, situee sur vne vallee pendante, tres-haute & lôgue, qui rend ceste place infinimét forte.

Ceste ville fut fondee par les Phoceens Asiatiques conduicts par Petanie leur general & capitaine, au mesme temps que Hierusalem fut ruinee par

Nabuchodonosor Roy de Babilone, enuiron l'an du monde trois mil trois cents cinquáte & vn. Tarquin le superbe regnant à Rome.

Ce fut à Marseille que les Phoceens aporterent la maniere abominable de sacrifier les hômes à Diane, que depuis les Druides imiterent: & pour laquelle cause l'on tient que Tibere abolit les escoles des Gaules, qu'il blasmoit de Necromance, & de ces sacrifices detestables.

Les citoyens & habitans de Marseille furent conuertis à la foy Catholique par le S. Lazare, frere de Marie Magdaleine & Marie Marthe, lequel y fut le 1. Pasteur, & est son corps en l'Eglise cathedrale dediée au nom de la bien heureuse vierge Marie. On void encor les ornemens Sacerdotaux qui seruoient à ce sainct Euesque.

Ceste ville est le siege ordinaire du general des galeres du Roy.

DV LIEV DE LA S. BAVLME,
& autres places.

Entre Aix & Marseille est la saincte Baulme ou oratoire de la Magdeleine, au pied d'vn mont solitaire, ayans trois cents pas de hauteur, & dedans ce hideux rocher, est la grotesque pœnitentiale esleuee enuiron d'vn iect de pierre, ayant son ouuerture vers l'Occident, & faicte toute ainsi que l'ouuerture d'vne fournaise. Deuãt l'entree de ceste spelonque n'y a que peu d'espace, & au dedans à main gauche on void la pierre sur laquelle gisoit cefte sainête Dame, & vn de ses portraicts, qu'on tient y auoit esté mis par sainct Maximin.

Enuiron six lieües d'Aix est vne ville portant le nom du susdict S. Maximin, où il gist, & le corps de la Magdeleine, de laquelle on monstre le chef, auec grands miracles.

Le iour de la passion de nostre Seigneur l'on y monstre tous les ans vne saincte Empoule ou phiole, dans laquelle y a de la terre, qui fut arrosée du sang de nostre Seigneur lors qu'il souffrit mort en la Croix, que la saincte Magdeleine recueillit. Et se monstre ce petit vaisseau auec grand estonnemét d'vn chacun : car la susdicte terre se conuertit en eau & sang & remplist tout le vaisseau. Ce sainct vase se garde en la maison des Iacobins de sainct Maximin.

A S Maximin y a vne pierre seruant d'Autel où il y a quelques inscriptions sepuchrales, engrauées, & sont fort antiques.

Fondation de la ville d'Aix.

A Six lieües de S. Maximin est l'ancienne cité d'Aix fondée enuiron cent vingt & vn an deuant que nostre Seigneur print incarnation en la Vierge pour nostre salut; 631. an apres Rome bastie. Et en fut le fondateur vn Consul Romain nōmé Caie, Sextie, Domitie, Caluin, lequel desfeit vne grāde armée de Gaulois, non loin du Rhosne.

Cefte cité est colonie Romaine, & fut dicte en latin *Aqua Sextia*, c'est à dire les eaux de Sextie à cause des bains chauds qui estoient en plusieurs endroicts de ceste ville.

A Aix est le Parlement de Prouence, comme au lieu plus propre, & le milieu de ceste Prouince.

Ceste ville est vn Archeuesché contenant soubs soy les Eueschez de Ries, Apt, Gap, Cisteron & Freius.

Le 1. Euesque d'Aix fut S. Maximin, qui y fut sacré l'an 46. de nostre salut, lequel estoit venu par mer auec S. Lazare, & ses sœurs ; & auec Cerdonie qu'on dict estre l'aueugle né que nostre Seigneur guerit, lequel Cerdonie ou Celidonie, succeda à S. Maximin, & mourut bié tost apres luy soubs l'Empereur Domitian.

En ceste ville y a plusieurs belles Eglises, sçauoir la grande Eglise de S. Sauueur, l'Eglise de nostre Dame de Consolation, S. Laurens, le Monastere des Religieuses de saincte Claire, celle de S. Barthelemy, S. Sebastien, les Iacobins, la Magdeleine, les Carmes, les Augustins, les Cordeliers, la Commanderie, S. Iean, nostre Dame de Iasses (où est le Conuent des bons hommes) nostre Dame d'Embrun, nostre Dame de la Nontiade, nostre Dame de Beluezer, S. Catherine, l'Hospital, S. Iacques, & celuy du S. Esprit & autres.

Il y a plusieurs remarques d'antiquité en vne infinité d'endroicts de ceste ville, comme tombeaux, inscriptions, colomnes & autres vestiges memorables.

DES VILLES EPISCOPALES
de Cisteron & Cauaillon.

CIsteron est sur la riuiere de Durance & fort proche du Dauphiné, laquelle est honoree du titre d'Euesché, & fut fort affligé du temps que les Caluinistes exerçoiét leur rage. Ceste ville est soubs l'Archeuesché d'Aix.

Sur la mesme riuiere de Durance est Cauaillon, qui est aussi vn Euesché dependant d'Auignon, & se dict en latin *Cabellio*; Les premiers citoyens de laquelle ville fonderent Grenoble.

Non loin de Cauaillon est le Comté de Venissi, & terroir d'Auignon arrosé de trois riuieres, sçauoir le Rhosne, la Durance, & la Sorgue. Ie n'ay trouué autre chose des places cy dessus nommees, sinon que le Comté de Venissi fut confisqué au S. Siege l'an 1212. à cause que le Comte de Tholose nommé Raimond (auquel il appartenoit) estoit infecté de l'herreur des Albigeois.

De la ville d'Aurenge.

SOrtant du Comté de Venissi, & prenant le haut costé de Lyon le long du Rhosne, l'on void le Pont admirable dict S. Esprit basti par les Romains, puis se presente la principauté d'Aurenge, dont la ville principale donne le nõ au païs, & est de la Seigneurie de l'illustre maisõ de Nansau,

DESCRIPTION

A Auuergnes on void encor les ruines du plus beau theatre qui soit au monde, & vne muraille de pierre carrée de la plus merueilleuse structure, qu'homme pourroit imaginer. Et à la porte de la ville, pour aller à Lyon, on void vn arc triomphal auec des batailles à cheual representees, qui donnent vn contentement admirable à voir, & ast cest arc enuironné d'vn mur, qui le deffend des iniures du temps, & des incommoditez des vents & pluyes.

FONDATION DE LA VILLE
d'Auignon, &c.

L'Ancienne cité d'Auignon, terre Papale est située sur le Rhosne, ayant des bastiments de l'vn & de l'autre costé de ceste grande riuiere. Et est vne ville tres-riche en draps, soye, & papiers. L'on y tainct les draps le plus parfaictement qu'on puisse dire.

Ceste ville fut fondee (au recit de quelques-vns) par sort, & sur le vol de certain nombre d'esperuiers (comme Rome sur le nombre des vautours) & mesme pour ceste occasion l'on obserue encor en ceste ville, que ceux qui y apportent de tels oyseaux, sont francs & quittes de tout port, peages, & passages.

Le siege des Papes a esté en Auignon l'espace de soixante-ans, durant lequel temps y ont esté six Papes.

L'Eglise cathedrale d'Auignon est tres-somptueusement bastie, & dediée au nom de la Vierge mere de nostre Seigneur.

Laure amie de Petrarque est enterree aux Cordeliers d'Auignon, où il y auoit mesme vne maison.

Chose de remarque en Auignon, c'est qu'il y a sept choses, & de chacunes d'icelles encor sept autres, sçauoir 7. palais, 7. paroisses, 7. Hospitaux, 7. Monasteres de Dames, 7. colleges, 7. conuents, & 7. portes.

Sainct Rufs fut le premier Euesque d'Auignon, lequel auoit esté disciple de sainct Paul.

De plusieurs villes Episcopales, & autres contenues soubs Auignon.

CArpentras est sur la riuiere de Sorgue, qui est encor vn Euesché d'Auignon, comme est aussi

Vaison, & Tarascon, situee sur l'engoulphement de la Durance dedans le Rhosne. Il y a encor d'autres villes en ceste Prouince, côme Salon de Craux, Marteque, & la ville des trois Maries, ainsi dicte, d'autant que les corps des trois sœurs de la Vierge Marie y reposent.

Fondation de la ville d'Arles.

ARles fut iadis chef du Royaume, & depuis le siege des Comtes de Prouence, maintenant Archeuesché, contenant soubs soy les Eueschez de Marseille, & Aurenge (desquels nous auons parlé) Thollon, & sainct Paul, sainct Trophin en fut le premier Euesque.

La ville d'Arles fut bastie par les mesmes Phoceens, qui auoient edifié Marseille, & est situee pres le Rhosne, en pays marescageux & plein de paluds.

C'estoit en ce pays où estoit dressé ce grand & horrible Autel dedié à Cesar, où tous les ans on immoloit deux ieunes hommes, & de leur sang on arrosoit le peuple. Cest Autel estoit hors la ville, en vn lieu qu'on appelle maintenant Roquette. Et se faisoit ce sacrifice le premier iour de May.

Il y a des arenes & amphiteatres en ceste ville, qui sont les marques de son antiquité.

Des villes & places de sainct Gilles, & Aigues Mortes.

SOrtant d'Arles, l'on void la fosse & canal tiré du Rhosne, qu'on appelle Carmagne, lieu fertil, ainsi qu'il est desia dit, & le long de ce canal est situee la ville sainct Gilles, chef de Comté, & dont les Seigneurs ont esté Comtes de Tholose.

De sainct Gilles, l'on vient à Aigues Mortes, ville situee sur la mer en l'engolphement que faict le fleuue de Vidourle & eaux Neptuniénes, & ainsi appellee, à cause des eaux dormantes.

Du pays de Languedoc, & places de la Gaule Narbonnoise outre le Rhosne.

LEs plus proches places du Rhosne, dependantes des pays susnommez, sont ceux de Viuarez, du Velay, Geuoudan, contenues soubs le Parlement de Tholose. Viuiers est capitale de Viuarez, & le Puy du Velay, qui est vn Euesché, dont l'Eglise cathedrale est dediee à nostre Dame. Tournon est ausi en Velay, où il y a vn fort ancien chasteau.

Le pays de Velay separe le ressort de Paris, d'auec celuy de Tholose, par les bornes & limites du Rhosne.

Mande est la capitale des peuples Gauaches ou Geuoudans, iadis nommez Gabales, ou Gabalitans.

FONDATION DE LA VILLE
de Narbonne & pays Narbonnois.

LA ville de Narbonne a donné le nom à tout le pays. Le premier fondateur de laquelle fut vn

Roy des Gaules nommé Narbon, qui viuoit enuiron l'an du monde 2315, Moyse estant encor en son enfance.

Narbonne est la plus basse ville de France, situee en vne fondriere, là où le fleuue Arax, à present Aude, s'engolphe en la mer Mediterrance.

Les preteurs Romains y auoient anciennement leur siege. Ceste ville fut ruinee & bruslee par Attile Roy des Huns.

Vigor, grand & insigne Docteur, fut Archeuesque de Narbonne.

La iurisdiction de Narbonne s'estend iusqu'aux monts de Pyrrenee, & à la riuiere de Garonne, les vns luy estant au Midy, les autres à l'Occident, ayant au Midy la Prouence, & au Septentrion le pays Geuoudan, où plustost d'Auuergne, à cause que le Geuoudan & Gabalitans sont de ceste premiere Gaule Narbonnoise. D'autant que la seconde Narbonnoise est en Prouence, & contient l'Archeuesché d'Aix, & villes qui luy sont suffragantes, & la premiere a soubs soy les Archeueschez de Narbonne, de Tholose, & les Eueschez qui ensuiuent, premierement soubs Narbonne sont Carcassonne, Besiers, Agde, Lodesue, Nimes, Manguelonne, Vzez, Eaule, Alect, & sainct Pons de Tonnerre. Et soubs Tholose iadis Euesché subiect à Narbonne, & faict Archeuesché soubs le Pape Iean 22. sont les Eueschez suiuant, erigez par le susdict Pape d'Abbayes & autres colleges en Eueschez, sçauoir Montauban, Mirepoix, Rieux, Lauaul, Lombers, sainct Papoul & Pamiers faict Euesché par Boniface 8. n'estant auparauant qu'vne Abbaye dediée à S. Anthonin.

DE LA VILLE DE MOMPELLIER.

CEste ville fut premierement appellee Agathé, dont elle est dicte *Agathopolis*, depuis elle a esté nommee Mompellier, ou Mont peillier, pource qu'aucuns l'ont nommée *Mons puellarum* ; c'est à dire le mont des filles ou pucelles.

Mompellier est bastie non loin de la mer, au pays de Languedoc, en vn pays bon & salubre sur vn costau, lequel va pendant sur le Ponent, ayant à vn iect d'arc des murailles la riuiere de Lez.

La courtoisie des habitans, leurs richesses, la fertilité du pays & bonté de l'air, a faict que les Medecins s'y sont retirez, & que la medecine y est aussi doctement traictee qu'en ville de l'vniuers.

En ceste ville y a cour des Aydes, & chambre de Generaux.

Il y auoit de belles Eglises à Mompellier, telles qu'est la cathedrale dediée au nom de sainct Pierre, nostre Dame des Taules, sainct Firmin, sainct Holary, saincte Magdaleine, sainct Thomas, sainct Sauuaire le grand, sainct Iean & sainct Denis, auec plusieurs Conuents & Monasteres, qui furent ruinez par les Caluinistes, l'an mil cinq cens soixante trois.

De plusieurs autres places & villes en general.

APres Mompellier est Beaucaire, ville situee sur la riuiere de Gardon, le terroir de laquelle auoisine l'Auignonnois d'vn costé, & le Viuarez de l'autre: apres est Alaiz, siege de Vicomté. Puis Vzez Euesché, qui n'estoit iadis qu'vn chasteau, honoré du tiltre de Duché, appartenant aux Seigneurs de Cursol.

Soubs Beauchaire est la cité Episcopale de Lodesue, iadis chasteau, situee sur la riuiere d'Orb, soubs l'Archeuesché de Narbonne.

A Lodesue estoit le corps de sainct Fulchran, aussi entier que le premier iour qu'il fut enterré. Lequel fut taillé & deschiqueté par les Huguenots, aussi menu que la chair des pastez, voyant qu'il ne l'auoient peu aucunement bruslé. Ce fut l'an mil cinq cens septante trois.

Entre Beauchaire, Vzez, & Lodesue est le pont admirable du Gard, basty par les Romains, & est à trois estages. Il leur seruoit d'aqueducts, pour faire venir l'eau à Nismes. Ville fort ancienne, & fort aymee par les Seigneurs de Rome.

Fondation de la ville de Nismes.

NIsmes est assise sur le passage d'Italie en Espagne, & est de la fondation des Phoceens.

Ceste ville fut iadis de beaucoup plus grãde estẽ-
due qu'elle n'est de present, & ayant des bastimens
des plus superbes & plus magnifiques.

Les marques d'antiquité de Nismes sont les arenes ou amphiteatre, lequel est encor tout entier
par dehors, par apres le bastiment admirable de
Capdueil, & ores la maison carree, qu'on estime vn
Temple basty par l'Empereur Adrian, en faueur
de son espouse Plotine, par le moyen de laquelle il
estoit paruenu à l'Empire.

Il y a vne infinité d'autres antiquitez à Nismes,
comme inscriptions, statues, tombeaux, medailles,
voustes soubz-terraines, & autres choses fort memorables.

Domitie Affer, grand Orateur en son temps, &
fort estimé par les Romains, estoit natif de Nismes.

L'Eglise cathedrale est embellie de plusieurs ouurages magnifiques faicts à la Mosaïque.

En ceste ville se void vne statue antique à double
corps sans teste, qui est là dés le temps des Payens.

Il y a ausi la statue d'vn sauteur ou danseur de
Moresque, accoustré à l'ancienne façon.

Hors la ville pres le Monastere sainct Bauzille
est vn costau de terre argilleuse, où l'on enterroit
autrefois les Iuifs, lesquels pour ceste cause deuoiẽt
certaine sõme de poiure aux Moines de l'Abbaye
susdicte. Ceux du pays appellent ce lieu Mont-Iou-
ziou.

En vn autre lieu hors la ville, est vne haute tour
faicte par estage en forme de niches, bastie de pierres menues carrees, si bien ioinctes & cimentees ensemble, qu'il n'y a homme si diligent soit-il, qui

puisse en vn iour en abbatre seulement le quart d'vne toise.

De plusieurs villes & places du Languedoc.

APrés Nismes, s'offrent les villes de Somieres, sur les Vidourle, Castres, Villemans, Pezenaz, Agde (qui est vn Euesché) située sur le fleuue d'Ethaud, Cabestran, sainct Lazare, Clermont de Lodesue, Cercassonne, maintenant ville Episcopale tres-forte, sise sur le fleuue d'Aude, & premier siege de Seneschal du ressort de Tholose.

Laissant la Carcassonne, l'on entre en ceste belle plaine de Languedoc, des plus fertiles de France, en laquelle sont comprises plusieurs belles contrees, telles que sont l'Auraguez, le terroir Tholosain, & partie du Comté de Foix, & tout le Quercy & Rouergue sont compris en l'Aquitaine, toutesfois du ressort de Tholose.

En ceste estendue de pays, sont encor les villes de sainct Ponts, de Tomieres, sainct Papoul, & Lauaur, Eueschez modernes, erigez par le Pape Iean 22. lors qu'il erigea Tholose en Archeuesché, comme dit est.

Il y a encor Castelnau d'Arry, chef du pays d'Auraguez, en aussi belle assiette que ville de ce Roaume, en vne plaine fertile en fruicts, legumes, & autres cummoditez.

DV

DV PAYS DE ROVERGVE.

LE pays de Rouergue est separé du Languedoc, par le fleuue de Tarn.

La cité capitale de Rouergue est Rhodez, des premieres conuerties à la foy par S. Martial, lequel dedia l'Eglise cathedrale au nom de la vierge Marie, & par ainsi Rhodez est vn ancien Euesché.

Il y a siege de Seneschal en ceste ville ressortissant à Tholose.

Les sieges d'Alby, Gaillac, & Castres d'Albigeois sont du ressort de la Seneschaussée de Rhodez. Au pays de Rouergue y auoit iadis des mines d'or.

Du pays Albigeois.

LE pays Albigeois abondent en bleds, vins, safran, & autres grādes commoditez, & est borné des riuieres du Loth & du Tarn. Ces peuples sont appellez par Cesar *Heluiii*.

Alby est la capitale de ce pays & siege Episcopal. L'Eglise cathedrale en est dediée au nom de saincte Cecile, & y a vne des plus beaux & magnifiques Chœurs de la France, estant ceste Eglise toute dorée & azurée, & le Chœur tout ouuragé & historié.

De ce pays Albigeois furent renommez ces furieux heretiques, l'herreur desquels fut espandu presque par toute l'Aquitaine, & nommément és pays de Tholose, Foix, Quercy, Albigeois, Agenois, Cominge, & terres voisines, mais ils furent deffaicts, comme nous declarerons cy apres.

Du pays de Quercy.

LE pays de Quercy est renommé en l'Aquitaine pour vn des plus beaux, riche & fertile, & où l'on ne manque d'aucune chose pour la nourriture. Le Quercy est limitté à l'Orient de l'Auuergne, à l'Occident & au Septentrion du Perigord, & au Midy du vray Languedoc & pays de Tholose, & contient deux Euesché, sçauoir Cahors & Montauban.

Cahors est la ville capitale du Quercy située sur la riuiere de Loth, posée sur vn costau faict ainsi que la perspectiue d'vn theatre. Il y a siege d'Vniuersité & Seneschaussée. L'Eglise cathedrale en est dediée à sainct Estienne. Les Euesques de ce lieu sont Comtes, tellement que l'Euesque est Seigneur spirituel & temporel; si bien que celebrant la Messe solennellement, il a l'estoc, les gantelets, bourguignotes sur l'Autel, & les botines en iambe à la Pontificale, par vn priuilege particulier. Cahors est dit en latin *Cadurcum*. Iean Pape vingt-deuxiesme du nom, homme tres-sçauant estoit natif de Cahors, lequel tint le siege à Rome dix-neuf ans quatre mois.

Clement Marot vn des premiers Poëtes François du dernier siecle, estoit aussi de Cahors.

Montauban est situee sur vne haute colline, &

faicte en vn pendant vers le pont qui est sur le Tarn, flanquee de la riuiere & d'vn ancien chasteau du costé de Tholose.

Pres le pont de ceste ville sont des caues soubsterraines. Les Eglises de ceste ville ont esté ruinées par les guerres.

Les autres villes de Quercy sont Castel-Sarrazin, Moissac, situees sur la riuiere de Tarn, laquelle riuiere est de couleur rougeastre, parce que l'eau passe par terre argilleuse, puis est Monhec, d'où estoit natif M. Arnault Sorbin, grand personnage & predicateur du Roy.

Moissac est situee en belle assiette, plaisante & delectable, proche de montaignes, fertile en vignoble.

Ceste ville est fort marchande, & principalemét de bleds, vins, huiles, saffran, laines, sel, poisson & autres denrees.

Le Roy Clouis fonda l'Eglise de sainct Pierre & sainct Paul à Moissac.

En ceste ville y a vn beau Monastere de sainct Benoist, dans lequel gist le corps de sainct Cyprian Euesque de Carthage.

Non loin de Moissac est Lausette situee sur vn roc, où il y a des plus belles & meilleures caues de la Guyenne.

FONDATION DE LA VILLE DE THOLOSE,

La ville de Tholose est d'ancienne fondation, & non pas les Troyens: car elle estoit long-temps deuant.

L'on tient que Tholose fut bastie enuiron six cens ans deuant Rome, par vn certain *Tholus* sorty de Iaphet, lequel y mest la premiere pierre, & l'assist sur vn costau loin du fleuue: mais ceste ville est à present posée au bas de la montaigne, & selon la riuiere de Garonne.

Ceste ville est Metropolitaine, & y a vn Parlement institué souz le Roy Philippes le Bel, l'an mil trois cens vingt, & confirmé par Louys onziesme, qui le rendit stable, estant auparauant ambulatoire.

L'vniuersité de Tholose est fort ancienne, & authorisée de beaux priuileges par le Pape Iean 22. & Innocent 6.

Il y a vne Cour de Seneschal en ceste ville, & la Iustice de l'Hostel de ville, où President, Messieurs les Capitouls, ainsi nommez, à cause d'vn Capitole qui anciennement estoit en ce lieu.

Tholose fut cité des Tectosages, lesquels comme quelques-vns veulent dire, furent premiers fondateurs de ceste ville, & ayant ouy dire que Hercules y venoit, feirent hausser les murs de la ville, & faire deux grosses tours de defence.

Tholose est l'vne des plus grandes & plus fameuses villes de France aprés Paris. Il y a vn conuent de Iacobins fort magnifique.

En la ruë de la Portarie à Tholose, fut iadis vn temple d'Apolon, ores dedié au Martir S. Quentin, & vn à Iupiter, où est de present l'Eglise & Monastere de nostre Dame de la Daurade.

Il y a encor quelques vestiges & enseignemens d'vn Theatre qui estoit en ceste ville anciennement.

Sainct Saturnin premier Euesque de Tholose, sacré par sainct Martial, fut precipité par les Payés du haut des degrez du Capitole, & trainé hors la ville à la queuë d'vn taureau.

A sainct Saturnin sont les plus belles reliques qu'on puisse desirer en l'Eglise soubs-terraine, & entre autres y sont les corps de sainct Iacques le Mineur (dont le chef est en Galice au Royaume d'Espagne) les corps de sainct Iacques le Majeur, de sainct Simon & sainct Iude, le corps & chef de sainct Barnabé, le corps & chef de sainct Saturnin premier Euesque de ce lieu, le corps de sainct Papont Martir & Euesque de Tholose, le corps de S. Gregoire Martir, les corps de quatre Martirs couronnez, Claudie, Nicostrate, Castorie, & Symphorian, les corps des Martirs sainct Cir & sainct Iulite & sa mere, de sainct Gilles Abbé, de S. Aymont confesseur du Roy d'Angleterre, le corps de saincte Susanne fille de Helchie de Babilone, & plusieurs autres corps saincts.

En outre y a vne chasse d'yuoire, dans laquelle sont plusieurs reliques des Apostres & autres saincts & sainctes, vne effigie de la vierge Marie toute d'argent, en laquelle y a de ses cheueux.

A Tholose sont les conuents des quatre ordres de Mendians, & autres Eglises & Monasteres.

Tholose fut vny à la couronne, par le decez de Raimond 5. qui le laissa au Roy sainct Louys, mourant sans hoirs.

Du ressort de Tholose sont vne grande partie des monts de Pyrrenee, qui abondent en vne infinité de choses vtiles & profitables, comme poix, encens, liege, l'ytarge, marbre, iaspes, ardoises, lauassos, tuffes, & grez.

Il y a des fontaines viues & perpetuelles, & des lacs miraculeux & effroyables.

Deux des plus hauts sommets des monts Pyrrenees, sont appellez les pals de neuf heures & de midy, l'vn en Bearn, & l'autre és monts d'Aure : Et sont ces monts ainsi appellez, parce que le Soleil ne faut iamais de luire sur l'vn à neuf heures de matin,

& sur l'autre au midy.

La Region plus proche de Tholose, vers les monts, est le Comté de Foix, iadis appellé Flussates par Cesar.

Pamiers est vn Euesché dependant de Tholose, estably par Boniface 8. mais la Iustice est à Foix.

Outre Pamiers il y a encor six autres Eueschez du ressort de Tholose: sçauoir Montauban (deuant dit) Lauant Lombers, sainct Papoul, Mirepoix & Rieux, qui est entre Tholose & Cominges, comme aussi celle de Caseres.

Du pays Comingeois.

LE Comingeois est limitté du Comté de Foix au leuant, au Septentrion d'vne partie du Languedoc, & des Comtez de l'Isle & de Gaure, au Midy les monts Pyrrenees, au Ponent le pays d'Estrac & Comté d'Auremagnoac.

Ce pays Comingeois est diuisé en haut & bas. Le haut a pour villes sainct Bertrand & Cosserans Eueschez, sainct Beat, sainct Fregeou, Monregeau, Saliers & autres.

Au bas de l'Euesché moderne de Lombers, les villes de Samathan, l'Isle en Dodon, Muret, Riusnes, & plusieurs bourgades. En ce pays est vn Iuge Mage, deuant lequel tout le pays respond.

La principale ville du pays Comingeois se nommoit iadis Cominge, maintenant elle s'appelle S. Bertrand, & mesme l'Eglise cathedrale.

Ceste ville est fort riche & de grand reuenu,

X iiij

en laquelle on void d'aussi rares ioyaux qu'en aucune de ce Royaume, & la figure d'vne belle Licorne, presque semblable à celle de sainct Denis en France, le pays voisin est grandement fertile.

De la ville de Cosserans, &c.

COsserans est ville ancienne, situee sur la riuiere de Pamiers: le premier qui y apporta la foy fut sainct Valere. Au nom duquel est bastie l'Eglise de ce lieu, le corps d'iceluy ayant esté trouué vn long-temps apres par vn bon Euesque de ce lieu nommé Theodore, qui feit bastir & embellir ladicte Eglise.

Sainct Fregeou est encor du Comingeois, situee sur le haut du mont, autant que la veuë se peut estendre, en assiette si forte qu'on n'y peut aduenir qu'auec grande difficulté. Au vallon y a de belles terres labourables & vignes.

Il y a eu plusieurs places remarquables ruinees en ce pays, où l'on void encor des vestiges.

L'Isle d'Odon est vne ville situee en vn lieu fort haut, au bas ayant la Saue chastellenie Royalle de Cominge, respondant à l'ancien chasteau de Samathan, où anciennement demeuroient les Comtes, & partant capitale.

Le long des vallons est Deze, maison qui fut aux Templiers, y ayant vne grosse tour fort ancienne.

Apres est Sauue-terre, appartenant à l'Illustre maison d'Aubigeon, & plusieurs autres maisons de remarque, comme de Moncornell de Lamesan, Aulin, Roquette, Polausic, Saias, Sariac, & autres.

Au vallon de Sauez en vn bois, est l'Eglise solitaire de sainct Sain, où il y a des reliques d'iceluy, & est vn lieu fort deuotieux & frequenté des Catholiques.

DES VILLES DE LOMBERS
& Samathan.

LOmbers ne fut iadis qu'vne Abbaye maintenant Euesché soubs Tholose, situee sur la riuiere de Saue, & quoy que le lieu soit petit, il est tresfort.

Samathan est situee partie en vn costau, partie en vallon, sur la Saue; passant par le milieu d'icelle, la separant.

Le haut de ceste ville est effroyable, & fort merueilleux & s'apelle chasteau, le bas est dict le Bourg. Elle estoit anciennement plus grande. Ceste ville fut autresfois ruinee par les François.

L'on y void encor vn vieil chasteau couuert de ruines.

L'Eglise principale est Episcopale, dediee à nostre Dame. Il y a d'autres Eglises comme celle de S. Michel, Prieuré des Croisez, les Religieuses de S. Elizabeth, hors la ville, S. Pierre ruinee, la Trinité, S. Marc, nostre Dame des Neges, celle de la Magdeleine & plusieurs autres Eglises & Conuêts. Dans la ville est ausi vn bel Hospital.

A cinq lieües de Samathan est Muret, sise sur la Garonne, ayant vn costau qui luy commande.

Aupres d'icelle furent deffaicts les Albigeois & leur chef iusques au nõbre de plus de 20000. quoy que les Catholiques ne fussent qu'enuiron mille.

Le Roy d'Arragon leur principal chef, fut enterré en vne chapelle sur vn mont proche de la ville; ce fut l'an de nostre salut mil deux cents treze.

DV PAYS DE L'ISLE
& de Gaure.

LE pays de l'Isle est petit: Celuy de Gaure est de plus belle estendues, contenant plusieurs belles villes sous soy, comme Gimont, Beaumont & Grenade sise sur la Garonne.

A Gimont est vne somptueuse Chapelle de nostre Dame dicte de Causar, où se sont faicts plusieurs miracles.

Gimont est situee sur vn mont difficile à monter par deux costez de la riuiere dicte de Gimoé, d'où l'on dict que ceste ville est appellee. Le chasteau est situé sur vn lieu vague nommé la Serre.

Il y a plusieurs belles Eglises en ceste ville, & vn Hospital auec vne Abbaye de Bernardins.

DE LA VILLE ET
pays d'Agen.

LE pays Agenois a plusieurs belles villes soubs sa iurisdiction, comme le port S. Marie, Ville neufue d'Agenois, Haute-faye, Clairac, Tornens, Narmande, & autres comme celle d'Agen, capitale de ce pays, laquelle est de l'Archeuesché de Bordeaux

Agen est en vn beau pays, amene, fertil & fort riche. La ville fut iadis plus grande qu'elle n'est. S. Martial y consacra la premiere Eglise cathedrale au nom de S. Estienne. Il y a encor les Eglises de S. Capraize, Collegiale, S. Foy, S. George, les Mendians, les Religieuses de l'*Aue Maria*, & autres.

Ceste cité est vne Seneschaussee de fort grande estendue, il y auoit des Conseillers deuant que le Roy y eust institué le Presidial.

DE LA VILLE ET PAYS DE
Condon, & Comté d'Estrac.

LA ville de Condon, capitale du Condonnois, est situee sur la riuiere de Baise, & fort grande, mais non si riche qu'Agen: elle est presque enuirônee de tous costez de collines chargees de vignes.

L'Eglise cathedrale est dediee au nom de sainct Pierre chef des Apostres. Ce fut iadis vne Abbaye de sainct Benoist.

Il a vn siege Presidial pour le Roy, & vn Bailly pour l'Euesque.

En outre l'Eglise cathedrale, sont encor en ceste ville les Eglises S. Iaques, S. Hilaire; trois Conuents sçauoir de Iacobins, Carmes & Cordeliers, vn Monastere de Dames de S. Clere, & hors la ville vn de S. Dominique.

La ville de Nerac appartient aux Seigneurs d'Albret. Estrac est vn petit Comté appartenant à la maison de Candale.

Miráde est la ville capitale du Côté d'Estrac, puis Pauie, à vne lieue d'Auchs, Castelnau de Barbarés, place forte & incessible, Suntelix, Cimorre & Saramon, qui sont deux belles Abbayes de S. Benoist.

Les Seigneurs plus remarquez de ce pays sont le Vicomte de Lupeyroux, les Sieurs de Maceube & Panesac, & la maison de Thermes.

DE LA VILLE D'AVCHS,
Archeuesché.

Avchs, appellee Auguste *Nouem Populaniæ* (pource que 9. peuples ou petites Prouinces en dependent (est situee sur la riuiere de Gers, dessus vne roche viue de difficile accez, sinon du costé qu'on va à Vic Fasensac.

Les Euesché contenus soubs Auchs sont Cominges, Coserans, Lectoure, Tarbe, Aire, Bazaz, Dax, Bayonne, l'Escar, Oleron. Et est sa figure vague, du costé nommé la treille, mais au haut, qui est la cité, bien peuplee.

En celte ville est l'Eglise de S. Marie des plus belles de toute l'Europe. En laquelle a presidié autres-fois S. Orens, au nom duquel y a Conuent de Moines de S. Benoist.

François de Tournon Cardinal du S. siege y fonda le College.

Ceste ville a esté plusieurs-fois ruinee, tant par les Sarrazins & Gots, que François & Anglois.

DV PAYS D'ARMAIGNAC.

Ce pays est de grande estendue, comprenant la pluspart de la Gascongne, & est limité depuis

Lectoure iufqu'à Nogaroul & limites de Bigorre qui eſt la longueur du Septentrion au Midy. Mais ſa largeur n'eſt de moitié ſi grande, qui eſt depuis le pays de Magnoac, iuſques en Bigorre, qui eſt du Leuant au Ponent.

DE LA VILLE DE LECTOVRE.

LEs villes principales d'Armaignac ſont Lectoure, ancien Eueſché, poſee ſur la croupe d'vn mont preſque inacceſſible de tous coſtez, ſauf du côſté de la porte des Iacobins.

Il y a vn chaſteau ſur le roc, qui eſt de la fondation Romaine, qui ne peut eſtre pris par batterie côme auſſi ceſte ville eſt des plº fortes du Royaume.

L'Egliſe cathedrale de Lectoure eſt dediee au nom de ſainct Geruais.

Ceſte ville s'appelloit anciennement *Tauropolium*, comme multitude de taureaux y repaiſſans.

En tout le pays d'Armaignac, on void vne infinité d'autres villes comme Vic, Nogueron, Euſe, Barcelonne, Caſaubon, & autres.

Non loin de Lectoure eſt le Caſtera, ville apartenante aux Sieurs de Fonteuille.

DV PAYS DE BIGORRE,
& places y compriſes.

LE pays de Bigorre a pour limites l'Armaignac au Leuant, au ponent le Bearn, la Guyenne au

Septentrion & pays d'Albret, & au Midy les monts Pyrrenees. Bigorre est vn ancien Comté.

Tarbe est la capitale de Bigorre, sise sur le fleuue d'Adour, & diuisee en quatre ou cinq corps, chacun ayant son ruisseau, pont, portail & closture, pour monstrer qu'elle a esté bastie à plusieurs fois. Mais la plus ancienne partie est du costé de l'Euesché, derriere lequel se voyent les ruines & vestiges d'vn ancien palais fort somptueux. L'Eglise cathedrale est de petite structure, mais bien desseruie. Il y a vne Eglise parochiale au milieu de la ville: puis sont encor deux Conuents.

Les autres villes de Bigorre sont Trie, Rauasteins, Maubourget, Baigneres où il y a des baings chauds fort salutaires & gracieux; les sources desquels viennent des montaignes, iusques en la ville, sise au pied du mont contre les racines des rocs, où ruissellent ces sources sulphurees.

La plus part des coupeaux des montaignes sont chargees de grands arbres, comme ifs, hestres, pins resineux, tilleux, lieges, sapins, chesnes & autres arbres.

La derniere ville de Bigorre du ressort Tholosain, est Lourde, dicte iadis Lampurde, fondee des le temps des Romains.

En Bigorre l'aisné de chacune maison en faict de succession emporte l'heritage, soit gentil-homme ou roturier.

Au pays de Bearn, Bigorre & Gascoigne, y a certaines sortes d'hômes nommez Capots ou Gahets, qui sont tous charpentiers, ou tonneliers, tous punais de race, & ayans si mauuaise alleine qu'ils sont fuis de tous. On tient que c'est la malediction que donna Helisee à son seruiteur, duquel on dict qu'ils sont descendus. Les autres tiennent que c'est vn reste de la race des Albigeois excommuniez par censure Apostolique. Et pour en dire à la verité, ceste sorte de gens n'ayment gueres l'Eglise, ny le seruice Diuin, que par acquit, aussi les met-on en vn Cemetiere à part.

DE LA GUYENNE ET *Gascoigne.*

CE pays a pour villes principale Bordeaux, qui est vn parlement, où ressortissent le Bourdelois Landes, Albiet, Bazadois, haute Gascoigne, partie de Biscaye & Medoc.

Au pays Bazadois sont les villes de Bazaz capitale de ce mesme pays, S. Basille, la Reole, où il y a vn beau Conuent de sainct Benoist, Monsegur, S. Ferme, Castel mouron, Geroude & Semeteree.

Entrant au Bourdelois l'on void S. Machaire, & le Comté de Benauges, puis suiuát le fleuue de Dordonne on vient à Larmont, Carbonnieres, là où se faict vn violent & aspre flux & reflux de la mer. Et de là a Libourne sur Dordonne, puis tirant vers Montauban est Fronsac, de la fondation de Charles le Grands.

DESCRIPTION DE LA VILLE DE BORDEAVX.

LA ville de Bordeaux est situee sur le bord de la Garonne, des flots de laquelle en plusieurs endroicts lauent les murs de la ville, & quelquesfois entre mesme en la ville au croissant de la lune. Et est vn bon port de mer.

Ceste ville est de fort grande antiquité, ainsi qu'on void par les murs qui sõt au milieu de la ville, par lesquels on congnoist qu'elle n'estoit pas si grãde qu'elle est.

S. Martial fonda l'Eglise cathedrale de sainct André à Bordeaux.

Pour tesmoignage d'antiquité on void le palais de Tutele, peut estre iadis temple des Dieux Tutelaires, dont il a ce nom. Il est de pierre carree avant

quatre

quatre vingts sept pieds de long, & soixante trois de large, & vousté à l'antique.

Outre y a vn autre palais dict Galien hors la ville, lequel a 370. pieds de long, & deux cents trente de large, qui estoit autres-fois vn Amphiteatre en forme d'ouale.

Le Parlement de Bordeaux fut institué par le Roy Charles septiesme. Le Roy Louys 11. l'an mil quatre cents nonante neuf, y donna de beaux priuileges. Il y a aussi vne celebre Vniuersité pour les Loix.

Au Cemitiere de S. Seuerin reposent la pluspart des Cheualiers occis soubs Charlemaigne, par la conspiration de Gannelon.

En ceste ville est vn tombeau haut esleué sur des pierres, lequel est neantmoins plein d'eau quand la lune est en son plein, & qui diminuë, quand la lune va en decroissant.

A Bordeaux outre le Parlement est le siege du Senechal de Guyenne, & siege d'Admirauté, pour le faict de la marine.

Les Iurats, (ainsi se nomment leurs Escheuins) ont grande authorité, ayants de belles Baronnies subiectes au corps de leur ville, & vsans de Iustice haute, moyenne, basse, ayans en leurs mains les forteresses & armes de la ville. A Bordeaux croist d'excellent vin.

Le long de la mer au dessoubs de Bordeaux est la ville de l'Esparre, puis le Cap. S. Marie, & és entours des palluds est Medouc bas à merueilles, & subiecte aux inondations.

Le long de ceste coste basse est le chasteau de

Blanquefort appartenant aux Seigneurs de Duras.

Non loin des lādes de Bordeaux est la ville d'Albret, d'où sont sortis plusieurs insignes & excellents personnages.

Le pays de Buschs, en ces quartiers ici, est abondant en resine ; tellement que les maisons des paures gens en sont toutes noires, pour la fumee que rend ce luminaire.

DV PAYS BAZADOIS.

LE pays Bazadois contient les villes qui ensuyuent, Bazaz capitale, & de laquelle le pays est nōmé, & est vn Euesché, apres sont Mont-marsan, Castet, Geloux, Aire Euesché, le Max d'Aire.

Bazaz est situee en vne place sablonneuse, & est Euesché le plus ancien de Gascoigne, le terroir est vague.

Ceste ville du costé de Septentrion à vn bon terroir fertil en bleds, vins, fruicts & bestail. Il y a siege de Seneschal en ceste ville.

L'Eglise cathedrale est dediee à S. Iean Baptiste, le iour de la feste duquel l'on y faict de grands triomphes, & auoit-on de coustume d'y faire courir vn taureau eschauffé, auec prix à celuy qui le pourroit arrester.

DE LA VILLE DE DAX.

CEste ville est situee sur la riuiere d'Adur, & est forte & en forme carree, flanquee, & fossoyee autant que ville de France, ayant les eaux à souhait, & en son enclos des bains chauds guerissans de plusieurs maladies.

Dax est episcopale soubs l'Archeuesché d'Auchs, & y a aussi siege de Seneschal, auquel ressortent les Landes, le Bayonnois, & la haute Gascoigne.

Ceste ville s'appelloit anciennement la Cité des Nobles, estant gouuernee par douze Seigneurs, auant la reduction de Guyenne. Chacun desquels y auoit vne tour qui portoit le nom de sa famille.

Hors la ville, pres le chasteau S. Panthaleon, est vne fontaine d'eau salee, d'où l'on tire grande quātité de sel tres-beau, mais vn peu corrosif estant alumineux.

La riuiere de l'Adur passe à Dax, & y est vn fort beau pont, auec vne tour qui porte le nom d'Amours, où tous les ans à la S. Iean se font des combats & exercices ioyeux par ceux du pays.

Vn quart de lieue loin de la ville on void vn autre pont, dans lequel sont trois tombeaux, lesquels en pleine lune sont pleins d'eau, & la lune estant en son decours, il n'y en a vne seule goutte. Ils sont semblables à celuy qui est à sainct Seuerin.

De la ville de Bayonne.

CEste ville est posée sur le bord de l'Ocean Occidental, en l'embouchoure que font les rivieres de l'Adur, & du Gaue dedans les ondes de la mer, & la plus forte du Royaume. Elle est capitale des Biscains & Cantabres subiects au Roy iusqu'au fleuue d'Iron, separãt la France d'auec l'Espaigne.

Bayonne est Euesché, dependant de l'Archeuesché d'Auchs : En icelle n'entre personne auec les armes, que le Roy & les Princes du sang, ains faut laisser l'espée, & les armes à la porte. Ce qui s'obserue de mesme en la forte place du mont sainct Michel sur la mer pres l'ombelaine en la basse Normandie, à trois lieuës d'Auranches.

Du pays de Bearn.

LE pays Bernois est au pied des monts de Pyrenée, ayant sa longueur du Midy au Septentrion, ayant au Midy le Comté de Bigorre pour limittes, & au Septentrion la Biscaye Bayonnoise, & Royale, de laquelle le Bearn est separé par les ondes impetueuses du Gaue: sa largeur est du leuant au ponent, ayant à son Orient le pays des Landes & Chalosse, selõ l'Adur, & au ponêt la Biscaye Nauarroise.

Le pays de Bearn est diuisé en deux, d'vn costé sont les monts, & en ceste partie est Oloron ville Episcopale, l'autre est és vallons, où est l'Escar pour Euesché, & Pan pour capitale de toute ceste principauté.

En outre y a d'autres villes, sçauoir Dorthez, ancien seiour des Comtes de Foix & Bearn, Morlars, où l'on battoit la monnoye. Apres est Nay, ville fort marchande, laquelle fut toute bruslee & cosommee du feu du Ciel, enuiron l'an mil cinq cens quarante cinq, Ponthac, Coderch, & Nauarrains, bastie par Henry premier du nom, Roy de Nauarre, & Seigneur souuerain de Nauarre.

Quant pour la ville d'Oloron, elle est situee sur le coupeau d'vn mont, entre Gourde & Nay.

Lescar fut anciennement le siege des Princes, lesquels ont depuis choisi Pan, comme domicile plus plaisant, & où le Roy Henry d'Albert feit commencer ce superbe edifice, qui est maintenant vn des plus beaux de l'Europe.

Serrances fut anciennemẽt vne des plus notables villes de Bearn: Elle est situee sur la mõtaigne, & est vne des dernieres de la Gaule. Il y auoit vne Abbaye de l'ordre de Premõstré, dõt l'Eglise estoit dediee à la vierge Marie, où se sõt faits ce tẽps passé de grands miracles: mais les Huguenots ont ruiné ce ſte place, auec la pluſpart des Egliſes du pays Bearnois, & entre autres l'Abbaye de Saubalade.

En ce pays eſt encor la contree de Iurançon, renommee pour les bons vins.

D'auantage il y a des bains de Cauderets & d'aigues caudes, les plus ſinguliers de l'Europe, & vne infinité d'autres raretez, ſoit en mines, en ſimples, & autres dons de la nature, qui ſe trouuent en ce pays, & en pluſieurs lieux de la France, laquelle a touſiours eſté vn des plus floriſſant Royaumes du monde, & orné d'vne infinité de choſes rares & admirables. Et y ont touſiours flory des hommes inſignes & illuſtres de ce ſiecle en ſiecle, par ſur toutes autres nations, tant pour le faict des lettres que des armes, & où il y a grande quantité de Nobleſſe ancienne & honorable, iuſqu'au nombre de 2950.

Auquel Royaume le peuple a touſiours eſté fort catholique, & zelateur de l'honneur de Dieu, eu eſgard qu'il y a dix-ſept Archeueſchez, où Egliſes Metropolitaines, & cent quinze Eueſchez, cent trente deux mille clochers ou paroiſſes: Qui demonſtre que la France eſt bien peuplee. Comme auſſi l'on y a trouué trois millions cinq cens mille familles ou maiſons, douze Paireries, douze Generalitez, ſoixante dix mille fiefs & arriere-fiefs, ou enuiron. Et a eſté iceluy Royaume regy en ſon entier l'eſpace de mil cent ſoixante & neuf ans, depuis Pharamond premier Monarque, & Roy des François, iuſqu'à Loys 13. à preſent regnāt heureuſemēt, lequel eſt le 63. Roy, duquel Dieu vueille benir & exaucer tous les deſirs & deſſeins au ſalut de ſon ame, & au ſoulagement de ſon pauure peuple.

FIN.

L'ORAISON DOMINICALE
EN NEVF LANGVES.

Italienne.

PADRE Nostro, che sei ne Cieli;

Sia santificato il Tuo Nome.

Venga il Tuo Regno.

Sia fatta la Tua Volontà, si come in Cielo, così ancora in Terra.

Dacci hoggi il nostro Pane cotidiano.

Et rimettici Nostri Debiti, si come ancor Noi gli rimettiamo à i nostri Debitori.

E non ci indurre in Tentatione:

Ma liberaci dal Male. Amen.

Austriche.

PARI Nestri, ch' ees in Cyl.

Santisicaat lu To Nom.

Vigna lu To Renn.

See fatta la Too Volontaat, sich' in Cyl, ed in Tiarra.

Danus hue' I nestri Pan cotidian.

Et perdoni Nus ela nestris Debiz, sicu Noo perduvin agl Nestris Debetoors.

Et no Nus menas in Tentation.

Ma libera Nus dal Mai. Amen.

Tuscane.

BAB Nos, quael Tu ist in Chisil,

Sanctifichio saia ilg Tes Num.

Ilg Tes Ariginam vigna ter nus.

La Thia Voeglia d'vainta in Terra, scola so in Chosil.

Da a nus nos Paun houts, & in miinchia di.

Parduna a Nus nos Dbits, sco Nus fain a Nos Dbitsdours.

Nun eus mener in Alel aprovamaint.

Dim persem, aing pendra nus da euos Mels. Amen.

X iiij

Oratio Dominica.

Latin.

PATER Noster, qui es in Cœlis;

Sanctificetur Nomen Tuum,

Veniat Regnum Tuum,

Fiat Voluntas Tua, quemadmodum in Cœlo, sic & in Terra.

Panē nostrum quotidianū da Nobis hodie.

Et dimitte Nobis Debita nostra, sicut & Nos dimittim̃ Debitoribus Nostris.

Et ne Nos inducas in Tētationem.

Sed libera Nos à Malo, Amen.

Espagnol.

PAdre nuestro, que estas en los cielos

Sea sanctificado tu Nombre.

Vĕga tu Reyno

Sea hecha tu voluntad, comme en el cielo, ansi tambien en la tierra.

Danos oy nuestro pan quotidiano.

Y sueltanos nuestras deudas como tambien nosotros soltamos à nuestros deudores.

Y no nos metas en tētacion: mas libranos de mal.

Porque tuyo es el Reyno, y la Potencia, y la Gloria, por todos los siglos, Amen.

Portugais.

PAdre nosso, que stas nos Ceos.

Santificado seia o teu Nome.

Venha a nos o teu Reino.

Seia ferta a tua volontade, assi nos Ceos, come na terra.

O Pao nosso de cadadia dano lo oie nesto dia.

Et perdoa nos sennor as nossas dividas, assi cõme nos perdoamos aos nossos dividores.

Et nao nos dexes cahir in tentacao: mas libra nos do mal, Amen.

Oratio Dominica.

François.

NOstre Pere, qui es es cieux, Tô Nom soit sanctifié:

Ton Regne advienne:

Ta volôté soit faicte en la terre comme au Ciel.

Donne nous auiourd'huy nostre pain quotidien.

Pardône nous nos Offenses; cōme nous pardōnons à ceux, qui nous ont offencez.

Et ne nous induy point en Tentation; mais delivre nous du mal. Amen.

Breton.

HON tad pehunij sou en efaon,

Da hanou bezet sanctifiet.

Devet dornomp da rouantelaez.

Da col bezet graet en douar, eual maz eo en euf.

Rô dimp hyzion hon bara pemdeziec.

Pardon dimp hon pechedou, eual ma pardonop da nep pegant ezomp offanezet.

Ha nas dilaesquet a hanomp en temptation; hoguen hon dilivr djouz droue.

Rac dit ez aparchant an rouantelaez an glear, hac an galloud da biz auyquen, Amen.

Bas-Breton.

EIN tâd yr hwn ydwf yn y nefoedd,

Sancteidier dy enw.

Deled dy deyrnas,

Bydded dy ewyllys ar yddaiar, megis yn y nefoedd.

Dyro i ni heddyw ein bara beunyddiol.

A maddeu di i ni ein dyledion, fel y maddeuom ninnau i'n dyled-wyr.

Ac nac arwain ni i brofedigaeth; eithr gwaret ni rhag drwg.

Canys eiddot ti yw'r deyrnas, a'r nerth, a'r gogoniant yn oes oesoedd, Amen.

Le Symbole des Apoſtres.

MEa creet en doue en tad hollgalloudec, Crouer an nef, hac an douar : hac e Ieſu Chriſt e map unic hou aoutro: Pehuny ſon conceuet dre an ſperet glan : ha ganet eux an guerches Mary en deueux, gouzauet dydan Poncz Pilat, crucifiet, marou, ha ſebelyet: ſo beʒet difquennet dan yfernou : an trede deiz ez eou daʒſorchet a marou:hac ez eou pignet en efaou: hac aſezet en tu de hou dadoue an tad hollgalloudec. A hane e deuhy da bare an beou hac an marou. Mea creet en ſperet glan ; en ylys univerſal : communion an ſent. Remiſsion an pechedou : daʒſorchen un quyc? hac an buhez æternal.

CRedo in DEUM patrem omnipotentem, Creatorem cœli & terræ ; Et in IESUM CHRISTUM Filiū ejus vnicum, Dominum noſtrum : Qui conceptus eſt de Spiritu Sancto : natus ex Maria virgine.
Paſſus ſub Pontio Pilato, crucifixus, mortuus & ſepultus : Deſcendit ad Inferos : tertia die reſurrexit a mortuis : aſcendit in Cœlum : Sedet ad dextram DEI Patris omnipotentis : Et inde venturus ad judicandū viuos & mortuos. Credo in Spiritum Sanctum, Eccleſiā univerſalem ; Communionem Sanctorum, Remiſſionem Peccatorum: carnis reſurrectionem: Et vitam æternam.

Le Symbole des Apostres.

SINHESTEN dut Iain-co Aita Lothere gucitaco ceruaren, eta lurraren creaçalea baithan. Eta Ilsvs Christ haren seme bakoitz gure Iauna baithan: cein concebitu içan baita Spiritu sainduaganic: Sortu Maria virginaganic: Pōtio Pilaren az pian passionatu, crucifiatu, hil eta ohortze: Iautsi içan da issernetuara: Hereneco egunean resuscitatu icanda hiletaric: Igã içan da ceruetera: Iarria da Iainco Aita bothere gucitacoaren escuinean: Handic ethorteco da vicien eta hilén iugeatzera.

Sinhesten dut Spiritu Saindua baithan: Sinhesten dut Elica saindu Catholicoa: Sainduen cōmunionea: Bekatuén barkamendua, Haraguiaren resurrectiona, Vicitze eternala. Amen.

Ie croy en Dieu le Pere tout puissant, Createur du ciel & de la terre: Et en Iesus Christ son fils vnique, nostre Seigneur. Qui a esté cōçeu du S. Esprit, Né de la vierge Marie, A souffert sous Ponce Pilate. A esté crucifié, mort, & enseuely. Est descēdu aux enfers, Le tiers iour est ressuscité des morts. Est mōté aux cieux, est assis à la dextre de Dieu le Pere, tout-puissant, De là viendra iuger les vifs, & les morts.

Ie croy au sainct Esprit. La sainte Eglise vniuerselle. La communion des saints. La remission des pechez. La resurrection de la chair. La vie eternelle. Ainsi soit-il.

LES ARCHEVESQVES ET EVES-
ques qui sont au Royaume de France.

L'Archeuesque de Lyon primat des Gaules.
L'Euesché de Austun.
L'Euesché de Langres Duc & pair de France.
L'Euesché de Mascon.
L'Euesché de Challon sur Saosne.

L'Euesché de Nantes.
L'Euesché de Cornouaille.
L'Euesché de Vennes.
L'Euesché de S. Brieu.
L'Euesché de S. Malo.
L'Euesché de S. Paul de Lyon.
L'Euesché de Triguier.
L'Euesché de Dol.

L'Archeuesché de Rouen.
L'Euesché de Bayeux.
L'Euesché d'Auraches.
L'Euesché de Sais ou Sees.
L'Euesché de Lysieux.
L'Euesché de Côstăces.
L'Euesché d'Eureux.

L'Archeuesché de Sens
L'Euesché de Chartres.
L'Euesché d'Auxerre.
L'Euesché de Troyes.
L'Euesché d'Orleans.
L'Euesché de Paris.
L'Euesché de Meaux.
L'Euesché de Neuers.

L'Archeuesché de Tours.
L'Euesché du Mans.
L'Euesché de Rennes.
L'Euesché d'Angers.

L'Archeuesché de Treues.
L'Euesché de Mets.
L'Euesché de Toul.
L'Euesché de Verdun.

L'Archeuesché de Reims Duc & premier pair de France.
L'Euesché de Soissons.
L'Euesché de Challons sur Marne Comte & pair de France.
L'Euesché d'Arras
L'Euesché de Cambray.
L'Euesché de Tournay.
L'Euesché de Senlis.
L'Euesché de Laon Duc & pair de France.
L'Euesché de Beauuais. Comte & pair de Fráce.
L'Euesché d'Amiens.
L'Euesché de Terouéne.
L'Euesché de Noiõ Cõte & pair de France.

L'Archeuesché de Vienne.
L'Euesché de Geneue.
L'euesché de Grenoble.
L'euesché de Viuieres.
L'Euesché de Die.
L'Euesché de Valence.
L'Euesché de S. Antoni de Triscastin.
L'Euesché de Cauaillon.

L'Archeuesché d'Aix.
L'Euesché de Riés.
L'Euesché d'Apt.
L'Euesché de Gap.
L'Euesché de Cisteron.
L'Euesché de Freius.

L'Archeuesché D'Arles.
L'Euesché de Marseilles.
L'Euesché de Tolon.
L'Euesché de S. Paul.

L'Archeuesché de Narbonne.
L'Euesché de Carcassonne.
L'Euesché de Beziers.
L'Euesché d'Agde.
L'Euesché de Lodeue.
L'Euesché de Nimes.
L'Euesché de Magalone ou Montpellier.
L'Euesché d'Vsez.
L'Euesché de Eaule.
L'Euesché de Alect.
L'Euesché de Tonnerre.
L'Euesché de Tonmires.

L'Archeuesché de Thoulose.

L'Euesché de Montaubā.
L'Euesché de Mirepoix.
L'Euesché de Rieux.
L'Euesché de Lauaur.
L'Euesché de Lombers.
L'Euesché de S. Papoul.
L'Euesché de Pamiers.

L'Archeuesché d'Ambrun.
L'Euesché de Digne.
L'Euesché de Sens.
L'Euesché de Glandeues
L'Euesché de Nice.
L'Euesché de S. Paul de Vences.
L'Euesché de la Grasse.

L'Archeuesché de Bourges.
L'Euesché de Clermont en Auuergne.
L'Euesché de Rodes.
L'Euesché d'Albi.
L'Euesché de Caors.
L'Euesché de Limoges.
L'Euesché de Giuauldā.
L'Euesché de Mande.
L'Euesché de Castres.
L'Euesché de Puy en Velay.
L'Euesché du Vabres.

L'Archeuesché de Bordeaux.
L'Euesché d'Agen.
L'Euesché d'Angoulesme.
L'Euesché de Saintes.
L'Euesché de Poictiers.
L'Euesché de Perigueux
L'Euesché de Maillezais
L'Euesché de Lusson.
L'Euesché de Sarlat.
L'Euesché de Condom.

L'Archeuesché d'Auchs.
L'Euesché de Cominges
L'Euesché de Coserans.
L'Euesché de Lectoure.
L'Euesché de Tarbe.
L'Euesché d'Aire.
L'Euesché de Bazaz.
L'Euesché Dax.
L'Euesché de Bayonne.
L'Euesché de l'Escar.
L'Euesché d'Oleron.

L'Archeuesché d'Auignon.
L'Euesché de Carpentras.
L'Euesché de Vaison.
L'Euesché de Tarascon.
L'Euesché d'Aurenge.

ES COVRS DES PARLEMENS DE France : Auec les Archeuefchez & Euefchez reffortiffant tous de chafque Parlement.

LE premier eſt Paris, lequel à fous foy 5. Archeuefchez & 25. Euefchez, les Archeuefchez, font Reims Duc & premier Pair de France, Sens, Bourges Primat d'Aquitaine, & par le decret de Gratian, declaré Patriarche. Tours & Lyon Primat des Gaulles.

Les Euefchez font Laon, Duc & pair de France, Challons Comte & pair de France, Soiſſons, Boulongne, Amyens, Noyon Comte & pair de France, Senlis, Beauuais Comte & pair de France, Paris, Chartres, Orleans, Neuers, Auſſerre, Troyes en Champaigne, Meaux, Poitiers, Maillezais, Luſſon, Angouleſme, Angers, le Mans, Clermont, S. Flour, Langres Duc & pair de France, & Maſcon.

Sous le Parlement de Tholoſe font trois Archeuefchez & xxviii. Euefchez. Les Archeuefchez font Narbonne, Auchs, & Tholoſe : les Euefchez font Niſmes, Vſetz, Lodeſue, S. Pont de Tomieres, Alect Montpellier, Beſiers, Agde, Carcaſſone, Mende, Caſtres, Alby, le Puy en Velay, Rodz, Vabres, Caors, Pamiers, Mirepoix, S. Papoul, Montaulban, la Vau, Rieux, Lombes, Cominge, Coſerans, Tarbe, Laictoure & Viuiers.

Sous le Parlement de Grenoble, font ii. Archeuefchez & Euefchez, les Archeuefchez font Vienne & Ambrun. Lés Euefchez font Valence, Die, Grenoble, S. Antoni de Trifcaftin, Gap.

Sous le Parlement de Bordeaux, il y a vn Archeuefché & 12. Euefchez, l'Archeuefché eft Bordeaux, & les Euefchez font Bayonne, Aqs, Bazaz, Aire, Sain.tes, Perigueur, Harlax, Agen, Comdom, Lymoges, Tulle.

Sous le Parlement d'Aix, il y a. ii. Archeuefchez, & xi. Euefchez. Les Archeuefchez font Aix, & Arles, les Euefchez font Dine, Graffe, Glandeue, Henas, S. Paul de Vence, Apt, Ries, Teriuls, Cifteron, Marfeille, Tolon.

Sous le Parlement de Diion, font ii. Euefchez, Auftun, & Chalons fur faone.

Sous le Parlement de Rouen eft vn Archeuefché & vi. Euefchez, l'Archeuefché eft Rouen, les Euefchez, font Auranches, Eureux, Bayeux, Sees, Conftances, & Lyfieux.

Sous le Parlement de Rennes font ix. Euefchez, S. Brieu, S. Malo, Sainct Paul de Leon, Nantes, Vennes, Triguier, Cornouaille, Dol & Rennes.

Sous le Parlement de Bearn font deux Euefchez, l'Efcar, & Oleron.

F I N.

TABLE
DES VILLES, CARTES, PROVINCES, ET PLACES PLVS REmarquables, dont est fait mention
en ce Liure.

A.

Abbeuille, 121
Agen. 330
S. Aignen, en Berry, 144
Aigues mortes. 314
Aigues caudes. 268
Aire. 338
Aix en Prouence. 309
Albret. 341
Albi en Albigeois. 321
Alençon. 192
Allugeuille. 82
Aniou, auec la Carte. 159
Angers. ibid.
Amboise. 149
Amyens. 119
Ancenis. 227
Andelou. 130
Antibe. 305
Angeuille. 75
Anthon. 82
Auxois. 282
Argenten. 196
Nombre des Archeuesches de France. 342
Argenteuil. 70
Argenton. 141
Armaignac. 332
Arles. 314
Aury. 121
Arques. 189
Arras. 103
Artenay. 75
Auaugour. 221
Aubigny. 135
Auignon. 312
Aumale. 189
Auranches. 199
Aurenge. 311
Australie. 270
Authun. 281
Auuergne. 260
Auchs. 332
Auxerre. 92
Ardres. 237

B.
Barbesieux. 244
Bar sur Aube. 94
Bar sur Seine. ibid.
Barfleu. 212
Bayeux. 194
Bayonne. 340
Basigny. 94
Basse Boulon-

Z

TABLE.

gne. 125
Haute Boulon-
  gne. ibid.
S. Baulme. 308
Bazas. 335
Bazoche, Go-
  uet. 82
Bearn. 340
Beaucaire. 318
Beauce. 75
S. Beat. 327
Beaulne. 283
Beaumont en
  Picardie. 117
Beaumont sur
  Garonne. 330
Bellesme Au
  Perche. 82
Berry. 135
S. Bertrand.
  327
Besse. 268
Beziers. 316
Bigorre. 333
Blandy. 101
Blaye. 241
Bloys. 78
Bosgency. 87
S. Bonet.
Pays Bourbon-
  nois. 269
Bordeaux. 336

La Bouille. 177
Bourbon ville.
  270
Bourges. 136
Bourgongne.
  275
Boussac. 141
Bray sur Seine.
  100
Branthomme.
  254
Bregerat. 253
Pays de Bresse.
  290
Du pays &
  Carte de Bre-
  taigne. 117
Brest. 225
Briquebec. 212
S. Brieu. 220
Briue la Gail-
  larde. 259
Bernay. 189
Bron. 82
Brie en Cham-
  pagne. 100
Buchs. 338

C.

Cabestan. 320
Caen. 197

Cahors en
  Quercy. 322
Calais. 108
Carcassonne.
  320
Carenten. 206
Carpentras. 313
Castelnau d'Ar-
  ry. 320
Cauaillon. 311
Caudebec. 189
Caux. 189
Chalons sur
  Marne. 105
Chalons. 285
Chambort. 79
Champaigne.
  93
Charrois. 140
Chartres. 71
Chasteaubriāt.
  257
Chasteaudun.
  76
Chasteaulau-
  don. 89
Chasteauneuf.
  142
Chasteaumeil-
  land. ibid.
Chasteaure-
  gnard. 86

TABLE

Chasteau
 Roux. 140
Chasteau Thier
 ry. 103
Chastre. 141
Chasteau de
 Monclair.
 130
Chastelleraut.
 234
Chaumont. 96
Chaumont en
 Touraine. 96
Cherbourg. 212
Chinon. 154
Cisteron. 311
Ciueray. 229
Claye. 94
Clery. 87
Clermont. 116
Clermont en
 Auuergne.
 264
Clermont en
 Lodes. 320
Colomies en
 Brie. 102
Crespy. 117
Crotoy. 121
Chaumont au
 Vexin. 117
Cominge. 327

Compiegne. 110
Concressaut.
 135
Condé sur Hui-
 nes. 82
Corbeil. 69
Corbie. 114
Cornoüaille.
 224
Condon. 330
Constances.
 208
Chauny. 110
Coserans. 328
Cosne. 134
Costentin. 205
Crecy. 121
Creil. 117
Concy. 110
Chasteau Gon-
 tier. 169

D.

Daufiné. 295
Dax. 338
S. Denys en
 France. 62
Deol en Berry.
 41
S. Disier. 100
Dieppe. 189

Digne. 301
Dijon. 276
Dombes. 294
Donsenay. 94
Dormant. 94
Donay en Poi-
 ctou. 169
Dourdan. 76
Dreux. 82
Druydes. 29
Duzerche. 258
Du pays de Du-
 nois. 76
Dun le Roy. 142
Durestal 169
Dye. 301
D'Andelou. 130
Dol. 218
Dinan. 218

E.

Embrun. 301
Engoulesme.
 245
Eruille Chastel.
 94
Esnay. 290
Espernay. 94
Epernon. 76
Estampes. 76
Estaples. 124

Z ij

TABLE.

Nombre des Eueschez de France. 342
Eureux. 187

F.

S. Tregeon. 327
Freius. 306.
Origine des François. 4
Falaize. 193
Fenillet. 82
La Fere en Picardie. 103
La Ferté Gauchet. 102
Fescamp. 189
Fismes. 94
Flauigny. 284
La Flesche. 169
S. Florentin. 94.
S. Flour. 266.
Fontainebleau. 89.
Fontenay. 229
Forests pres Lyon. 294.
Foulgeres. 227
Fouille. 94
La Ferté en Ga-

stinois. 89
La Ferté Milon. 117
La France & de son excellence. 1

G.

Gab. 301
Gergeau. 76
Gien. 86
Limites de la Gaule. 8
S. Germain en Laye. 62
Guise. 114
Guisnes. 127
Gonnesse. 70
Gisors. 189
Gournay. 189
Grand-Ville. 211
Guimguât. 221
Grenoble. 295
Gauray. 210
Gaure. 330
Gascoigne. 335
Gandelu. 107
Gastinois. 88
Genuille. 75
S. Gilles. 314

Gimont. 330

H.

Hesdin. 122
Houdan. 82
Honfleu. 189
Haure de Grace. 191
Harfleur. 191
Hailly baronnie. 98
Hambie. 213
La Haye du Puits. ibid.
La Haye Paisnel. ibid.
La Hogue. 212
S. Honorat. 305

I.

Ioinuille. 97
Ingrande. 169
S. Iean d'Angely. 243
Isly. 61
Ioigny. 92

L.

Loris. 87

TABLE.

Langres. 128
Laon. 109
Leuroux. 144
Loches. 151
Lodun. 154
Lisieux. 189
Laigle. 188
S. Lo. 207
La Lande d'He-
　rould. 210
Lambale. 220
Lantriguet. 222
Luson. 237
Limoges. 255
Languedoc. 315
Lyon. 289
Laual. 156
Lombers. 329
Lectoure, &c.
　333
Lagny. 103
Lauaur. 320
Laufette. 323
L'Escar. 332
Libourne. 335
Limaigne. 261
Nostre Dame
　de Liesse. 103
Lodesue. 318
Lourdes. 334
Luçon. 372

Lusignan. 234
M.
Montargis. 88
Meun sur Loi-
　re. 86
Melun. 88
Milly en Gasti-
　nois. 89
Moret. ibid.
S. Mathurin de
　Larchamp.
　ibid.
Mucy l'Euef-
　que. 94
Mery en Gasti-
　nois. 94
S. Menehou. 94
Meaux en Brie.
　102
Monstreul. 122
Monteclair.
　130
Mommorency.
　118
Mont-Didier.
　114
Montereau sur
　Yonne &
　Seine. 100
Monceaux. 102
Mehun sur

Yeure. 143
Montrichart.
　150
Le Mans. 155
Mont S. Mi-
　chel. 199
Mortaing. 202
S. Malo. 218
Mortaigne au
　Perche. 82
Maillezaiz. 138
Maranz. 242
Miramond.
　250
Montpensier.
　266
Mets. 272
Mascon. 288
Marseille. 307
Motpellier. 317
Mont-Brison.
　294
Monthelimart.
　301
Motauban. 322
Moissac. 323
Mande. 315
Maulues. 82
s. Maximin. 308
Merenuille 82
Mirande. 330

TABLE.

Mirepoix. 322
Moissac. 323
Montlehery. 141
Montregeau. 327
Mommiral. 82
Montebourg. 207
Mommorillon. 234
La Motte Lenesq. 335
Moulins. 269
Moyon. 207
Muret. 329
S. Maixent. 234

N.

Noion. 112
Nogent le Roy. 76
Nogent le Rotrou. 82
Neufuille aux loges. 86
Nelle. 114
Nemoux. 89
Neuers. 132
Du pays de Normandie & Carte. 172
Neufchastel en Caux. 189
Nantes. 226
Nuits. 281
Nice. 305
Narbonne. 315
Nismes. 318
Nauarrains. 341
Nicullet. 127
Niort. 234
Nombre des maisons & Noblesse de France. 342

O.

Orleans. 83
Oye en Picardie. 124
S. Omer. 123
Oloron. 341
Orilhac. 266
Orcheze. 79

P.

Poissy. 68
Peronne. 114
Pont sur Seine. 94.
Fondation des principales villes de Paris. 42
Fondation des Colleges de Paris. 36
Bastiments publics de Paris. 54
Accidents arriuez à Paris. 56
Les villes & places voisines de Paris. 61
Prouins. 101
Pecquigny. 121
Pays du Perche. 82
Pays & Carte de Picardie. 107
Pluuiers. 75
Ponthieu. 121
Ponthoise. 189
Paumy. 152
Ponteaudemer. 189
Pondelarche. 188

TABLE.

Pontorson. 202
Saint Paul de Leon. 223
Poictou. 228
Poitiers. 230
Ponts. 242
Perigueux. 248
Perigord. 254
Pontamousson. 275
Prouence. 303
Pauie. 331
Pamiers. 327
Pau. 341
S. Papoul. 320
Perouse. 141
Pezenas. 320
Saint Pierre le Monstier. 270
S. Ponts. 320
Pont Gibault. 267
Pont-Farcy. 194
Pont l'Euesque.
Pont de Sees. 160

Q.

S. Quentin. 111
Quercy. 322
Quimpercorentin. 222
Quintin. 221

R.

Rouergue. 321
Renty. 122
Roye. 114
Rheims. 103
Rimancourd. 130
Ribemond. 110
Romorentin. 135
Rouen. 177
Embrassements de la ville de Rouen. 183
Rochelle. 138
Rion. 266
Rouanne. 294
Romans. 197
Rebel. 94
Rieux. 320
Rieusmes. 327
Du pays de Rouergue. 320
Roux Maillart. 82
Nombre des Roys de France. 342
Rhodez. 321

S.

Sens. 90
Senlis. 117
Soissons. 108
Solloigne. 75
Sezane. 100
Sanserre. 134
Selles en Berry. 135
Sees. 192
Sanzay. 235
Saintes. 240
Semur. 283
Senescey. 286
Samathan. 329
Salieres. 327
Saumur. 165
S. Sauueur le Viconte. 213
S. Sauueur Lendelin. 213
Somieres. 315
Sully.

T.

Troyes en Champagne. 95

TABLE.

Tours.	146	Roy.	92	Vzez.	318
Teroüenne.	122	Villeneufue S. George.	70	Vienne.	298
Tallemond.	235	Vaſſy.	98	Vitré.	227
Tulle.	257	Victry le François.	98	Valence & pays Valentinois.	299.
Freues.	271				
Toul.	275	Vaudœuure.	129	Venicy.	311
Tornus.	287	Vendoſme.	89	Vertus.	98
Taraſcon.	314	Vezelay.	131	Viuiers.	315
Tholoſe.	324	Vierzon.	142	Vſerche.	258
Talland.	279	Varan.	144	Vatan.	144
Tarbe.	333	Vernon ſur Seine.	188		
Tollon.	306			Y.	
Touars.	145				
Thorcy.	68	S. Valery.	185	Yenuille.	86
Thorigny.	197	Vallongnes.	207	Yeres en Prouence.	304
Tomieres.	340				
Tonnerre.	131	Vitry le François.	94	Yeure le Chaſtel.	86
Tatihou.	212				
Tournon en Velay.	315	Vire.	194	Yuetot iadis Royaume.	
Teſſy.	207	Ville Dieu.	210		
		Vennes.	22		
V.		Verdun.	2		
Villeneufue le		Vaizon.	3		

F I N.

www.ingramcontent.com/pod-product-compliance
Lightning Source LLC
Chambersburg PA
CBHW070450170426
43201CB00010B/1289